大国の難

田雪原・著

21世紀中国は人口問題を克服できるか

筒井紀美・訳／若林敬子・解説

新曜社

本書は、今日中国出版社（北京）で一九九七年に発行された
〈中国問題報告シリーズ〉『大国之難——当代中国的人口問題』
の第二版（一九九九年）の翻訳です。

序

中国は大国である。この点は否定するに及ばない。しかし大国だからといって小国を侮ってよいと考えたり、そのように行動することは否定すべきであり、中国はけっして覇権を唱えず、永久に「超大国」とはならない。

中国の大きさはどこにあるのか。国土の面積についていえば、ロシアとカナダに次いで第三位である。領土大国の一つといえよう。天然資源の総量はさまざまな統計でおよそ第三位から第六位にランクされる。大国の一つだといってさしつかえなかろう。改革開放以来、経済が持続的かつ急速に発展し、国民総生産や農業・工業製品の生産量も世界の上位にランクされるようになった。確実に経済大国の仲間入りを果たしつつある。

しかしながら、本当に世界各国のなかで第一位を占め、他に比類ないのは人口である。中国は人口の総数が一二億を越え、世界の二一・三%を占めている。先進国全体の人口数の和に相当する人口大国である。これは基本的国情のなかの基本的国情である。中国の特色のなかで最も主要な特色、困難のなかで最も大きな困難であり、また希望のなかで最も大きな希望である。

われわれは、このような視点から現在の中国の人口をみて、人口が多いことがもたらす困難、経済と社会の発展にもたらす困惑を正しく見定める必要がある。また人口が多いことがもたらす利点を深く掘り起こし、経済と社会の発展のためにプラスの役割を発揮させる必要がある。

中国はどのような基礎的条件をもって、どのような足どりで二一世紀に踏み込んでゆくのか。また次の世紀に中国はどのような発展を遂げ得るのか。世界の激しいランキング争いにどのような変化が起こるのか。こうしたことを本当に知りたければ、実際人口に問うしかない。人口が中国の将来の発展にどのような制約あるいは推進的役割を演じるのかを問うことによって、大国であることの困惑から脱出し、希望を現実に変える道をさぐる。これこそが『大国の難――21世紀中国は人口問題を克服できるか』を執筆した初志である。

本書は下記の順序に基づき、素材を構成し、議論を展開した。

第1章　高速で走ってきた列車――人口の歴史に類例のない飛躍的な増加　この章では世界人口の数の変動について全体図を与え、人口がなぜ産業革命を機に大幅に増加しはじめたのか、中国の人口増加はなぜ「繰り上げ離陸」の特徴を示したのかに答え、将来の人口変動の基本的情勢について述べる。筆者は実際の歴史資料と自らかかわってきた活動を根拠に、人口増加抑制政策がとられるようになったいきさつとその進展、論争の焦点について述べ、「一人っ子」政策の制定にまつわるさまざまな疑念を解く。

第2章　二一世紀の新たな話題――中国人は中国人自らが養う　ここ数年来、アメリカのワールドウォッチ研究所(Worldwatch Institute)所長のレスター・ブラウン(L. R. Brown)が発表した二一世紀の世界人口と食糧に関する分析レポートをきっかけに、広範な論争が巻き起こっており、「誰が中国を養うのか」が世界の注目を集めている。本章で筆者がこれに対して出した答えは肯定的なものである。中国人は自らを養うことができるし、またそうするべきである。しかし、これでは問題の半分に答えたことにしかならない。残りの半分はいかに養うのかであり、完全に自給自足的な方法で養うのか、それとも自らの力を基礎に市場調整を運用する方法で養うのか。これについて筆者は独自の見解を述べる。

第3章　科学教育による国の振興とは何か――人口の文化的資質の向上に重きを置く改革　大国には明確な発展戦略がなく

てはならない。一九九〇年代中期、中国は科学技術教育による国の振興という基本戦略を打ち出した。この戦略目標実現の難易度は高く、教育への投入を増やし、関連諸関係を調整し、全国民に対する教育を展開する必要がある。しかしながら、本章でとりあげ、回答しようとしているのはより本質的な問題である。第一に、子供の費用・効用理論に基づき、家庭の教育に対する投資効果が低すぎ、頭脳労働と肉体労働の分配が不合理な現状を改革すること、第二に、「学校が社会を運営している」現状を徹底的に改め、「社会が学校を運営する」方向への改革をしだいに実現することである。

第4章　正真正銘の「機会と挑戦の併存」――生産年齢人口の「二律背反」　五〇年代と六〇年代、「人口は多いほどよい」という考え方が人口論壇を主宰し、その被害はすでに後世の知るところである。今では人口が多いことのマイナス点を議論したら、すぐにたくさんの例をあげることができる。まるであらゆる悪いことや理想的でないことの原因が、すべて人口が多いことにあるかのようであり、いつのまにか「人口は少なければ少ないほどよい」という理論が形成されつつある。本章ではこうした形而上学的思惟方法を退け、正しい人口観を確立するとともに、中国の現実と結びつけ、今後約二〇年の生産年齢人口の増加がもたらす機会と挑戦について述べる。機会：生産年齢人口の絶対数と割合が上昇するということは、扶養される子供や老人の割合が下がり、社会の負担が軽くなることを意味する。これは、経済建設にとってまたとない年齢構造変動の「黄金時代」である。挑戦：人口と生産年齢人口がすでに過剰な国で、生産年齢人口の急増がもたらす巨大な雇用圧力は、「雪の上に霜が下りる」ようなものであり、適切にこれに対処する必要がある。

第5章　「高齢化の波」の衝撃――人口高齢化と経済発展の「タイムラグ」　得るものがあれば必ず失うものがある。中国は七〇年代以来、出生率を着実に下げるという面では著しい成果をあげたが、当然の結果として一定の代価を支払うことになった。人口年齢構造の高齢化こそが支払うべき代価の一つである。人口の高齢化は世界的な趨勢であるが、本章では中国の人口高齢化の特徴に重点を置いて論じる。中国の高齢化は、速度が速く、到達レベルが比較的高く、二〇四〇年を前に加速度的に増加するという特徴をもつ。また経済の相対的な立ち遅れに対し、明らかな「タイムラグ」が生じる。これがさまざまな高齢化問題を解決する上での基本的な出発点である。この基本点に立ち、次のような養老保険システムを確立する。社会による扶養を積極的に発展させ、家庭での扶養を引き続き提唱し、高齢者の再就職による自己扶養の態勢を適宜整え、社会扶養、家庭扶養、自己扶養の「三つの扶養」を一体化した相互補完的システムである。

第6章　誰がまだ農村に残るのか——人口都市化の焦点透視　人口の都市への集中は、高齢化とともに人口にかかわるもう一つの世界的な趨勢であり、中国においても同様である。本章では人口都市化過程での緊急課題に焦点をあて、ここ四〇年余りの間に起きた都市人口の増減の原因は何か、現在の流動人口にどう対処するのか、流れをスムーズにして根本的解決を図る方法はどこにあるのか、中国の現状に立脚していかに都市化の加速をはかるのかに答える。

第7章　中西部開発——人口分布アンバランスの懸念　第九次五カ年計画と二〇一〇年長期目標綱領は、国が有力な措置を講じて中西部の発展途上地域の開発をサポートする計画を明確に打ち出した。本章の分析は、中西部の開発には大量の資金、設備、技術などのサポートが必要であるのみならず、人的資源の開発と利用がキーポイントの一つであることを示している。歴史の発展と現状を結びつけ、中国で人口の地域分布が百年来変わっていない根本的な原因、一国のなかに「三つの世界」があれば、人材は「第三世界」から「第一世界」に流れるという必然的な法則、人材を引き留め引き寄せる有効なメカニズムの確立について述べる。

第8章　有限と無限の比較——人口と資源の持続可能な発展　以上七章は世界から中国、歴史から現実へと、人口変動を主軸に、経済建設を中心とし、改革開放を背景に『大国の難』のなかでとくに際立つ人口問題を分析した。第8章からの以下の三章では、持続可能な発展に立脚し、世紀の変わり目に人口と持続可能な発展が直面するいくつかの問題を検討する。第8章では、人口と資源の持続可能な発展について検討し、発展は資源の物質変換であること、資源と人口の持続可能な発展は有限と無限の矛盾として現れるという二つの基本命題を提起する。理論を実際と結びつけた分析を通じ、中国の資源の全体的状況と正確な評価、人口増加と資源不足の問題、人口と資源の持続可能な発展を解決する根本的な活路について述べる。

第9章　「緑の通路」の選択——人口と環境の持続可能な発展　持続可能な発展が問題となったのは環境の悪化が原因であり、環境悪化はまた人口増加と密接に関わっている。人口と環境は持続可能な発展のなかで中心的、主導的位置を占めている。本章では、人口そのものが増殖した「疎外」と環境悪化との関係、「第八次五カ年計画」期における人口と環境の変化を実例とした成果と問題点、市場経済に立脚点を置いた環境保護改革の方向について具体的に答える。

第10章　なかに身を置くことと圏外に身を置くこと——人口と社会の持続可能な発展　これはつかみにくいテーマである。これまでこの分野にふれた論述は数えるほどしかない。本章の主題は一種の方法論を検討し、さらにこの方法論に導かれて実証分析を行うことにある。これは、社会と人口とを結びつけたグループ分け分析の方法論である。まず社会システムをその構造と役割によってグループに分ける。さらに人口を社会システムの分布によって対応するグループおよび結合型グループに分ける。その上で、同一社会システムとそれに対応するグループの人口との調和の状況について研究し、調和と持続可能な発展のための改革の道筋を探る。こうした分析を通じ、カイロ人口開発会議の「行動綱領」が打ち出した、「持続可能な発展問題の中心は人間であり」、社会の持続可能な発展を人間の全面的発展の基礎の上に打ち立てるという命題について検討する。

エピローグ　困難からの脱出と希望の実現——市場経済体制下の人口問題　人口問題を市場経済体制の確立を目標とする改革のなかに組み入れ、人口問題を解決するための基本的改革の道筋をはっきりと描くことで、本書の主題に戻る。

筆者は、なぜ少しばかりインクを余計に使って上記のように各章の要点をまとめたのか。いうまでもなく、読者に本書の内容を紹介することにより、筆者の意図を伝え、理解を促したいと考えたからである。同時に市場経済の下での「時は金なり、効率は命なり」という格言に鑑み、こうして短い文章で内容を提示することにより、いくつかの章節にのみ興味をもつ読者が選択しやすいようにし、読者の時間を浪費しないようにしたのである。

私のような学術研究に携わる人間にとって、このような著作はある意味で純粋な学術専門書よりもむしろ難しく、この仕事が一つのスタートであったといってよい。幸い本が完成し、同業諸氏と読者のご指導を賜ることが可能となり、改善を施すことにも希望がもてるようになった。

目次

第1章　高速で走ってきた列車

――人口の歴史に類例のない飛躍的な増加

一六五〇年に世界の人口は五億に達した。一八世紀中葉の産業革命により、人口は歴史上類例のない飛躍的な増加を開始し、一八三〇年に一〇億に達し、一九三〇年には二〇億まで増え、一九八七年、五〇億の大台を突破した。

中国の人口は世界の人口に比べ一世紀半も「繰り上げ離陸」した。清の雍正年間から乾隆年間への移行期、すなわち一七三〇年代に一億の大台を突破し、その後の一〇〇年間で一挙に四倍になった。一八三五年には四億を越え、ここに中国の人口大国としての地位が確立された。

人口の基数が増大した後の人口数の増加への影響は「複利計算」のような効果をもつ。中国は可能性と現実とを考え合わせ、積極的かつ妥当な人口抑制目標を選択した。

一九九六年五月二九日、国連人口基金は、世界の人口が五八億に達したことを発表した。現在一年余りが過ぎ、五九億人を満載した人口列車が、高速で二一世紀に向かって疾駆している。そのうち五分の一の車両は中国人で占められている。人々はけっしてこれを見過ごしてきたわけではない。第二次世界大戦後、人口列車を停止させるべきだという声が高まり、しだいに大きな叫びへと変わった。中国は七〇年代に急ブレーキをかけ、アジア、ラテンアメリカの国の多くも次々に減速措置をとった。その結果、世界の人口が五〇億人に達する日を二年ないし三年遅らせることができた。

しかし、動いている物体の慣性と質量は正比例するため、人々は不安をつのらせている。「乗客」が増え続けているなか、人口列車が完全に停止する日はいつくるのか、「乗客」はいったいどの程度まで増えるのか、車両が破裂するほど増えることはありえないのか。

産業革命の予想外の推進力

科学や技術が日進月歩の今日、大型のボーイングB747型旅客機がスピードをあげながら滑走路を突進し、耳をつんざく轟音を響かせ、青空へと舞い上がる瞬間は、やはり人類が自然との力くらべに勝利したことを実感する一幕だといえる。

私は客室にきちんと腰掛けた肌の色の違う乗客たちが、さまざまな言語を操り、各種のジェスチャーを交えて言葉を交わしているのを目にし、何度も疑問を浮かべたことがある。この人たちは「五〇〇年前」――歴史の起源に対する中国人の習慣的な言い方であるが、実際は二〇〇万年前――には「一つの家族」だったのだろうか。「一つの家族」だったとすれば、どのように「枝分かれして」、かくも多くの民族や人種へと変化したのだろうか。もし「一つの家族」ではなかったとしたら、どうしてこれほどよく似た人間の特徴を備えているのだろう。

もっと重要なことは、われわれの搭乗便が大洋の対岸に到着するときとは違い、一人一人がその構成員である世界の人口は、より大きな規模とこれまでとは異なる構造や特徴をもって、二一世紀に突入しようとしており、一人一人の生存と発展に関わる一連の問題がもたらされようとしているということである。

徐々に動き出した「人口列車」

現在の世界の人口問題を認識するには、人口変動の歴史について、おおよそ理解する必要がある。そして、人口の歴史的変動や人類の起源をさかのぼると、人類が生きているこの地球および地球が存在している宇宙と深くかかわっており、われわれははるか昔の茫洋たる世界へといざなわれる。

周知のとおり、西洋には神が世界を創造し、アダムとイブが人類を生み増やしたとする神話がある。中国には盤古が天地を切り開いたとか、女媧《じょか》が天を補ったといった類の伝説がある。しかし、科学の発展と進歩、とくにコペルニクスの「太陽中心説」、アインシュタインの「一般相対性理論」、ダーウィンの「進化論」などの登場に伴い、また客観世界と人類自身を認識するために「望遠鏡」と「顕微鏡」がもたらされたことによって、人々はますます多くの共通認識をもつようになった。

科学者の考証によると、宇宙が形成されたのは今から約一〇〇―二〇〇億年前、銀河系で最も古い恒星が誕生したのは約一〇〇―一五〇億年前である。しかし、地球上で発見された最古の岩石は四七億年を越えておらず、これが地球の年齢の上限とみられる。約二〇億年前に地球上に最古の生物が現れ、今から二〇〇万年余り前に最初の人類が出現した。

しかし、人類の起源をめぐっては、ずっと異なる観点からの論争が続いている。古人類学者は化石と製造物を証拠に、現代人は世界各地に居住していた古い祖先から進化してきたものであり、この進化過程に数百万年かかったとする立場を堅持している。一方、分子遺伝学者は人類のミトコンドリアＤＮＡの系譜から、現在の人類はすべての人種

が共通の女性の祖先をもち、その女性は今からおよそ一五―一八万年前に生存していたと推定している。(1)

近年、人類の祖先は類人猿を起源とするのではなく、魚類から変化してきたとする研究が発表された。その理由は次のとおりである。ヒトには涙腺があるので、泣くとき自然に涙が流れる。サルの鳴き声が耳障りなのはなぜか。涙腺がなく、泣いても涙が出ない空泣きだからである。だとすればヒトの涙腺はどのように「進化」してきたのだろうか。また類人猿は全身が毛で覆われているが、ヒトは頭、脇の下などの部位を除き全身つるつるしている。この点は一般的な「退化」説では説明が難しい。種の繁殖パターンも重要である。類人猿やサルは何から誕生したのか。魚類から変化したということは、ヒトは水中で泳いでいたときはまるっきり魚だったというのだろうか。しかしこの説にも証拠が不十分なところが多い。なぜなら、進化論の考え方によれば、下等なものから高等なものへ、単純なものから複雑なものへと段階的に進化するはずだからである。魚類は今からおよそ五―六億年前に出現した。一方、類人猿霊長目の出現が一億年以上前ということはありえず、魚類そのものが類人猿の「祖先」ということになる。

ひとつはっきりしていることがある。人類の起源は、知能の進化、すなわち客観的事物を認識し、知識を活用して実際の問題を解決する能力の向上と切り離すことができない。こうした知能が数百万年以上前に出現したとは考えがたく、最古の人類は今からおよそ二〇〇万年余り前に誕生したものとみられている。そのころ動物界から離れたばかりの最初の人類は、洪水や猛獣が襲ってくる大自然の厳しい環境のなかにあり、常に飲み込まれてしまう危険にさらされていたことは、想像に難くない。人類はなぜ種の継続と発展を維持できたのか。第一に知能の進化と脳の発達によって、たえず新皮質が生まれて賢くなり、道具の製造と使用をマスターし、労働を生み出したからである。第二に高い出生率に依拠し、両性間の自然な性行為と出産によって、種の継続と拡大を維持してきたのである。しかし、その拡大はきわめて限られたもので、基本的に人口の単純再生産が保たれていた。

人口データの出所には主として三つのルートがある。人口センサス、人口登録と人口調査である。先史時代にはこの三つのルートがいずれも存在しなかったため、正確な人口数を知ることはできず、すべての数字はある種の推断によるものである。一般に紀元前一万五〇〇〇年より以前の旧石器時代と紀元前一万五〇〇〇—前八〇〇〇年の中石器時代には、人口は基本的に単純再生産のレベルを維持し、出生人口と死亡人口にほとんど差がなかったものとみられている。出産は人間の本能的行為として現れ、出生率が高かったことは間違いない。しかし食糧が不足し、大きな自然災害を防ぐすべもなく、獣の襲撃を受け、集落間の争いが絶えなかったことなどから、餓死者、凍死者、嚙死者、戦死者がきわめて多かった。また各種の急性伝染病や疾病にあらがうすべもなかったため、死者はさらに増え、死亡率はきわめて高く、平均余命は短かった。

北京の西南方向に位置する周口店に北京原人陳列館があるが、考証により、統計可能な二二人のうち、一四歳以下で死亡した人が一五人で、六八・二％、一五—三〇歳で死亡した人が三人で、一三・六％、四〇—五〇歳で死亡した人が三人で、一三・六％、五〇—六〇歳で死亡した人が一人で、四・六％を占めることがわかっている。これに基づき、中間値、すなわちそれぞれ七歳、二三歳、四五歳、五五歳をとって計算すると、平均一六・五歳で死亡していることになる。内外の多くの学者の研究によれば、この時期、人口の出生時平均余命は二〇歳以下で、世界の人口は二〇〇万年余りの間、若干の増減を繰り返しながら停滞し、中石器時代まではおよそ三〇〇—四〇〇万人の間だったと推定される。(2)

紀元前八〇〇〇—前三〇〇〇年の新石器時代は、弓矢などの発明により、原始人の自然に対する征服力が強まり、捕まえた馬、牛、羊などの動物を飼い慣らして繁殖させ始め、原始野蛮人のなかから原始牧畜業に従事する人々が分離し、第一次社会的分業が起こった。原始牧畜部落は分離後、牧場を拡大し、遊牧部落が急速に発展した。一方、この時期に原始的な鉱石の製錬が始まり、遊牧部落に転化しなかった地域の原始人が、採集、狩猟から原始農業へとしだいに移行し、この分業を深め、拡大していった。

第一次社会的分業は労働生産性を向上させ、商品交換の発展を促した。これによって男子が牧畜生産と交換のなかで支配的な地位につくようになり、しだいに父権制が母権制にとってかわり、家族関係に革命的な変化が起こった。

これらすべては人口の再生産に以前より多くの保証を与えたのみならず、人口増加の経済的ニーズを増加させ、旧石器時代、中石器時代の人口総数が増減を繰り返していた状態を終わらせ、一定の増加がみられるようになった。国連の『人口年鑑一九七〇』の推定によれば、紀元前七〇〇〇―前六〇〇〇年に世界の人口は五〇〇―一〇〇〇万人まで増加し、新石器時代の終わりまで引き続き増加がみられた。

石器時代に続くのは銅器時代である。まず赤銅器時代、次に青銅器時代が続く。紀元前三〇〇〇年にエジプト、インド、バビロンなどの地域では青銅器時代に入ったが、その頃、原始末期および奴隷社会の初期にあった。中国では青銅器時代に、すでに夏、商の奴隷制社会が確立しており、青銅器は生産手段および生活手段、戦争の武器などとして広く応用されていた。また西周時代には鐘、鎛《はく》などの銅製の楽器も出現し、そのレベルは非常に高かった。石器の時代から銅器の時代に入ったことは一大革命であるが、銅器の時代から鉄器の時代に入ったことはそれ以上の大きな革命であった。鉄の製錬にはより高い温度が必要とされるため、高い製造技術が求められ、使用価値も大きい。鉄器が出現したのは紀元前一〇〇〇年頃で、中国では春秋戦国時代に広く使用された。またかつて湖南の長沙で鋼製の宝剣が出土したことがあり、当時すでにかなり高い製錬・製造技術を備えていたことがわかる。

銅器、鉄器の発明と広範な使用により、ついに農業から手工業が分離し、第二次社会的分業が起こった。二回の社会的分業の発生に伴い社会労働生産性がおおいに向上し、ますます多くの余剰生産物が生まれた。さらに交換品目の増加と規模の拡大が促され、もっぱら商品交換業務に従事する中間商人が生まれ、第三次社会的分業が起こった。三回の社会的分業は生産力の発展を促すとともに、私有制の発展を促し、社会は奴隷所有者階級の意思を具現した奴隷制社会への移行を終えた。この時期はおよそ紀元前三〇〇〇年から始まり、紀元前後五〇〇年頃に終わった。この間に人口増加が促進された要因は、主に次のとおりである。

第一は、三回の社会的分業と鉄器に代表される新しい生産手段の応用である。これが遊牧業の発展を強力に促進し、耕地の開墾、森林の伐採、桑や麻の栽培などの能力を高め、食糧の供給を増やし、人口の拡大再生産のために一定の条件をつくった。

第二は、最も古い定期市型の都市の出現である。交換業務の発展、商人の登場により、最初の「昼の市」が開かれるようになり、市が終わると自然に解散する交換集散地としての都市が発達した。都市そのものが一定数の人口を収容するようになり、周囲の農村人口が都市に引き寄せられただけでなく、農村人口の増加をも促した。

第三は、婚姻関係の改革である。原始氏族社会の群婚制から相対婚制へ、さらに相対婚制から一夫一婦制へと移行した。またこの移行に伴って起こった母権制から父権家族制への転換により、人口再生産の基本単位が、大から小へ、不確定から固定へと変わり、条件が大きく改善され、子孫を増やす上で有利となった。

第四は、死亡率の低下である。食糧の供給が改善され、都市が人口再生産のための良好な条件を提供するようになった。また、婚姻と家族関係がより明確になり、以前より生殖と健康に有利となった。こうした条件の下、死亡率が原始共同体時代に比べ著しく低下した。

この時期、人口の拡大再生産を妨げた要因としては、社会生産力の発展レベルが低く、供給食糧が限られていたこと、科学技術の発展が遅れ、さまざまな疾病を克服する有効な手だてがなかったことなどがあげられる。この他、奴隷制社会における奴隷所有者の奴隷に対する個人所有が人口の拡大再生産に与えた影響を低く見積もることはできない。奴隷は「言葉が話せる道具」でしかなかったため、少しでも反抗すると殺され、奴隷の一揆や処刑による死者が非常に多かった。また、奴隷には家族をもつことや人口再生産を行うことが保障されていない場合が多く、このことが人口数の増加を著しく妨げた。

国連は西暦元年時点での世界人口を三億人と推定しているが、多くの学者がこの数には満たなかったであろうとみている。紀元前六〇〇〇年の人口の年平均増加率は〇・〇五％にすぎなかった。

紀元前後のおよそ一〇〇〇年の間に、主な国は奴隷制から封建制国家への移行を完成した。そして一六四〇―一六四八年にイギリスのブルジョア革命が勝利をおさめるまで、封建社会の段階が続いた。道理からいえば、封建制が奴隷制にとってかわれば、農民（農奴）は奴隷に比べより多くの自由を得て、自ら自然経済を基礎に安定した家庭を築くようになり、社会生産力もゆっくりと増大し、人口増加もいくらか加速するはずである。ところが実際にはそうならなかった。これには以下いくつかの要因が影響している。

自然条件の面では、一三世紀から五〇〇年の小氷河期を経験し、気候が寒冷化し、劣悪となったことにより、一部の地域、とくにヨーロッパの農業が減産となった。また自然災害が頻発し、飢饉のために多くの死者が出た。これに疫病の流行が重なった。一三世紀の中葉にヨーロッパではペストが大流行し、このためにヨーロッパの人口は二〇％も減少した。肺結核、コレラ、マラリア、天然痘などの伝染病が猛威をふるい、多くの人々の命を奪い、荒れ果てて人影も見えなくなったところさえあった。

社会条件の面では、封建社会の主要な矛盾は農民と地主階級の矛盾であり、土地の兼併が日増しに激しくなるなどの社会矛盾の激化に伴い、大規模な農民一揆がたえず発生し、そこから既存の封建王朝の支配が動揺した。農民一揆は封建地主階級に利用され、王朝交代の手段となった。しかし、新しい封建王朝の成立初期には、「民力休養」政策を実施することが多く、農業生産が回復し、人口の増加がみられる。王朝の後期になると領土の兼併が激しくなり、農民一揆が起こり、王朝が交代するといった循環が繰り返され、社会生産力が破壊され、人口が激減した。

封建社会を見渡すと、正にこの経済の回復―発展―衰退と人口の増加―減少―増加というモデルのなかでたえまない循環が繰り返され、社会はゆっくりとした発展を示し、人口はわずかな増加をみせた。このような発展と増加は、ときには国土の拡張を目的とする国家間、地域間の戦乱によってとぎれ、逃亡の形をとった人口の大移動と農業生産の荒廃が起こり、人口再生産のための食糧供給ラインが破壊された。

経済発展と構造の面では、封建社会の都市の発展が人口増加の促進に果たした役割にははじめから限界があった。自給自足を基礎に築かれた自然経済において、農民は日が昇れば畑に出て働き、日が暮れると家に帰って休み、男は耕し、女は機を織る小生産、小家族型の生活に満足していた。それが、安定した循環を保っており、都市化の進展が妨げられた。都市はいくらか発展をみせたものの、その速度はきわめて緩慢で、商工業が十分に発展せず、明らかに封建王朝の支配という政治的色彩をもっていた。こうした都市は農村の農業労働生産性を高める役割を効果的に果たすことができず、したがって農民を大量に都市へと引きつけ、人口増加を促進する役割を果たすことができなかった。

上述のいくつかの面の要因は絡みあい、互いに影響しあっている場合が多い。戦争と飢饉、飢饉と疫病、天災と人災は、同時に正常な人口の再生産と増加にきわめて大きな被害をもたらし、局地的には壊滅的な被害をもたらすことさえあった。封建時代の人口はまさにこうしたさまざまな打撃を受け、増加と減少を繰り返した。「人口列車」は前進、停止、後退を繰り返しながら、後退や停止のなかにもわずかに前進し、徐々に動き出したのである。

いくつかの推計が、一六五〇年頃、世界には五億前後の人口がいたことを示している。西暦元年に三億であったとして計算してみると、一六五〇年までの人口の年平均増加率は〇・〇三％だったということになる。西暦元年が二億五〇〇〇万人だったとして計算すると、年平均増加率は〇・〇四％となる。この二つの数字を紀元前六〇〇〇年頃の年平均増加率と比較してみると、それぞれ〇・〇二ポイントと〇・〇一ポイント低い。

産業革命の人口効果

「人口列車」は封建時代にギアを入れ間違え、前進したり、後退したりする現象が現れたが、一八世紀中葉に起きた産業革命を境に、急成長の高速車線に入った。国連、イギリスの人口学者カー＝ソンダース（Carr-Saunders）、日本の人口学者南亮三郎、中国の人口学者による推計および若干の統計によれば、世界の人口は一六五〇年から一八〇年後の一八三〇年にはじめて一〇億に達した。一〇〇年後の一九三〇年には二倍の二〇億に増え、人口の年平均増加率は〇・七％に達した。そこからさらに一〇億人増加するのに三〇年しかかからなかった。一九六〇年には世界の人口が三〇億に達し、人口の年平均増加率は一・四％に達した。次の一〇億人が増加するのにかかった時間はたった一五年間だった。一九七五年には世界人口が四〇億を越え、人口の年平均増加率は一・九％に達した。そして人口が四〇億から五〇億に増加するための時間は一二年に短縮された。一九八七年に世界の人口は五〇億人に達し、人口の年平均増加率は一・九％弱であった。

一九九八年に世界の人口は六〇億人に達することが見込まれている。五〇億から六〇億への増加はさらに一一年に短縮され、人口の年平均増加率は一・七％となる。世界の人口が一〇億人増加するために要する時間は、最初の一〇〇年からしだいに三〇年、一五年、一二年、一一年へと短縮され、歴史に類例のない飛躍的な増加が起こった。しかし、人口の総数が急速に増加しているなかで、人口の年平均増加率は、一九六〇—一九七五年に三〇億から四〇億に増加した際の数字が最も高く、一・九％を越えたが、その後はわずかに下っている。五〇年代以来の世界人口の増加率は、表一・一(3)に示すとおりである。

一〇億人の増加に要する時間の短縮と表一・一から次のいくつかの点についてはっきりと認識することができる。

第一に、先史時代と比べても、封建時代と比べても、ブルジョア革命後、とくに産業革命開始後、人口の増加率はすさまじい勢いで上昇した。かつての人口年平均増加率は〇・〇何パーセントの単位であったが、一六五〇—一九五〇年には〇・何パーセントの単位となり、一九六〇年からはさらに一・七—二・〇％へと上昇し、人口がかつてない猛烈な勢いで増加する時代に入った。

第二に、人口の年平均増加率は六〇年代と七〇年代が最も高く、その後はわずかに下がっている。しかし、世界人口の基数が急速に増大したことにより、毎年増加する人口の絶対数は依然として増加しており、増加率と絶対数の増加の趨勢が一致しないという矛盾が現れている。

第三に、新大陸の発見により移民が米国の人口を急速に増加させたのを除くと、一六五〇—一九五〇年の人口増加率はヨーロッパが最も高かった。これはブルジョア革命と産業革命の予想外の結果であった。しかし、第二次世界大戦後の短い「ベビーブーム」を経て、六〇年代以降、ヨーロッパでは出生率がどんどん下がり、低出生率、低死亡

表1・1　世界人口の年平均増加率（1650-1990年）

（%）

	1650-1950年	1950-60	1960-70	1970-80	1980-90
世界人口	0.5	1.8	2.0	1.9	1.7
アフリカ	0.3	2.3	2.6	2.7	2.9
ラテンアメリカ	0.9	2.7	2.7	2.4	2.1
北米	1.7	1.8	1.3	1.1	1.0
アジア	0.5	2.0	2.3	2.1	1.9
ヨーロッパ	0.6	1.0	0.8	0.6	0.4
オセアニア	0.6	2.2	2.1	1.6	1.5

率、低増加率の現代的な人口再生産類型に入った。現在、北米とオセアニアもすでにこの段階に入っており、高度に工業化した国々ではすでに人口転換の最終段階への移行を完成した。

第四、先進国では六〇年代、七〇年代以来、出生率が大幅に低下し続けているのとは対照的に、アフリカ、ラテンアメリカおよびアジアの一部発展途上国の人口増加の勢いは非常に強い。これらの国々はそれぞれ状況が異なり、人口増加の原因を一元的に説明することはできない。しかし、農業国から工業国への移行期、工業化の実施初期にある国々についてみると、産業革命が人口再生産にもたらしたのと同じような影響があり、それが人口増加を促しているのではないかと考えられる。このことは現在の人口変動に大きな意味をもっている。

問題の焦点は、ブルジョア産業革命はいかにして『共産党宣言』に描かれた「まるで魔法で地の底から呼び出して来たかのような大量の人口」(4)をもたらすことができたのかという点に集中する。また、工業化の発展が今日のような高いレベルに至ったのをみると、今後工業化社会が、出生率を下げ、低いレベルを保つことを可能にするかもしれないという点に集中する。この点をはっきりさせることは過去の人口変動の歴史を理解する上で非常に重要であるのみならず、将来の人口変動の趨勢をつかむ上でも参考になる。

一七世紀の中葉、ブルジョア革命が勝利を収めたイギリスで、一〇〇年後に紡績機の発明が産業革命の幕を開けた。蒸気機関と機械工業の発展が、採掘、輸送およびすべての工業部門を一変させ、新時代の生産力をつくりだし、労働生産性を著しく向上させた。それは、羊毛などを含む原材料に対する需要、労働力に対する需要を増大させたが、一方では商品市場の需要を急速に拡大する必要にも迫られた。イギリスでは、この二つの面の需要が「エンクロージャー（囲い込み運動）」を通じて実現した。封建土地所有制が資本主義土地所有制へと変わり、農民が土地を失って雇用労働者となった。同時にまた資本主義を発展させるための国内市場が開拓された。フランス、オランダなどがイギリスの後を追って、それぞれイギリスと同じような「エンクロージャー」を経験した。こうして、産業革命は人口と労働力に大きな影響を与えたが、それは主に次のいくつかの面においてみられる。

その一。中世における都市の出現の時とは異なり、人口と労働力の集中を加速した。ヨーロッパの中世の都市は、主に商品交換に携わる人々や裁判官、弁護士、医師、薬剤師などの階級に奉仕するもので、不均衡な発展の性質を帯びていた。産業革命は蒸気機関や工作機械などの機械作業によって新しい産業の勃興をもたらした。また、工場制手工業に比べ生産規模が大きく、多くの労働力を必要とし、大量の少年労働者や女子労働者が雇用され、労働者がしだいに機械の付属物となるなどの特徴をもっていた。こうして雇用吸収力が増大したことにより、人口と労働力が新興商工業に集中し、かつてない人口密集都市が生まれた。

その二。労働生産性の向上と技術の進歩により、人口の死亡率が大幅に下がった。フランスの人口学者ランドリー（A. Landry）と米国の人口学者タムスン（W. Thompson）が創り出し、米国の人口学者ノートスタイン（F. W. Notestein）が完成させた「人口転換理論」によれば、人口変動はおよそ次の三段階を経る。高出生率、高死亡率、低増加率の段階。高出生率、低死亡率、高増加率の段階。低出生率、低死亡率、低増加率の段階である。

イギリスから始まった産業革命においては、機械の広範な応用により、工業の労働生産性が急速に向上した。農村労働力が都市に集中し、土地などの農業の生産手段に相対的に余裕が生まれ、農業の労働生産性が向上する前提を与えた。また、機械製造業の発展がそのための需要を満たし、農業の労働生産性の向上と農業余剰生産物の増加をもたらし、人口の拡大再生産のために食糧面での保証を与えた。

同時に、産業革命は科学と技術の進歩を促した。一八世紀中葉から一九世紀前半にかけ、医学が長足の進歩を遂げた。とくに予防注射が発明され、広く応用されたことが、伝染病などの発生を減らす上で大きな役割を果たし、死亡率の低下をもたらした。統計から、産業革命が起こった国々では、一八世紀の中葉から約一世紀半にわたって死亡率が低下し続けるというプロセスを経験し、このことが人口増加の直接の原因となったことがわかる。

その三。産業革命は農業革命をもたらし、都市と農村の人口が交互に増加した。ヨーロッパでは産業革命の発生と同時に、いや産業革命の発生以前に、農業革命が静かに進行していた。しかし、産業革命が発生してから、本当の意味での農業革命がもたらされ、促進された。産業革命は、伝統的な農業生産手段に革命的な改造をもたらしたのみならず、生産・経営方式が改善され、粗放型経営から集約型経営への転換が行われ、農村の物質および文化生活が改善された。人口変動の角度からみると、農業革命は都市人口および人口全体の増加のために食糧などの必要条件を整えたのみならず、産業革命発展のニーズに適応し、たえず都市に必要な労働力を送り出すことを可能にし、都市人口をしだいに増加させたのである。

イギリスは一九世紀の中頃、ドイツは二〇世紀の初期に、都市人口が総人口の半数を越えた。都市と農村の人口のこうした流動を通じた累進的増加は、農村の経済、文化、医療、衛生技術の発展をもたらし、死亡率、とくに乳児死亡率を大きく低下させ、人口の平均余命を引き上げ、総人口の増加をいっそう促進した。これは産業革命が人口にもたらした予想外の効果といえる。

世界の人口変動の趨勢

産業革命は人口の急激な増加をもたらしたが、産業革命が深まるにつれ、人口増加はたえず加速していったのであろうか。哲学には量の変化と質の変化の法則があり、また互いに相反しながら互いに成り立つ理論もあり、これは人口経済学にも当てはまる。

産業革命の初期には、大量の人口が都市部の商工業にどっと集まり、大幅な人口増加が促された。しかし工業化がさらに進むにつれ、とくに新技術革命がはじまると、状況に逆方向の変化が起こった。技術の進歩と資本の有機構成が一定レベルに達したことにより、労働者の技術的、文化的な資質に対する要求が高まり、経済発展が主に労働者の量に依拠したものから労働者の質に依拠したものへと変わった。これにより子供の質の限界費用が高まる結果をまねき、家庭および両親の出産への期待も子供の量を追求することから子供の質を求めることへと変わり、しだいに「多産多育〔多く生み多く育てること〕」から「少生優育〔少なく生みよく育てること〕」への転換が起こり、出生率低下の革命が起こった。

この点については、第3章の子供の費用・効用分析のところで詳しく述べる。ここでの目的は、現在、ヨーロッパ、北米、オセアニア、日本などの先進国や先進地域で出生率が低いレベルに下がっていることはけっして偶然ではなく、工業化の発展、ポスト工業化の発展の必然の結果であることを説明することである。

国連の資料によると、先進国の合計特殊出生率（Total Fertility Rate）は一九七〇年代の中期に二・一の置き換え水準まで下がった後、現在すでに一・七前後まで下がっており、今後さらに下がり続けるものと予測される。発展途上国の合計特殊出生率は一九七五—一九八〇年には平均四・六であったが、一九八〇—一九八五年には平均四・二、一九八五—一九九〇年には平均三・九、一九九〇—一九九五年には平均三・六となった。大幅な低下をみせているものの、先進国を大きく上回っている。[5] 一九九六年には世界の人口五八億四〇〇〇万のうち、先進国の人口は一一億七一〇〇万で二〇・一八％であるのに対し、発展途上国は四六億三三〇〇万で、七九・八二％[6]を占めており、将来の人口変動の趨勢は主として発展途上国の人口によって決まる。動態的にみると、先進国では出生率が低く、その世界人口に占める割合が年々下がっており、将来への影響もいっそう弱まっている。

世界の人口を一つの全体としてみると、紀元以来の変動趨勢および予測は次のとおりである。西暦元年頃には三億、西暦一〇〇〇年には三億一〇〇〇万、西暦一五〇〇年には五億、一八〇〇年には九億八〇〇〇万、一九〇〇年には一六億五〇〇〇万、一九五〇年には二五億二〇〇〇万、一九七〇年には三七億、一九九〇年には五三億であった。西暦二〇〇〇年には六二億三〇〇〇万、二〇二五年には八四億七〇〇〇万、二〇五〇年には一〇〇億二〇〇〇万[7]となることが予想されている。他に『世界人口推計』による推計も、上述のデータにかなり近く、比較的詳細なものである。表一・二と一・三[8]を参照。

表一・二と表一・三は、次のことを示している。一九五〇―一九九〇年に世界の人口は二七億六五〇〇万増え、年平均増加率は一・八七%に達し、これは有史以来、人類がその数を最も急速に増加させた時期である。一九九〇―二〇三〇年には三三億八六〇〇万増えることが予想され、前の四〇年よりも六億二一〇〇万多い。しかし基数が増大した後の影響であるため、人口の年平均増加率は一・二五%に下がる。二〇三〇―二〇五〇年の二〇年間の人口増加は一一億六二〇〇万人となり、人口年平均増加率はさらに下がって〇・六三%となる。この時期になると、年平均増加数と増加率がいずれも著しく下がる。全体的な趨勢を見ると、「人口列車」にブレーキがかかった後の減速効果がだんだんと現れ、人口増加の速度もゆっくりとしたものになる。しかし、基数が増大した後の増加率の低下と増加量の上昇という現象が、今後四〇年程度はかなり目立ち、二〇五〇年前後の世界の人口は現在よりさらに四〇億人増えているであろう。

世界人口の総数の増加とともに、その分布と構造にも変化が生まれつつある。一九九五年の世界人口五七億一六〇〇万のうち、先進国の人口は一一億六七〇〇万で二〇・四%を占め、発展途上国の人口は四五億四九〇〇万で、七九・六%を占める。二〇五〇年になると、先進国の人口が占める割合は一二・三%まで下がり、発展途上国の人口が八七・七%を占めるようになることが、予測数字からわかる。地域分布にも大きな変化が起こる。現在の状況と二〇五〇年における世界人口の地域分布の変動状況の比較は、表一・四[9]に示すとおりである。

二〇五〇年と一九九五年とを比較すると、アフリカの人口の割合が九・一ポイント上昇し、その他の各大陸は低下し、オセアニアは基本的に横這いながらやや下がる。このなかでアジアの低下が八・一ポイントと最も著しく、次に

表1・2　世界の人口変動（1950-1990年）

（億人）

	1950年	1960	1970	1980	1990
世界	25.20	30.21	36.97	44.44	52.85
先進地域	8.10	9.11	10.03	11.00	11.43
途上地域	17.11	21.11	26.95	33.64	41.42
アフリカ	2.24	2.82	3.64	4.76	6.33
アジア	14.03	17.03	21.47	26.42	31.86
ヨーロッパ	5.49	6.05	6.56	6.93	7.22
ラテンアメリカ	1.66	2.17	2.83	3.58	4.40
北米	1.66	1.99	2.26	2.52	2.78
オセアニア	0.13	0.16	0.19	0.23	0.26

表1・3　世界の人口予測（1990-2050年）

（億人）

	1990年	2000	2010	2030	2050
世界	52.85	61.58	70.32	86.71	98.33
先進地域	11.43	11.86	12.13	12.36	12.08
途上地域	41.41	49.73	58.19	74.34	86.26
アフリカ	6.33	8.32	10.69	16.43	21.41
アジア	31.86	37.36	42.64	51.56	57.41
ヨーロッパ	7.22	7.30	7.29	7.12	6.78
ラテンアメリカ	4.40	5.24	6.04	7.42	8.39
北米	2.78	3.06	3.32	3.76	3.89
オセアニア	0.22	0.31	0.35	0.42	0.46

表1・4　世界人口の地域分布変動

	1995年		2050年	
	人口（億人）	%	人口（億人）	%
世界	57.16	100.0	98.33	100.0
アフリカ	7.28	12.7	21.41	21.8
アジア	34.58	60.5	51.56	52.4
ヨーロッパ	7.27	12.7	7.12	7.2
ラテンアメリカ	4.82	8.4	7.42	7.5
北米	2.93	5.1	3.89	4.0
オセアニア	0.29	0.5	0.46	0.5

ヨーロッパで五・五ポイント、次いで北米で一・一ポイント、ラテンアメリカで〇・九ポイント下がる。予測によれば、ヨーロッパでは二〇〇五年に人口数がピークに達し、以後人口総数が減少しはじめる。アジアの人口の割合が低下するのは、主に人口増加率が低下するためであり、人口の総数はまだ増加し続ける。北米とオセアニアは若干の増減を繰り返しながら、わずかに増加することが予想される。

中国「人口列車」の繰り上げ発車

中国の人口は世界人口の一つの構成部分であり、その変動には世界の人口とよく似た趨勢や同様の原因がある。しかし、変動にある種の違いやまったく同じとはいえない原因もみられ、独自の特徴を示している。

ゆっくりとした増加と清代の「繰り上げ離陸」

原始、奴隷および封建社会のほとんどの期間を通じ、中国の人口は世界の人口と同様、高出生率、高死亡率、低増加率の段階にあった。考証によれば、中国最古の人口登録は西周の周宣王三九年（紀元前七八九年）にさかのぼる。当時、周宣王は、姜氏の軍隊に破れ、今の甘粛省固原、鎮原一帯に後退していた。再起を図るために、賦税（租税）を増やし、兵役、労役を課す必要から、「料民」——人口に対する登録調査を行ったのが、最も古い人口統計である。これより以前に、司民官が人口の出生と死亡の登録を担当し、司冠官が犯罪者の登録を担当し、司工官が製造業の登録を担当していた頃には、さまざまな管理ルートを通じ、人口の数を把握していたので、多くの場合、推定あるいは伝聞の数字であった。こうした推定あるいは伝聞の数字はたえず修正され、より実際に近い数字となり、一部は権威ある歴史書にも引用され、皆が認める数字となった。

これまで、文字として残っている最も古い人口数は、『後漢書・群国誌』が晋朝の『帝王世紀』を引用したなかにある「禹が水土を平らげ、九州〔中国全土〕を元に復し……民口一三五五万三九二三人」という一説である。時期は紀元前二二〇〇―前二一〇〇年頃にあたる。西周の時代に入ると、人口はわずかに増加し、紀元前一〇六三―前一〇五七年には一三七二万人まで増加したと推定される。春秋時代には再び若干減少し、紀元前六八四年には一一八五万人まで減少した。秦が中国を統一したとき、全国の人口は二〇〇〇万前後であった。[10]歴史書のなかでは、およそこのように言っているが、数字はあくまで推定にすぎない。ただこの推定はかなり信頼できるもので、ある程度当時の社会経済発展レベル、戦争の影響などの要素にかかわるという面があるが、信頼性はかなり高い。

紀元後になると、関連史書のなかに人口に関する記載が多くなる。しかし、これらの数字は人口センサスや直接的な人口調査によるものではなく、多くが田賦〔田租〕などの統計資料からきていることをことわっておく必要がある。『人口手帳』のデータは、表一・五に示すとおりである。

表一・五に示した人口データを一〇〇%信用することはできない。西暦二年の人口五九五九万が比較的信頼できるとするなら、清の雍正四年に一七二四年間を経て逆に二六三九万に減ったというのは、どう考えても筋が通らない。歴史上の人口数があまり正確でない原因は多方面にわたるが、主に次の点が上げられる。

第一は、全国的な人口統計や調査が不足しており、人口に関する数字のほとんどが、田地や戸籍の統計からきたものであるということである。こうした統計は賦税、徭役と結びついており、一つの側面から人口データを提供してはいるが、本当の意味での人口調査ではなく、正確ではありえない。中国最古の人口統計学者といわれる馬端臨は、彼が編纂した『文献通考』のなかで、正に戸籍と成年男子への賦役〔租税と夫役〕を組み合わせて考証している。このなかに賦役を逃れるために戸籍をもたないものが、各時代ともかなりの割合を占めていたことが記されている。

第二に、歴代封建王朝の領土は、王朝が交替するたびに広さが大きく変化し、境界内の人口数もそれに伴って変動した。これが歴史上の人口数の変動に比較不可能な要素をもたらした。

第三に、経済、文化等の社会発展の制約から、封建時代に賦役徴収のためにもうけられた統計の質は低く、散逸が

表1・5　歴代主要人口データ

（万人）

西暦	王朝	人口数	出所
2	西漢元始２年	5,959	『漢書・地理誌』
157	東漢永寿３年	5,648	『通典』第七巻
220-265	三国	767	『通典』第七巻
280	晋太康元年	1,616	『晋書・地理誌』
609	隋大業５年	4,602	『隋書・地理誌』
755	唐天宝14年	5,292	『通典』第七巻
1110	北宋大観４年	4,673	『宋史・地理誌』
1291	元至元27年	5,883	『元史・地理誌』
1403	明永楽元年	6,659	『続人文献通考』第十三巻
1655	清順治12年	1,403	『清実録経済資料輯要』第一集
1721	清康熙60年	2,561	『清実録経済資料輯要』第一集
1726	清雍正４年	2,639	『清実録経済資料輯要』第一集
1741	清乾隆６年	14,341	『清実録経済資料輯要』第一集
1762	清乾隆27年	20,047	『清実録経済資料輯要』第一集
1790	清乾隆55年	30,148	『清実録経済資料輯要』第一集
1840	清道光20年	41,281	『清実録経済資料輯要』第一集

ひどく、資料も不完全で、人口統計の指標も不統一であった。したがって表一・五が示すデータの清の乾隆年間以前のデータに参考価値があるとすれば、そのなかから変動の趨勢を見てとれるという点であるが、こうした人口変動の趨勢はまた各王朝の盛衰に密接にかかわっている。

この問題についてはこれ以上詳しく述べないが、ここではっきり述べておく必要があるのは、一七二六年から一七四一年までのたった一五年間で、全国の人口が二六三九万から一億四三四一万に激増するなどということはありえない、ということである。後の部分で、一七二六年の数字はあまりにも実際とかけ離れた数字であり、一七四一年の数字は比較的信頼でき、その後の人口データが信頼できる基礎ともなっていることを説明する。こうして、全国の人口は一八四〇年には四億一二八一万に達し、かつてない増加率を記録した。一七四一年から一八四〇年の人口平均増加率は一・〇七％に達した。

一方、ほぼ同じ時期に、世界の人口は一七五〇年の七億七〇〇〇万から一八五〇年の一二億四一〇〇万へと増加したが、年平均増加率は〇・四八％であった。一八五〇—一九五〇年の増加率はいくらか上昇し、〇・七一％となった。一九〇〇―一九六〇年になって世界の人口増加率はようやく一・〇三％まで上昇し、上述の中国の人口増加率に近い数字となった。つまり、中国は一八世紀後半から一九世紀前半に、世界が二〇世紀の最初の六〇年に実現した人口増加率を記録し、世界の人口に比べ一世紀半も「繰り上げ離陸」したのである。[11] 実際、中国の人口は清の雍正年間から乾隆年間にかけての時期、すなわち一七三〇年代に一億の大台を突破し、その後、一〇〇年余りの間に一挙に四倍となった。一八三五年には四億を突破し、ここに中国の人口が多いという基礎が確立された。

「繰り上げ離陸」の原因と結果の議論

中国の人口がなぜ清代に「繰り上げ離陸」したのかについては、これまでさまざまな意見があり、経済学者、社会学者、栄養学者、人口学者などが自説を主張し、それぞれもっともな点がある。筆者は二つの異なるレベルから説明してはじめて説得力があると考える。

まず、人口統計上の障害を取り除く。清代になると、すでに比較的整った田地および戸籍の統計制度があったが、正確な統計資料を得ようと思えば、さらに正確な統計を妨げる弊害を完全に取り除く必要がある。先に述べたが、中国では成年男子に税や役を課すようになってから、賦税や徭役を逃れるため、しばしば人口を少なめに届けるようになった。これが、表一・五に示すとおり、一七〇〇年余りにわたり人口数が増加しないばかりか、かえって減少するという結果を招いたが、おそらくこれが本当の人口数を得られなかった最も主要な原因である。清朝が中国を統一した後、西暦一六六二年に康熙帝が即位し、六一年間在位したが、この間に人口統計の面で重要な仕事を行った。一七一二年（康熙五一年）に『滋生人丁永不加賦（人口が増えてもけっして賦税を課さない）』という詔を下すとともに、別の詔のなかでこの詔について次のような解釈を行っている。

「朕が各省の地方長官からの人口数の統計報告を見たところ、その数がまったく増えていない。できるだけ書き出して届け出るように。今は国内に平和が続いており、戸口（人口）が日増しに増えている……朕が地方を巡幸し、あちこちでたずねたところ、一戸に五、六人であるのに、一人分の年貢しか納めていなかったり、九人十人いても一人か二人分の年貢しか納めていなかったりする……実際に人口は増えており、朕は人口の実数を知りたい。年貢はこれ以上増やさないようにする」[12]。康熙帝が頭割りでの賦税徴収を免除する命令を下したことは、実際、正確な人口統計に道を開く重要な一歩であった。ただこの詔が下達されて間もない頃、従来からの国民は依然として税を納めなければならなかったため、虚偽の届け出をするものが多かった。雍正帝は人頭税を地税に組み入れることにし、従来からの人口と新たに増えた人口に対し、一律に税を課さないこととした。このことにより戸籍統計は賦税の足枷から脱した。

乾隆年間までこの政策が継続され、強化されたことにより、人口統計は比較的正確な数字を得られるようになった。このため、一八世紀中葉以降の人口統計数字は以前に比べずっと正確になったが、それより以前、すなわち一七世紀の後半と一七三〇年代以前の人口データは実際の数字よりかなり少なくなっており、「乾隆盛世」の人口「離陸」は人口がかなり大きな規模に達した基礎の上に始まったのである。

次に、乾隆年間以降、人口統計を妨げる要因は基本的に取り除かれたが、人口が急速に増加したことにはさまざまな原因がある。第一は、「国泰民安説」である。明末清初の戦乱を経て、国が平和的発展の時期に入り、人々が安心して暮らせるようになり、人口の増加に有利だったとする説である。第二は「食糧豊盛説」である。主として米の栽培が広く普及し、生産量が増え、栄養が改善されたことが、人口再生産に有利であったとする説である。第三は「健康増進説」である。医学、主に中国医学が大きく発展し、ひどい伝染病の蔓延を効果的に防ぐことはまだできなかったものの、治療レベルが大きく向上し、人口死亡率を低下させたという説などである。

筆者は、人頭税が取り消されたことと上述の諸々の要因が結びつき、人々の「多産多育」に対する後顧の憂いが取り除かれ、人口の拡大再生産のために有利な条件が整ったことにより、乾隆年間前後に人口の大幅な増加が始まったとみている。こうした増加は欧米における産業革命後の人口増加とはまったく異なることは明らかである。中国の人口増加は工業化や都市化に伴って起こったのではなく、むしろ自然経済が支配的地位を占めるなかでの離陸である。これはおおいに重視すべき「中国的特徴」である。

清代の人口急増をどう評価するか、その後の人口および経済、社会の発展にどのような影響をもたらすかについて、真っ先に反応を示したのは当時の思想家、人口学者の洪亮吉（一七四六―一八〇八）である。彼は一八世紀後半に起こった空前の人口増加を目の当たりにし、系統的な人口観を示し、詳細な論述を行った。彼は平和な時代には人口増加が妨げられず、必然的に生活資源の増加を上回ること、このなかで生活資源の増加が遅れることには社会的な原因もあることを指摘した。この矛盾をいかに解決するのか。洪亮吉は次の二つをとりあげた。「天地調節の法」、すなわち自然界の水害、干ばつ、疫病などの災害が、人口を減少させる。しかしそれは「十のうち一か二に過ぎない」。「君相調節の法」、すなわち国が移住や開墾の促進、賦税の軽減、土地の兼併の抑制、災害時に倉庫を開き罹災者を救済するなどの手段を通じ、人口の生存をはかる。しかし彼はこの二つの方法はいずれも最終的には人口問題を解決できず、人が多いことからくる災いや社会動乱は避けられないと考える人口悲観論者であった。

洪亮吉が生まれたのはマルサス（T. R. Malthus）よりも二〇年早く、彼の著作は、マルサスの『人口論』の発表（一七九八）よりも五年早い一七九三年に完成していた。またその基本的な考え方はまったく同工異曲の妙があり、彼が「東洋のマルサス主義者」と呼ばれたのも不思議ではない。マルサスの人口論は立て続けに第六版まで出版され、大きな反響を呼び、その影響は現在にまで及んでいる。しかし洪亮吉の学説はめったに見聞されることはなく、マルサスの人口論を理解した後に、はじめてマルサスと同時代に、しかもマルサスよりも以前に中国のマルサス主義者がいたことを発見するのである。したがって当時は何の影響も与えることができなかった。

清代に起こった人口の「繰り上げ離陸」がもたらした結果については、人口大国観と結びついており、人口増加主義と抑制主義、楽観派と悲観派の間には明らかに考え方の違いが存在している。その上、一八四〇年の阿片戦争を出発点とする近代社会において、人口問題は民族主義ともある種のかかわりをもっているため、認識がいっそう複雑化している。

たとえば孫文は中国の「人満之患（人口が多すぎることからくる災い）」が「差し迫っていて一刻の猶予もならない」ことを憂慮すると同時に、「中国の人口はいっこうに増えず、外国の人口は日増しに増えている」「一〇〇年後、もしわれわれの人口が増えず、彼らの人口が大幅に増えていたとすると、彼らは多数をもって少数を征服しようとし、必ずや中国を併合しようとするだろう」と心配し、民族のために、中国の人口を欧米列強と同じくらいに増加させる必要があると考えた(13)。

民族主義、民生主義の人口観が進むと、王警濤、李海士、文直公、楊効青などは人口の増加をはかることが、民族が永久に存続し、民族滅亡の危機を逃れるための手段であるとみて、新しい条件の下で人口増加主義を擁護するようになった。

これとは逆に、陳長蘅、許仁廉、陳達、李景漢、呉景超などは中国の人口がすでに過剰であり、人口の過剰は個人の発展、経済の発展、社会の進歩を妨げると考え、適切な方法で産児制限を行い、出生革命を推進するべきであると主張した。一九二〇、三〇年代には人口抑制主義の著書や学説が多く生まれ、小さなブームが起こり、人口問題の研究が促進された。

人口増加主義と抑制主義、楽観派と悲観派の論争はさておき、中国の人口は乾隆年間以来の一〇〇年間で、一億から四億へと一挙に四倍に増え、その後の中国の人口再生産に決定的な影響を与えた。一八四〇年以降、中国はしだいに半植民地、半封建社会となり、民族の抑圧、階級の抑圧が重なって襲来し、軍閥混戦が絶えず、人口の死亡リスクが大きく増大した。一九四九年には人口の年平均増加率はわずかに〇・二五%であった。しかし一九四九年に中華人民共和国が成立した時の全国の人口は、五億四二〇〇万に達しており、一八四〇年に比べ一億二九一九万人増加していた。現在の世界で一一番目の人口大国に相当する数字である。現在人口が一億を越えているのは、中国、インド、米国、インドネシア、ブラジル、ロシア、パキスタン、日本、バングラディシュ、ナイジェリアの一〇カ国である。

これこそが人口増加への基数の影響であり、基数が大きくなった後は、たとえ増加率が低くても、大幅な増加をもたらすことを示している。現在、われわれの人口問題は、正にこうした困難に陥っている。

人口の「リレーバトン」に加わった一億人分の重み

実際、人口の基数が増大した後の人口数の増加への影響は「複利計算」のような効果をもつ。これは何も難しいことを言っているのではない。新生児はやがて成人になるはずであり、成人になれば新たな新生児を生むであろうということは誰もが知っており、これは子々孫々にわたり尽きることがない。しかし唯物主義認識論は言い得て妙である。感じたものを本当に認識できるとは限らない。深く認識したものだけを、本当に感じることができる。だいたいにおいて、五、六〇年代のわれわれの人口に対する認識、基数が五億を越えたことによる影響に対する認識は、初期段階にとどまっていた。

あるいは次のようにいう人がいるかもしれない。早くも五〇年代に党と国家の指導者が人口問題座談会を開催し、関連報告を承認し、産児制限を提唱したことさえあった、と。また、五〇年代と六〇年代に毛沢東ら一世代上のプロレタリアートが一度ならず人口の再生産は計画的に行わなければならないと呼びかけ、人口の再生産を国民経済発展計画に組み入れるべきだと主張したことがある、と。

たしかに、こうしたことはいずれも客観的に存在し、この点について全面的に述べた論著もある。しかし、冷静に考えてみると、第一に当時の人口抑制は、主に女子や子供の健康と発展への配慮から出てきたものであり、人口数の過多の問題は回避しており、マルサスの人口論支持の嫌疑をかけられるのを恐れ、「人口が多い」ので計画出産を提唱したのではないとことわっていたほどである。第二に産児制限を実施したといっても、その程度が限られており、一九四九—一九七〇年の人口の年平均増加率は二・〇五％に達し、「乾隆盛世」前後のおよそ二倍であった。二〇年間に人口は二億八八二五万人増加し、正に中国の人口史上まれにみる増加を示した。第三に、五〇年代後期から六〇年代初めにかけ、馬寅初の『新人口論』を代表とする理論が批判されたが、これにより、人口は多ければ多いほどよいという理論が支配的地位を占めるようになり、人口抑制主義理論は誰も手を着けようとしない「禁域」となった。しかし、「元金と利息」は上昇すればするほど多くなる。人口の年平均増加数は五〇年代初期の一〇〇〇万人余りから、七〇年代初期の二〇〇〇万人余りまで増え、真剣に人口の抑制に取り組まなければならないところまできた。一九七三年に国務院計画出産指導小組が設立され、「晩、稀、少（遅く、間を開けて、少なく）」生むというスローガンを打ち出し、人口抑制の宣伝と指導を強化し、著しい成果をあげた。七〇年代には人口年平均増加率が、五〇年代、六〇年代に比べ〇・三二ポイント下がって一・七四％となった。これにより、中国の人口史に新たな一頁が開かれた。

人口の出生率と増加率が低下するなかで、人口の基数が増大した後の総数の増加への追加的効果がよりはっきりと現れてきた。一九七四年に中国の人口は九億人を突破し、七〇年代末から八〇年代の初めに一〇億に近づいた。七年間で人口が一億人増加したことになり、人口問題がいっそう際だってきた。周知のとおり、七〇年代の後期に天と地が逆転するような重大事件が起こった。一九七六年に林彪、江青四人組反革命集団が粉砕され、歴史の大事な時期に党を救った。一九七八年末には中国共産党第一一期三中全会が開催され、実事求是の思想路線と全党の活動の重点を現代化建設に移す政策が打ち立てられた。三中全会の精神に導かれて、理論戦線は、根本的な転換を意味する混乱の収拾を行い、人口学界では馬寅初の新人口論が名誉回復された。さらにかつての「人口が多ければ多いほどよい」という教条とはうって変わって、中国に横たわる人口問題に対し、事実に基づいた分析が行われた。同時に欧米の人口学および人口学に関連する科学が国内に入ってくるようになり、専門家たちは多ケースの人口推計を行うようになり、将来の人口の趨勢をはっきりと認識するようになった。一時、中国の人口のゆくえ、現代化発展のニーズに適応した人口にかかわる発展の基本戦略と方針は何かが、人々の注目を集める大きな問題となった。

こうした状況の下、中央書記処は中央弁公庁に委託し、一九八〇年三月下旬から五月上旬、数度にわたり人口問題座談会を開催した。関連部・委員会〔省庁〕から二〇人余りの責任者と専門家が出席し、いかに人口増加を抑制するかについて熱い討論が展開された。会議は二つの文献（討論原稿）を起草した。一つは中央書記処への報告、もう一つは人口増加抑制についての全共産党員、共産党青年団員に宛てた『公開書簡』であった。

会議での討論の状況と指導者からの要求に基づき、報告には、おおむね次のようないくつかの問題が明記された。第一は当面の人口問題について、おおいに注意を喚起するべきであるということである。『報告』は当時の人口状況を分析し、増加速度が速く、人口の基数が大きく、人口年齢構造が若く、増加の勢いが強い等の特徴があり、なんとしても人口増加の抑制に力を入れなければならないとしている。第二は一組の夫婦が子供一人を育てることについての議論であり、一定期間内は堅持する必要があるという方針を打ち出した。

この問題については主に次のような内容を含む。労働力と従属人口の問題については、労働力不足を招くことはなく、今後二、三〇年間は従属人口指数が下がる。人口の質の問題については、遺伝学と優生学の研究と宣伝を強化し、人口の質の向上を確保する必要がある。老人社会保障問題については、退職年金の問題を解決するとともに、子供がいない老人や子供の少ない老人の扶養の問題を解決する必要がある。避妊薬・避妊具の研究開発と生産の問題については、安全で、信頼でき、簡単かつ効果の高い薬と器具の生産とサービスを行う。人口の男女比の問題では、人為的な性別の選択を防ぎ、女児の間引き、遺棄等の発生を法律的手段により禁止するなどである。

『報告』はさらに全人口に対する宣伝教育の強化、計画出産法の制定、人口委員会の設立、老人社会保障の実施、母子保健、晩婚晩育〔晩く結婚し、晩く子供を生む〕、一人っ子奨励金の実行などについて具体的な提案を行い、積極的かつ妥当な計画出産工作を展開した。

一組の夫婦に子供一人を提案する必要があるのか、一人っ子を提唱する期間はどのぐらいがよいのかについて、筆者は責任者として、また報告の起草者として、『報告』に添えた付属文書のなかで次のような具体案を示した。一組の夫婦に子供一人の提唱は、一時的な措置であってはならない。三年か五年実施して少し効果が得られたからといって変更したのでは、すぐに相殺されてしまい、効果的に人口増加を抑制する役割を果たすことはできない。また、永久的措置であってもならない。永久に続けていけば人口そのものと社会全体に深刻な結果をもたらす。したがって、一定期間、つまり主として一世代——二五年前後を対象とし、最長でも三〇年を越えない特殊政策とする。一世代が過ぎた後は、このスローガンを放棄すべきであり、出生率が置き換え水準に達することができれば、一組の夫婦が子供二人をもうけてよいこととする。

一九八〇年に一組の夫婦に子供一人を提起したことは、人口増加の抑制を強力にすすめる積極的選択であったが、同時にさまざまな利害をはかる慎重な選択であった。討論のなかで、一人っ子を提唱しても結果的に二人になる可能性があり、人口指標は少し厳しく設定した方が超過が少なくなるであろうから、緩くするよりは厳しくすべきだと提案する同志もいた。しかし全体的な指導理念は可能性と現実の両方に配慮し、積極的かつ妥当な人口抑制目標を選択したのである。

座談会の後、中国共産党中央は全共産党員と共産党青年団員に人口増加抑制に関する『公開書簡』を発布し、二〇世紀末の段階で全国の人口を一二億以内に抑える目標を提起した。主導的な面についていえば、指導者から大衆まで、中央から地方までが積極的に行動を起こし、強力に計画出産を展開し、人口に関する知識を普及し、人々の出産に関する考え方を変えた。さらに、計画出産事業を開始し、人口科学研究の展開が、かつてない盛り上がりをみせた。人口問題がかつてこのように深く人々に浸透し、全社会の関心を集め、広く世界に知れわたったことはない。他のいかなる国もこれに匹敵するほどの成果を上げることはできないであろう。

問題は一二億の人口抑制目標というのはいったいどうなのか、実現できるのかであった。これについては社会各界、とくに学術界にはさまざまな意見があった。八〇年代中期、ある学者が中央の指導者に意見書を提出し、中央の指導と指示のもとで、内部討論が行われたことがある。実際にはこれより以前に、筆者が主宰する「二〇〇〇年の中国の人口と就業」研究報告（内部報告）のなかで、一二億の目標実現の可能性についてとくに分析し、一二億、一二億五〇〇〇万、一二億八〇〇〇万という低位、中位、高位三ケースの推計を示している。われわれは次のように考えていた。「低位推計一二億の目標を実現することはきわめて難しく、突破に備える必要がある」。中位推計一二億五〇〇〇万前後を達成する可能性は高い。「しかし一般的には一二億八〇〇〇万の高位推計を越えることはないものと考えられる」[14]。論証の結果、二〇世紀末の人口抑制目標を一二億前後としたが、「せめて五（一二億五〇〇〇万）を越えないようにする」という言い方もあった。中国の人口抑制に対する余りに楽観的な見積もりは現実的でないことを現実が改めて証明した。実際には一二億五〇〇〇万の目標も実現できなくなった。

九〇年代に入り、国民経済と社会発展の第八次五カ年計画と一〇年計画が制定された際に、以後一〇年間の人口の年平均増加率を一・二五％以内に抑えることが提案された。これによれば、中国大陸にある三〇の省、自治区、直轄市の一九九〇年時点での人口を一一億四三三三万人として、二〇〇〇年の人口を計算した場合に、一二億九四五六万以内、つまり一三億程度に抑えるということになる。復帰後の香港、マカオの人口、さらに台湾省の人口を加えると、中国の人口は一三億をはるかに越える。こうして、一九八〇年から一九九〇年の一〇年間に、二〇〇〇年の人口抑制目標だけで、いつのまにかわれわれの子孫に一億人分の重みを加えた人口の「リレーバトン」を渡すことになった。しかし増加した一億人はその後の人口再生産にとって、同様に「複利計算」のような性質をもっている。

人口の「リレーバトン」に一億人分の重みが加わることは何を意味するのか。あるいはわれわれにどのようなヒントを与えてくれるのか。筆者は、出産政策の役割を高く見積もりすぎたり、経済などの基礎的な役割を低く見積もりすぎたりしないようにすることが、最も重要だと考える。

一九八〇年に人口問題座談会は、二〇世紀末に全国の人口を一二億以内に抑えることを提起した。これは、二〇年間の合計特殊出生率（ＴＦＲ）を一・七五として推定したものである。討論のなかで、合計特殊出生率は再生産年齢女子が平均して出産する子供の数に近いと解釈し、四分の一の再生産年齢女子が子供を一人出産し、四分の三が子供を二人出産すれば、平均で一・七五になると提案した人がいる。あるいは都市ではあまねく子供を一人出産し、農村では二人出産すると、当時の都市化レベルと都市化進展の趨勢に照らせば、この目標を実現することができるという人もいた。

しかしながら実際の状況はけっしてこうはならなかった。一九八五年の合計特殊出生率が二・二〇に下がった他、八〇年代を通じ、他の年はいずれも二・三二以上で、一九八七年、一九八八年はそれぞれ二・五九と二・五二に達し、一・七五の予測とは大きな隔たりがあった。九〇年代に入り合計特殊出生率の低下が著しく、ほぼ二・〇前後となった。ここ一両年ようやく一・九以下まで下がったが、いまだかつて一・七五のレベルまで下がったことはない。

中国の七〇年代以来の人口増加抑制が収めた目覚ましい成果は、主に全国の国民が計画出産の基本国策を徹底的に実行した結果であり、これは世界が認めるところである。内外の学者たちがさまざまな方法で計算したところ、一般に八五％は人口増加抑制政策による結果に帰される。しかし、出産政策は出生行動や出生率にとって万能ではなく、経済などの発展レベルと適応させていかなければならない。七〇年代以来、人口増加抑制が収めた成果に、政策が重要な役割を果たしたことは間違いないが、同時に経済、社会の発展とも切り離すことができない。とくに改革開放以来の経済の急成長、国民生活の急速な改善、人口の質、とりわけ文化的資質の大幅な向上、伝統的観念の転換などが重要な役割を果たした。現在中国の出生率はかなり低下しており、合計特殊出生率は先進国の一・七のレベルに近づいている。経済の発展レベルはどうか。このなかで比較不可能な要素や外貨レートの問題からくる不合理が一部にあり、人民元をドルに換算する場合、一：一から一：八までさまざまな異なる方法があるため、筆者は一九八〇年の不変価格と人民元の対ドル換算率をとって計算した。すると一九九五年の国民総生産は一兆七三八八億元に相当し、人口一人当たりの平均は一四三六元、ドルに換算すると八六〇ドルである。なぜこの換算方法を採用したのかというと、中国政府が二〇世紀末に農業・工業総生産を四倍にし（後に国民総生産を四倍にするということが多くなった）、一人当たりの国民所得を八〇〇ドルから一〇〇〇ドルにすると発表したときの前提は、一九八〇年の不変価格で計算したものだったからである。

現在、先進国の一人当たりの国民総生産は一万六六〇〇ドルを越え、世界の平均は四四〇〇ドル、発展途上国の平均は九五〇ドル[15]に達している。中国は一般的な発展途上国のレベルに近づいている、あるいは達しているということになるが、これはかなり実際に合致している。この換算は当該年に発表された人民元の対ドル換算率で換算した場合の五七六ドルよりも二八四ドルも高いが、外貨レートの不合理な要素の影響をある程度取り除いたもので、したがってかなり合理的なものといえる。

しかし、このように一般的な発展途上国のレベルにありながら、合計特殊出生率が一・九前後、出生率が一・七一％、自然増加率が一・〇六％に下がっている国は、他に例がない。国連の推計によれば、現在発展途上国の合計特殊出生率は三・五で、出生率は約二・八％、自然増加率は依然一・九％前後と高く、中国をはるかに上回っている。

この意味からいえば、中国の出生率の低下はある種の「先取り」的性質を帯びている。また正にこの先取り的な低下のために、出生率を引き続き低下させることがかなり困難になってきており、とくに政策だけにたよって低下させることはいっそう難しくなっている。まだ政策を使い切ったとはいえないが、七〇年代のように大幅に低下する可能性はほとんどなく、出生率のさらなる低下は、出生行動を決定する経済、社会的要素、とくに家庭の経済にますます依存するようになっている。

家庭は婚姻、血縁あるいは養子関係を基礎に構成される社会細胞の単位であり、この細胞単位の新陳代謝を維持するのが経済活動であり、いかなる形の家庭も相応の家庭経済とともに存在している。家庭経済の類型区分は詳しい研究が待たれるが、大まかに生産型、非生産型に分けるのも分類方法の一つである。

生産型の家庭経済には生産、交換、分配、消費、再生産の全プロセスが含まれ、社会生産の縮図である。現在、農村では世帯を単位とする請負責任制が、都市では個人企業がいずれもこの類型に属する。非生産型の家庭経済についてみると、家庭そのものが非生産単位であり、家庭の経済基盤は賃金所得を主とし、家庭経済は明らかに消費経済的特徴をもっている。

しかし、どの類型の家庭経済も、二つの最低条件を備えていなければならない。第一に、家庭の主な構成員は一定の経済活動あるいはその他経済的所得のある活動に従事していなければならない。第二に、相応の経済的所得と家庭の構成員の消費行動がなければならない。筆者が主宰し、国連人口基金の資金援助を受け、中国社会科学院の第八次五カ年計画の重点プロジェクトに組み入れられた研究に「中国の家庭経済と出生研究」というものがある。このなかで、無作為抽出の原則に基づき、内蒙古、新疆、チベット、青海、海南など少数民族が集中している五つの省や自治区を除く地域を、経済発展レベルにより五つに分け、それぞれ二つの省、市を抽出して調査を行った。結果から、家庭の所得水準と家庭の主な構成員が従事している仕事は、出生行動と出生率に密接な関係があることがわかった。表一・六と一・七を見よ。(16)

表一・六は、家庭の一人当たりの月収と子供の数、初婚年齢との関係を示している。一人当たりの所得が高ければ高いほど、出産する子供の数は少なく、初婚年齢が高ければ高いほど、子供の数は少ない。

表一・七が示しているのは、一五歳以上の男子の職業と出生——夫婦が男児一人をもうけた後さらに子供を一人生む割合との関係である。こうした一般的には出産政策の規定に合致しない出生行動は、農・林・牧畜・漁業に従事する人に集中している。農・林・牧畜・漁業労働者の数は四七・八%であるが、男児一人をもうけた後にもう一人子供を生む割合は七〇・二%を占めており、構成比よりも二四・一ポイントも高い。他の職業の人についてみると、個人労働者がやや高く、その他労働者が同じとなっているのを除くといずれも低い。

これは中国の人口抑制の難点を示している。すなわち計画外出産は主として農村の農・林・牧畜・漁業労働者集団で発生しているということである。また家庭の所得水準が比較的低く、文化的資質が相対的に低く、経済技術構成が比較的低い家庭で発生しているといえる。これは家庭の経済状況によって、子供の費用・効用が異なることによるもので、本書の後の部分で分析を行う。

表1・6　全国（加重総合）家庭の1人当たりの月収と女子の出生状況（1991年）

1人当たりの月収（元）	既往出生児数	初婚年齢（歳）
121	2.13	22.05
0-25	2.64	21.39
26-50	2.55	21.18
51-75	2.43	21.34
76-100	2.14	22.09
101-200	1.91	22.79
201-300	1.95	22.79
301-400	1.84	22.09
401-500	1.59	21.74
501 以上	1.93	22.79

表1・7　全国（加重総合）15歳以上男子の職業と男児1人を生んだ後にもう1人子供を生む割合

職　業	構成（%）	男児を生んだ後もう1人子供を生む割合（%）
専門技術者	4.6	3.4
課以上の幹部	3.7	1.6
生産運輸労働者	10.5	7.2
事務員	5.0	3.6
商店飲食サービス店員	3.7	2.0
個人経営労働者	3.7	4.0
農・林・牧畜・漁業者	47.8	70.2
その他労働者	5.7	5.7
無職	15.3	2.3

第2章　二一世紀の新たな話題
——中国人は中国人自らが養う

米国人ブラウンは嘆息する。「二一世紀に世界の人口と食糧のアンバランスが深刻化する局面を転換させることはきわめて難しい。その難易度はどれほど高く見積もっても高すぎることはない」。

二一世紀に中国人は中国人自らが養い、しかもよりよい生活を実現することができる。二〇三〇年には一人当たりの穀物生産量が一九九五年よりも八四キログラム増え、二〇五〇年にはさらに四一キログラム増える。

食糧自給の基調を確立するということは、食糧の生産と消費、需要と供給の関係において完全に自給自足することや、世界の食糧市場と断絶することとは違う。自給を主とする方針と積極的に輸出入貿易を発展させる方針とを結びつけ、二一世紀の中国の食糧問題を解決する。

世界人口の歴史に類例のない飛躍的な増加は、さまざまな人口「危機説」に裏付けを与えた。一七九八年のマルサス（T. R. Malthus）の『人口論』（*An Essay On the Principle of Population*）発表から、一九七二年のメドウズらによるローマクラブへの『成長の限界』と題する報告書の提出に至るまで、人口増加に悲観的な気持ちを抱かないものはなかった。そして、人類にはいったい日々厖大になる人口の生存を維持する方法があるのかということが、ますます多くの関心を集めるようになった。二〇世紀が終わりに近づき、二一世紀が訪れようとしているこの時期に、米国人ブラウン（L. R. Brown）が一連の論文を発表し、二一世紀には人口増加と食糧不足が危機をもたらすであろうと述べ、さらには「二一世紀に誰が中国を養うのか」という挑戦的な問題を提起した。そこで、将来の人口と食糧の見通しがどうなるのか、中国人は自らを養うことができるのかということが、ある時期から人々の論争の的となり、答えを出さなければならない問題ともなった。

ブラウンの食糧安全保障ライン危機説

米国の首都ワシントンに、規模はさほど大きくないが驚くべき名声を誇る研究機関——ワールドウォッチ研究所（Worldwatch Institute）がある。この研究所はブラウン所長の指揮のもと、高所から世界を監視し、常に人々が敏感に反応する問題をとりあげ、解明しようと企図し、次々にイエローカードを出してみせ、そのたびに研究所はおおいに名声を高めている。近年、ブラウンとその同僚たちは「食糧危機」を盛んに言いふらして喜んでおり、それが予想外の反響を呼んでいる。

背　景

食糧の増加は算術級数的であるが、人口の増加は制限されないかぎり幾何級数的である。マルサスの『人口論』

が、このことを提起して以来、実践がとっくに「二つの級数」の増加の「法則」をこわしたにもかかわらず、悪影響はいまだに残り、人口と食糧の増加の関係は常に人々の注目を集めてきた。人口問題はかなりの程度食糧問題につながっている。食糧の供給に影響を与える要素は多く、穀物、野菜、果物、魚、肉、卵、牛乳などの生産量によって直接決まるが、基本は穀物である。第二次世界大戦後、科学技術の進歩と農業生産への応用に伴い、世界の穀物生産は急速に増加したが、表二・一に示すとおり、ここ十年来、減速傾向が現れている(1)。

表2・1　世界の穀物生産量の変動

(万 t)

年	世界	米国	ソ連	インド	フランス	ブラジル
1950	77,600	15,235	9,890	5,865	1,690	1,115
1965	96,095	21,045	13,925	9,265	2,850	2,330
1975	127,165	29,520	15,865	14,070	3,730	3,920
1985	184,308	34,688	18,061	16,617	5,533	3,524
1995	188,364	28,220	6,209	21,894	5,313	4,996

表二・一から世界の穀物生産量について次のことがわかる。一九五〇年から一九六五年には年平均一二三三万トン増え、年平均増加率が一・四四%に達した。一九六五年から一九七五年には年平均三一〇七万トン増え、年平均増加率が二・八四%に達した。一九七五年から一九八五年には年平均五七一四万トン増え、年平均増加率が三・七八%に達した。一九五〇年から一九八五年についてみると、年平均三〇四九万トン増加し、年平均増加率は二・五〇%であった。同時期に世界の人口は計二三億二六五九万人、年平均六六四七万人増加し、年平均増加率は一・八九%であったが、これは穀物の増加率より〇・六一ポイント低い数字である。このことから、一人当たりの穀物生産量は三〇七キログラムから三八九キログラムへと二六・三%も増加し、人口が急速に増加するなかで、一人当たりの穀物生産量の増加を成し遂げたことがわかる。

しかし、一九八五年以降になると、状況が大きく変わる。一九八五年から一九九五年には世界の穀物の年平均増加量はわずか四〇六万トン、年平均増加率は〇・二二%にとどまった。同時期に世界人口は計八億七〇一〇万人、年平均八七〇一万人増加し、年平均増加率は一・六六%を記録した。これは穀物の増加率より一・四四ポイントも高い数字である。このため、世界の一人当たりの穀物消費量は一九五〇年当時の三三〇キログラムまで下がり、一九八五年比で一五・二%減少し、一種の食糧逼迫状況が発生した。

ヨーロッパでは、一九九六年一月五日にフランスの新聞『レゼコー』に掲載された記事「ヨーロッパ小麦の決闘場」によると、小麦の価格上昇が一五年来の記録を更新した。原因は世界的な小麦の減産にあり、在庫量が一九九二年の一億三六〇〇万トンから現在の九三〇〇万トンまで減少し、六週間分の消費量しかない。専門家は事態を憂慮し、六月から七月に小麦の供給がストップする可能性もあるとみている。

米国では、一九九六年一月一七日にＡＰが米国農務省の報告として伝えたところによると、一九九五年、米国のトウモロコシ生産量が一九九四年の一〇一億ブッシェルから二七%、大豆が二五億二〇〇〇万ブッシェルから一四%減少した。またこの二種類の穀物の在庫量がそれぞれ前年度比で二四%および一三%減少する見込みである。小麦の在庫量も一〇%減少し、穀物在庫は報告制度を採用して以来九年間で最低レベルとなる。

ロシアでは、一九九五年第五一期『経済と生活』週報の記事「ロシア農村の年末情勢」が、現在ロシアの農村が苦しい状態にあることを伝えている。農業生産が一〇%ないし一二%下がり、国にとっても農業にとってもきわめて危険であるという。年間穀物生産量は六五〇〇万トンと三〇年来の最低ポイントまで下がっており、各地の備蓄食糧はほぼ底をつき、買い付け任務は一〇%前後しか完了していない。

アフリカでは、国連食糧農業機構（ＦＡＯ）の推定によると、一九九五年に穀物生産量が一〇〇〇万トン減少した。エリトリア、スーダン、エチオピアなどの国では緊急に食糧援助を必要としている。しかし、一九九四―一九九五年に全世界で得られる食糧援助は八七〇万トンしかなく、これは一九七四―一九七五年以来最も少ない数字である。[2]

主要食糧生産国の食糧生産量が減少するなかで、世界の食糧供給には憂慮すべき問題が起こっている。

第一は穀物在庫が大幅に減っていることである。一九九四―一九九五年には国連食糧農業機構が定めている一七％―一八％の最低在庫安全ラインを突破し、最近二〇年では一九七三―七四年の世界食糧危機のときの在庫レベル一六％前後に近づき、食糧備蓄の安全保障ラインに赤信号がともっている。第二は世界の食糧の市場価格が上昇していることである。小麦、トウモロコシ、大豆、米などの全面的な値上がりにより、世界の食糧取引がかつての買い手市場から売り手市場へと転換しつつある。

それではなぜ世界的な食糧の減産と食糧供給の安全保障ラインが脅かされる事態が発生したのか。また、どのような種類の食糧危機が発生したのか。これについては各界の人々がそれぞれ異なる認識と見解を示している。

第一は、九〇年代中期にすでに世界的な食糧危機が発生しており、それは主要食糧生産国の食糧生産量の減少、輸出の減少、食糧価格の上昇、アフリカ大陸など一部地域で発生している飢饉に表れているとする見方である。

第二は、一部地域で食糧危機が発生しているが、まだ全地球的性質を帯びるまでには至っていない。しかし、全地球的な食糧危機が起こる可能性は存在しているという見方である。

第三は、食糧危機は存在せず、一部地域での食糧の減産、供給不足、価格上昇は正常な現象で、この時期少し深刻であるにすぎないとする見方である。

筆者は基本的に第二の見方に賛成である。すなわち、局地的な食糧危機は存在するが、世界的食糧危機にはまだ発展しておらず、また発展することはまずない。しかし、潜在的危機に対し十分に予測を立て準備する必要がある、という考え方である。こうした認識にもとづいてみると、近年の局地的食糧危機には主に次のものがある。

自然災害による偶発的食糧危機。主に水害、干ばつ、風害、雹害、虫害などの災害であり、広い面積にわたり食糧の減産あるいは収穫ゼロという状況を招いている。人口が増加し、工業化が進み、大量の耕地が奪われ、森林や草地が開墾伐採されることにより、環境が破壊され、地域の生態バランスが崩れ、水害、干ばつなどの自然災害も深刻になっている。各国が自然災害を克服するための力は全体的には大幅に強化されたが、今なお大きな自然災害がもつ強大な破壊力を完全に防ぐことはできない。とりわけ、経済が十分発達していないアフリカ、アジアの一部の国では、毎年自然災害が農業生産に大きな損失をもたらし、食糧供給に直接影響を与えている。

主要食糧輸出国の輸出制限による政治的危機。食糧は消費財であるが、この消費財には完全な代替品がないため、戦略的意義をもった商品になっており、しばしば輸出国によって政治目的に利用される。「超大国」はこの点を有効に利用し、自らが食糧を戦略物資とするのみならず、封鎖・輸出入禁止などの手段を通じ他国を制裁する目的を果たし、一部の地域に政治的食糧危機を引き起こしている。

気候循環と価格変動がもたらす周期的食糧危機。気候の変化はきわまりない。しかし、弁証法によれば、偶然性は相互依存性の一端にすぎず、相互依存性の別の一端を必然性と呼ぶ。こうしたたえまない変動のなかにむしろ一定の法則性が含まれている。豊作と凶作、干ばつと冠水はしばしば一定の法則にもとづき繰り返し起こる。こうして豊作の年には食糧価格が下落し、凶作の年には値上がりする。これが食糧供給の過剰と不足——周期的な食糧危機を招く。

人口増加が原因で需要が供給を上回ることによる相対的食糧危機。人口変動の歴史のなかで、ほとんどの年は食糧の増加率が人口の増加率を上回っており、一人当たりの食糧消費量はゆっくりとした増加の勢いを保ってきた。これはけっして、歴史プロセスのある段階で、さまざまな主観的、客観的原因のために、食糧が人口の増加速度より遅れたり、逆転したりする状況が現れ、食糧危機が発生したことがなかったというのではない。しかし、世界を一つの全体としてみたとき、一人当たりの食糧消費量が大幅に減少したことは歴史的にもあまりなく、おそらく長い間続いたこともないであろう。個別の国や地域については別の問題である。食糧増加が人口増加に遅れるという危機はたびたび発生したであろうし、時には人口の大量死や、絶対数の減少を招いたこともあったであろう。

ブラウンの「食糧危機」

ブラウンはワールドウォッチ研究所の年刊『地球白書一九九四』に長編論文「食糧危機に直面して」(Facing Food Insecurity〔日本語版「地球規模の食糧危機」として訳出〕)を発表し、彼の人口と食糧の増加についての見解を全面的に詳しく述べた(3)。

まず、ブラウンは十分な資料をもとに、五〇年代以来の世界の人口増加、穀物生産、漁獲量、経済成長などについて考察と分析を加えた。さらに二〇三〇年までの発展予測を行い、食糧危機のあらましを示した。五〇年代以来の世界の穀物生産の変動については、ブラウンの分析と前掲の背景資料は基本的に一致している。ただし、資料の出所が異なるため、若干の食い違いが生じている。また、他に人口、経済発展などに関するデータと予測も含まれ、これらがその立論の基礎になっているため、ブラウンが引用した主要データを示す(4)。

続いて、ブラウンはこれらの資料を詳細に分析し、そのなかからいくつかの結論を導いている。主要内容は以下のとおりである。

その一。一九五〇—一九九〇年の間に世界の人口は、二五億人から五三億人に増加した。四〇年間に二八億人、年平均七〇〇〇万人増え、増加率は一・九%に達した。異常なまでの増加スピードである。一九九〇—二〇三〇年には、世界の人口は五三億人から八九億人に増え、四〇年間に三六億人、年平均九〇〇〇万人が増え、増加率は一・三%になることが予測されている。この低い増加率と高い増加量の矛盾が一人当たりの食糧生産量に影響を与え、人口と食糧のアンバランスを激化させることが予想され、一人当たりの食糧生産量の低下傾向を転換させることは難しいであろう。

その二。世界の穀物生産量は、一九五〇—一九九〇年の間に六億三一〇〇万トンから一七億八〇〇〇万トンに増えた。年平均二九〇〇万トンずつ増加し、年平均二・六%の伸びを示した。これは人口増加率を〇・七ポイント上回ったため、一人当たりの穀物生産量には増加がみられた。しかし、一九五〇—一九八四年には穀物生産量が年平均二・

表2・2　世界の穀物生産量と化学肥料使用量（1950-1993年）

（100万 t）

年	穀物生産量	増加量	化学肥料使用量	増加量	肥料反応率
1950	631	—	14	—	—
1984	1,649	1,018	126	112	9.1
1989	1,685	36	146	20	1.8
1993	1,719	34	130	−16	—

表2・3　一部の国の1人当たりの穀物使用量と畜産物消費量（1990年）

（kg）

	穀物使用量	牛肉	豚肉	家禽	羊肉	ミルク	チーズ	卵類
米　国	800	42	28	44	1	271	12	16
イタリア	400	16	20	19	1	182	12	12
中　国	300	1	21	3	1	4	—	7
インド	200	—	0.4	0.4	0.2	31	—	13

表2・4　世界の経済成長（1950-1993年）

（%）

年	成長率	1人当たりの成長率
1950-60	4.9	3.1
1960-70	5.2	3.2
1970-80	3.4	1.6
1980-90	2.9	1.1
1990-93	0.9	−0.8

表2・5　主要国の人口変動と将来予測（1950年以来）

（100万人）

	1950年	1990	2030
米　国	152	250	345
ロシア	114	148	161
日　本	84	124	123
イギリス	50	58	60
フランス	42	57	62
インドネシア	83	189	307
インド	369	853	1,443
中　国	563	1,134	1,624

九％伸び、世界の一人当たりの穀物生産量が四〇％増加したのに対し、一九八四―一九九三年の穀物生産の伸びは年平均わずか〇・五％で、人口増加率より大幅に低く、世界の一人当たりの穀物生産量は一一％低下した。今後四〇年間、引き続きこの増加率で増えていった場合、つまり穀物が年一二〇〇万トンずつ増加した場合、世界の一人当たりの穀物生産量は最高時一九八四年の三四六キロから二〇三〇年には二四八キロまで減少し、四〇年前のレベルに後退する。

その三。四〇年来の穀物増産の基本的な原因は、肥料、とりわけ化学肥料の使用および優良品種の普及と灌漑面積の拡大にあった。表二・二のデータは、化学肥料の使用量の増加がもたらす穀物生産量の増加に大きな変化が起こったことを示している。一九五〇―一九八四年には、化学肥料を一トン増やすごとにもたらされる穀物生産の増加量（トン）を示す穀物の肥料反応率が九・一であった。ところが、一九八四―一九八九年には一・八に低下した。このことが一九八九―一九九三年に世界の化学肥料使用量が一六〇〇万トンも減少する結果を招いた。

灌漑面積の大幅な増加は一九七八年にピークに達し、その後は増加幅が急激に縮小した。また、小麦、米、トウモロコシなどの主要農作物の優良品種革命も基本的に一段落した。広範な普及価値のある新品種を開発することができないと、化学肥料の使用量の増加と灌漑面積の拡大にも影響するであろう。

バイオテクノロジーにもある程度期待を寄せることができるものの、これまでのところ、その効果は主として作物の病害虫に対する抵抗力を高めることに表れているにすぎない。多くの著名な農学者たちが、今後四半世紀の間に、農作物と動物性食品の生産量を増やす主要な手段は、依然伝統的技術に頼らざるを得ないと考えている。

その四。農業環境の角度からみると、一九八四年以前の化学肥料の大量使用と灌漑の大量増加により、冠水、土壌のアルカリ化、土壌の流失と汚染が進んでいる。化学肥料、灌漑が適度な増加の態勢を維持できないと、副作用がますます目立ってくるはずである。土地の肥沃度逓減の影響により、穀物の肥料反応率が急激に低下し、また、農地の新たな開墾は、予備耕地資源が極度に限られているために制約され、世界の耕地面積が加速する工業化に奪われるという脅威にもさらされている。淡水不足はすでに世界的な問題となっており、とくに主要食糧生産国においてはいっそう深刻である。

上記の分析を通じ、ブラウンは嘆息する。二一世紀に世界の人口と食糧のアンバランスが深刻化する局面を転換させることはきわめて難しい。その難易度はどれほど高く見積もっても高すぎることはない、と。ブラウンの見解は広範な論争を引き起こし、賛成し、発展させる者もあれば、反対し、批判する者もいて、二年余りにわたり非常に大きな反響を呼んでいる。われわれはひとまずここではこれ以上の論評を行わないことにする。なぜなら、ブラウンは彼の「食糧危機」の全体的枠組みのなかで、中国を最大の焦点としており、以下に中国の問題を論じる際に、あわせて詳細に述べればよいと考えるからである。

中国人は中国人自らが養う

『中国青年報』は一九九六年に雁山、黄平両記者による短文を発表した。これによれば、上海財経大学、上海師範大学、上海医学院の老教授五人が、浙江省温州楽清の農村を視察した後、南岸村との間に六〇〇ムー〔一ムーは六・六六七アール〕の水田を一五年間請け負う契約を結んだ。彼らは毎年国に三五〇キロの米を売り渡し、一定の請負料を支払う。これを基礎に、彼らは「浙南三新農業試験場」を組織し、一時美談として伝わった。五人の教授は自らの行動によって、農業に従事し、食糧を生産する気概を示したのみならず、二一世紀に中国人は中国人自らが養っていってほしいという、一時代の老学者の心からの願いを示したのだと筆者は考える。

人は生産者であり、消費者でもある。自らを養うことは本来たいして問題ではない。それなら、なぜ中国人が中国人自らを養うことがとりざたされるのか。それはブラウンが「食糧危機に直面して」を発表した後、彼の論点を確実なものとするために、世界一の人口大国である中国を最初のターゲットに選んだからである。『ワールドウォッチ』

（*Worldwatch*）一九九四年九―一〇月号にブラウンの「誰が中国を養うのか――二〇三〇年、中国の食糧問題が世界の問題になるとき」と題する長編論文が発表された。また、『地球白書一九九五』（*State of the World 1995*）の冒頭にもブラウンの「将来の限界（原題は“Nature's Limits”日本語版では「自然の限界が世界を襲う」として訳出）」と題する論文が発表され、中国の人口と食糧についてのブラウンの見方が十分に説明された。

ここでブラウンの観点と論述をまとめると、その基本的な結論と論点を支える構造は次のとおりである。二〇三〇年には中国の穀物消費と穀物生産との間に、二億一六〇〇万―三億七八〇〇万トンの需給ギャップが生じる。そこで、誰が中国を養うのかという論題を提起する。なぜこのようなギャップが生じるのか。ブラウンは需要（消費）の増大と供給（生産）の減少の両面から以下のような議論を展開する。

需要増大の面。（一）人口増加によって、二〇三〇年に中国の人口は一九九〇年に比べ四億九〇〇〇万人増えて、一六億人になり、二億一六〇〇万トンの不足が生じる。（二）高度経済成長の下で消費レベルが急速に向上し、肉、卵、ビールの消費量が増大し、一人当たりの穀物消費量の上昇がもたらされる。さらにその他の供給要素の影響もあって、二〇三〇年の穀物の不足は三億七八〇〇万トンに達する。

供給減少の面。（一）都市化、工業化の発展に耕地が奪われ、耕地面積が年一％の速度で逓減し、日本、韓国、台湾の高度経済成長期に類似した状況が表れる。（二）中国は水資源の欠乏が深刻な国であり、都市と工業用水の増加が農地の灌漑用水を奪いつつある。また作物品種の改良などの農業科学技術には大きな発展が望めず、穀物の単位面積あたりの収量をあげることは難しい。こうした考えにもとづき、ブラウンは一九九〇―二〇三〇年の間に中国の穀物生産量は〇・五％の速度で減少し、四〇年間で二〇％減少し、一九九〇年の三億二九〇〇万トンから二〇三〇年には二億六三〇〇万トンに減少すると予測している。

需要の増加と供給の減少がもたらす大きなギャップは、輸入によって補うことができるのか。ブラウンは断言する。二一世紀に中国の経済が急速に発展し、輸入能力をもったとしても、また現在、世界で毎年二億トン前後の穀物が輸出されているとはいえ、中国の需要を満たすことはできない。主要食糧輸出国である米国の人口が今後四〇年間に九五〇〇万人増加し、その他アフリカ、アジアの食糧が不足している国でも需要量が急激に増加する状況のもとではなおさらである。ブラウンの結論は……、中国の穀物の大幅な不足は二〇三〇年における世界の食糧安全保障ラインを脅かし、中国にとっては、これによって経済の奇跡が途中で挫折する可能性があるというものである。

ブラウンの以上の説明には、公平に言って、資料の収集から理論の論拠、データから結論まで、かなり厳粛かつ真摯な態度が貫かれている。しかし、彼の論文の多くをみると、資料が偏っており、この偏った資料にもとづいて行われた将来予測は、当然ながら見当違いを免れがたい。また、論理的な推理に偏っており、その推断・演繹過程には文句のつけようがないものの、いかんせん現実とかなりかけ離れており、結論に疑問符をつけないわけにはいかない。われわれはブラウンの主要な見解と論拠に対して、現実に即して分析してみたい。

その一。人口増加予測について。これは将来の人口がどのくらい食糧を必要とするかにかかわる重要な根拠であり、ブラウンの「二一世紀に誰が中国を養うのか」という命題が成立しうるか否かの重要な前提でもある。ブラウンは二〇三〇年に中国の人口が一六億人に増えると述べており、あるところでは一六億三〇〇〇万人に増えるともいっている。これについて彼は、『地球白書一九九五』の注釈第五三項に人口センサス局の『国際金融統計』(*International Financial Statistics*)の一九九四年一〇月号から引用したと明記している。この推計には一定の参考価値があるといえるが、推計結果だけからみるとかなり大きな差があり、注意すべきである。とくに、人口の穀物消費量を計算するに当たっては、一人年間四〇〇キロを消費するとして計算すると、一〇〇〇万人では年間四〇万トン、五〇〇〇万人では年間二〇〇〇万トンを消費することになり、軽視できない数字である。筆者のグループと国連による人口推計は、表二・六に示すとおりである。(5)

表二・六のケースⅠとケースⅡの推計はかなり接近しており、一九九五年の差は五〇〇万人、二〇三〇年の差は一七〇〇万人である。両ケースは中国政府が公表した一九九五年の一二億一一二一万人ともかなり近い。ケースⅠが四

表2・6　中国の人口数変動予測（1995-2030年）

（億人）

		1995年	2000	2010	2020	2030
ケースI	総人口	12.16	12.80	13.79	14.83	15.37
	男	6.22	6.54	7.02	7.52	7.76
	女	5.94	6.26	6.77	7.31	7.61
ケースII	総人口	12.21	12.85	13.88	14.88	15.54
	男	6.29	6.60	7.10	7.57	7.86
	女	5.92	6.25	6.78	7.31	7.68
			1995-2000	2000-2010	2010-2020	2020-2030
ケースI	出生率（‰）		17.16	15.27	15.39	13.77
	死亡率（‰）		6.48	7.77	8.09	10.02
	増加率（%）		1.07	0.75	0.73	0.37
	合計特殊出生率（TFR）		1.85	1.90	2.10	2.10
ケースII	出生率（‰）		17.2	15.2	14.9	13.4
	死亡率（‰）		7.1	7.3	7.9	9.0
	増加率（%）		1.01	0.78	0.69	0.44
	合計特殊出生率（TFR）		1.95	1.99	2.10	2.10

七九万人、ケースIIが九七九万人上回っており、両者を比較するとケースIの方がより実際の数字に近い。ブラウンが引用した二〇三〇年の人口推計はケースIよりも六三〇〇万人多く、現在のイギリスあるいはフランス一国の人口よりも多い。これは穀物消費量に大きな影響を与える数字であり、軽視することのできない数字である。

その二。一人当たりの穀物消費量の上昇について。ブラウンのこの部分の論述は論理性が高く、彼によれば、「中国経済の長期的、持続的かつ急速な成長は、一人当たりの所得を大幅に上昇させる。一人当たりの所得が増えれば食物構造に変化が生じ、でんぷん質を主とする食事から肉、卵、乳製品の多い食事へと変わる。肉、卵、乳製品の生産は穀物の転化形態とみることができ、穀物との転換比率は、鶏肉と水産品が二：一、豚肉が四：一、牛肉が七：一である。これらの転換に用いられる穀物が穀物全体に占める割合は、一九七八年の七％から一九九〇年にはすでに二〇％まで上昇している」という。ブラウンはまたとくに穀物転換のうち、ビールの生産についてとりあげ、中国で成人一人が一本多くビールを飲んだだけで、穀物三七万トンを余計に消費するといっている。彼は近年来の消費増大の勢いが二〇一〇年まで続くと、と表れるとみている。

中国の穀物消費は四〇％増えると見込んでおり、人々が生活に高い質を求めるようになることによる影響がはっきりと表れるとみている。

ブラウンのこれらの論証には一定の根拠はあるが、必ずしも十分な根拠があるわけではない。穀物の牛肉への転換率七：一という数字はどこからきたのか。国際的に一般的な数字なのか、それとも中国についての経験的数字なのか。ブラウンは論文のなかでまったく説明していない。草食を主とする牛の生産にこれほど高い穀物転換率が必要だというのは、中国においては普遍性をもたない。穀物の豚肉への転換率四：一も高すぎるように思われる。中国の豚肉生産は養豚場以外に、全国二億三〇〇〇万戸の農家でかなり多くの豚が飼育されており、これこそが農村に広がるより大きな飼育場であることを知るべきである。一九九五年には農家一戸あたり豚一・一一頭、一三二キロ、肉用羊〇・二四頭、五・四七キロを出荷し、農家一〇〇戸あたり牛三・四八頭、牛肉一七・三二キロを出荷した。(6) 家禽、卵なども主として農家が提供している。

したがって、ブラウンの穀物の肉、卵などへの転換率は、中国に当てはめるには明らかに高すぎる。これら転換食品の穀物に対する割合も全穀物生産量の二〇％には達しておらず、この割合で増加するとした計算にはかなり大きなずれがある。また、経済発展と国民生活の改善に伴い、人々の肉、卵、乳製品に対する需要が増え、転換に必要な穀物も増えるとしても、第一に伝統的食習慣の影響から、動物性食品の構成比率が一直線に上昇し続けるということはありえない。とくに動物性食品が一定の割合まで増えた後にはそうしたことは考えにくい。第二に健康上の理由から、まずまずの生活レベルに達した後は、野菜、果物を多くとることを好む人が多くなる。とくに中高年の場合はなおさらである。

二一世紀に中国の年齢構造が老年型に入った後は、食品の消費構造もこの高齢化の影響を受けることが見込まれる。この点も考慮しないわけにはいかない要素である。したがって、経済発展過程で中国の人々が質の高い生活を求めるようになるからといって、魚、肉、卵、乳製品への転換に用いる穀物の増加量と穀物の全消費量に占める割合を高く見積もりすぎてはならない。また、海外、とくに西側先進国の基準で機械的に推論してはならない。動物、植物性食品の構造は中国の食文化の構成要素であり、この高みに立って認識し、推断・演繹してはじめて、科学的に動物性食品に用いる穀物消費量の増加を見積もることができる。

その三。耕地面積の縮小について。これは食糧供給の減少にとって最も重要な原因である。ブラウンは、工業化建設には大量の工場、倉庫、鉄道、道路、停車駅、駐車場が必要となり、当然大量の耕地が奪われ、耕地面積が急速に減少すると書いている。どれくらいの量の耕地が、どれくらいの速度で減少するのかについて、ブラウンは慎重な態度を装いながら、一方で臆面もなく次のように述べている。一九九〇―一九九四年の間に中国の耕地面積は九〇八〇万ヘクタールから八七四〇万ヘクタールに減少した。これは年平均八五万ヘクタール、およそ一%ずつ減少したことになる。この減少速度はちょうど日本、韓国、台湾の工業化の時期と同じである。数十年の間に日本では耕地が五二%、韓国では四二%、台湾では三五%減少した。彼によれば、中国の工業化が、年平均一%という日本、韓国、台湾で起こったのと同様の耕地面積の減少をもたらすことは避けがたく、このため将来世界を脅かすに足る深刻な食糧供給不足が起こる。なぜなら中国は一二億余りの人口の基礎の上にその工業化を推進しているからであるという。

ここでまず明らかにしておかなければならないのは、ブラウンが引証しているデータ・資料の信頼度についてである。中国統計局が提供する資料によれば――少なくともブラウンが無造作にとりだしてきた資料に比べればずっと信頼できるはずであるが、一九九〇年における全国の耕地面積は九五六七万二九〇〇ヘクタールで、ブラウンの九〇八〇万ヘクタールより四八七万二九〇〇ヘクタール多い。一九九四年は九四九〇万六七〇〇ヘクタールで、やはりブラウンの八七四〇万ヘクタールより七五〇万六七〇〇ヘクタール多い。この差はけっして小さくない。さらに、中国国家統計局の数字にはとくに説明が加えられ、「本表の耕地面積の数字は実際より少な目である。綿密な調査が待たれる」(7)となっており、もしそうなら差はさらに大きくなる。

実際、米国の衛星が遠隔測定した中国の耕地面積は一億二〇〇〇万から一億四六六七万ヘクタールであり、近年の中国の第一段階の測定調査では一億三三三三万ヘクタールである。米国の研究所の所長として、もっぱら中国の資料の収集に取り組んでいながら、米国が何度も発表している中国の耕地面積データを知らないということはなかろう。なぜ一言の断りもなく、三分の一前後も低い数字を探してきて論証の根拠とするのか。どうやら、さまざまな数字が満ちている空間で、意図的に数字を選択し、引証し、説明を加えることが、ある種の簡単で有効な方法なのかもしれない。ただこの種の「有効」は説得力をもつ数字によって否定された時にのみ、有効な終着点に至り、失効するのである。この点で、われわれはブラウンの公平性や科学性に疑いを抱かずにはいられない。この疑いは、ぬぐい去りたくてもぬぐい去ることのできないものである。

次に、中国の耕地面積が九〇年代初期のペースで減少していくことはあり得るのか。また、ブラウンがいうように、一%というような日本や韓国、台湾と同様のペースで逓減していくのか。これについては実際に即した予測を行う必要がある。中国政府が発表した統計数字では、一九九〇—一九九四年の耕地面積の減少は年平均〇・二%となっており、けっして一%も減少していない。一%というのはブラウンが押しつけた数字である。もっと重要なことは、中国が耕地面積の減少局面をくい止めることができるか否かである。答えは実践が示すとおりである。一九九五年、全国の耕地面積は六・四万ヘクタール増加し、減少傾向を効果的におさえた。理論や政策の上でも、中国は早くから耕地の保護を持続可能な発展戦略の重要な構成部分とし、耕地資源の保護と耕地面積の拡大につとめてきた。

『中国アジェンダ21』は、一九九一—二〇〇〇年に耕地を新たに三三〇万ヘクタール増やし、二〇〇〇年までに全国で一億二二〇〇万ヘクタールの耕地を確保することを提起している。したがって、ブラウンの予測とは大きな隔りがある。実際、現在農地に適した荒れ地がまだ三五三五万ヘクタールあり、現在の耕地面積の三七・二%に相当する。うち、四分の一から三分の一は開墾し、耕作に用いることが可能であり、八三三から一一六六万ヘクタールの耕地を増やすことができる。このように耕地面積の拡大には現実的な保証がある。したがって、この点は日本や韓国、台湾とは比較することができない。これらの地域には予備的な耕地資源はほとんどない。

その四。水資源の灌漑用から非農業用途への転用の問題。この点についてブラウンは誇張して述べてはいない。中国の一人当たりの水資源はわずかに世界平均の三分の一のレベルである。中国は水資源がかなり乏しい国であり、とりわけ、北部の乾燥は深刻である。しかし、ブラウンは技術の進歩と灌漑方法の改善に言及していない。実際には、水の浄化処理と循環使用は、水資源の増加に匹敵する。

中国の食糧の供給と需要についてのブラウンの予測および彼の基本的な考え方を全体的に評価してみると、結論は成立し得ないことがわかる。少なくともかなり偏ったものであり、食糧供給の安全保障ラインに対する脅威を誇張しすぎている。注目すべきことは、ブラウンが西欧、北米、日本で五〇年代に始まった大量消費による影響から類推し、人口がそれらの国々の和の二倍以上にのぼる中国の現代化がもたらす巨大な消費の影響について、地球の基本資源の供給能力を上回り、持続可能な発展の限界を越えるかもしれないといっていることである。これは実際一つの問題を提起している。中国経済の急速な成長と人口の増加に伴う国民消費レベルの向上が、地球上のある種のサポートシステムに対する脅威となり、近年広がりつつある一種の「中国脅威論」と結びつく。

われわれが前掲の各種資料を合わせて分析してみると、ブラウンがいう食糧、資源が誘発する脅威などはけっして存在しない。二一世紀に中国人は自らを養うべきであり、また必ず自らを養うことができる。その根拠を以下に示す。

人口：一九九五年には一二億一一二一万人であった。二〇三〇年には一五億三七〇〇万人、二〇五〇年のピーク時には一六億人前後となり、その後ゆっくりと減少することが見込まれる。一九九五年と二〇三〇年、二〇五〇年を比較すると、それぞれ二六・九％および三二・一％増加する。

穀物需要：一九九五年については一人当たり三八五キロ、二〇〇〇年以降は四〇〇キロで計算すると、一九九五年の需要量（実質生産量）は四億六六六二万トン、二〇三〇年は六億一四八〇万トン、二〇五〇年は六億四〇〇〇万トンとなる。一九九五年と二〇三〇年、二〇五〇年を比較すると、それぞれ三一・八％と三七・二％の増加となる。

耕地面積：一九九五年の一億三三三三万ヘクタールを基準とし、二〇三〇年に八八三万ヘクタールの耕地の開墾を完了する。二〇五〇年には一一六六万ヘクタールを達成する。同時に工業化により奪われる耕地を〇・一％のレベルに抑える。そうすれば、二〇三〇年の耕地面積は一億三七五七万ヘクタール、二〇五〇年は一億三七八五万ヘクタールとなり、それぞれ一九九五年比で三・二％と三・四％増える。

穀物供給：一九八〇―一九九五年に穀物は年平均二・五％増加し、一人当たりの穀物生産量は三二五キロから三八五キロに増えた。一九九五―二〇三〇年の穀物の平均増加率を半分の一・二五％とすると、二〇三〇年には七億二〇七五万トンに達し、一人当たり四六九キロとなる。二〇三〇―二〇五〇年の増加率をさらに半分の〇・六二五％とすると、二〇五〇年には八億一六四〇万トンに達し、一人当たり五一〇キロとなり、増加幅はかなり大きい。

穀物の単位面積当たりの生産量：現在の耕地面積一億三三三三万ヘクタールで計算すると、一九九五年の穀物の単位面積当たりの生産量は一ヘクタール当たり三四五〇キロである。二〇三〇年には五二三九キロ、二〇五〇年には五九二二キロとなる。衛星と実際の測量調査から得た大幅に増加した後の耕地面積データにもとづいてみると、現在の単位面積当たりの穀物生産量はけっして高くなく、増産の潜在力はまだかなり大きいことがわかる。

以上の分析と基本データから、二一世紀に中国人は自らを養うことができるのみならず、よりよく養うことができることがわかる。二〇三〇年には一人当たりの穀物生産量が一九九五年よりも八四キロ増え、二〇五〇年にはさらに四一キロ増える。いうまでもないことであるが、このようなレベルに達したとしてもそれほど高いわけではない。より重要なことは、このレベルを達成するために、人口増加の抑制、耕地の保護などの基本国策を徹底的に実行することである。また、生活レベルの向上をはかりつつ、食糧を含む適度な消費政策や水資源の節約、合理的利用といった政策を推進することである。

この点からいえば、ブラウンが提示した命題と論証のなかで示した警告は、ある意味でわれわれに、食糧問題の解決にあたっては、持続可能な発展に立脚しなければならないこと、それが持続可能な発展を実現できるか否かの指標の一つであることを気づかせてくれた。世界と中国の食糧の状況については、ワールドウォッチ研究所が引き続き重点的に観察する重要問題だそうであるが、彼らの観察〔ウォッチ〕が本物の成果を生み出せるよう願う。また、くれぐれも中国に対する観察が歪みすぎないよう願ってやまない。

世界の食糧市場を座視することはできない

中国人は自らを養うことができるし、自らだけが養うことができる。さて、次はいかに養うのかという問題である。実際、食糧は人口再生産に必要な生活資源の一部にすぎず、生活資源が「養う〔中国語では〝養活〟、つまり養い活かすこと〕」がもっている意味をひっくるめて提供することはできない。しかし、この生活資源は人間の生存と発展を維持するという特殊性ゆえに、人口再生産にとって満たさなければならない必要条件である。「養活」という言葉は人口再生産における食糧の位置付けと役割を過不足なく映し出している。では「どう養うのか」。

具体的な国と地域に当てはめてみると、自給自足、自由貿易、自給と貿易の結合の三つの方式以外にはない。一つの国あるいは地域がどのパターンを選択するかは、主にその国あるいは地域の食糧の生産条件、人口、経済、社会の発展状況によって決まり、人々の意思で変えることはできない。しかしながら、こうした客観的必然性を認識した上で、意図的にいずれかの面に重点を置いたり、政策誘導の役割を十分に発揮させることは、食糧供給安全保障ラインと社会の発展を確保するために、重要であることは間違いない。また、二一世紀の経済発展戦略を確立する上でも必要である。

食糧自給の基調

中国は食糧の供給を自らの力を基礎に確立すべきである。これは多数の人が認めるところであり、「自らを養う」

システムを確立するための基調である。筆者は、早くも八〇年代初期に書いた論文のなかで、中国は人口が多く、年齢構造が若く、強い成長の潜在力を備えており、消費需要が大きい。したがって基本生活資源、とくに食糧の供給は主として自力に頼るべきである、という観点を示した。

さらに次のことを明確に指摘した。食糧を輸入に頼れば、第一に巨額の資金を使わねばならず、現代化建設に必要な資金の累積に支障をきたす。第二にたとえ買う能力があったとしても、これほど大量の食糧を提供することができる国はなく、数カ国が束になっても不可能である。第三に買う能力があり、調達できたとしても、海上輸送、港湾での積み卸しから、消費者の手に届けるまでが大変な難題であり、食糧供給は主として国内の生産に依拠して解決するしかない(8)。

三回の「五カ年計画」を経た現在、人口数の増加は過去の予測を裏付けている。いくつかの新しい特徴は、従来の予測の基本的な趨勢を変えるにはいたっておらず、食糧供給が抱える基本的な問題は解決していない。状況に変化があったのは、中国の経済が一六年余りの急成長を経て、おおいに実力をつけたことである。たとえ相当量の食糧を輸入することになったとしても、一定の支払い能力がある。また、海上、陸上および内陸河川の輸送力が強化され、「運ぶことができるのか」という問題も部分的に解決された。

こうしてみると焦点はいったい食糧が入手可能なのか、売る意思をもつものがいるのか、という点に集中するようである。この点については、上記に引証したブラウンの論文には致命的欠陥がある。彼は、世界の食糧輸出国が現在輸出している量を将来の限界量とみており、これにもとづいて、二一世紀の食糧供給安全保障ラインに保障がないとする食糧危機説を説明している。この説の欠陥は、農業技術を含む科学技術の進歩が果たす役割や資源―市場―生産量という経済学の基本原理が食糧の供給と需要に果たす役割を無視している点にある。

世界の土地資源の状況、とくに耕地の予備資源の状況についての人々の意見はまちまちである。しかし、だれもが認めている点は、相当量の資源がまだ開発利用されていないということであり、とりわけ南米と北米が際だっている。なぜまだ開発利用されていないのか。世界の食糧市場の制約から、長い間ずっと買い手市場であるため、世界の食糧輸出国では食糧が売れ残り、食糧生産への投資が社会の平均利益率以下となっている。このことが根本原因で、「食糧が安く、農民が損をする」状況が国際的にたしかに存在する。いったん食糧市場が買い手市場から売り手市場に変われば、価格と利益がただちに食糧生産の発展と農業資源の開発利用を誘発する。一九九五年に国際市場で穀物価格が上昇したとき、米国やアルゼンチン等が示した反応がこれを証明している。

全地球的にみると、人口増加と耕地資源の不足の矛盾が激化している。しかし、養う能力があるかないかについては、事実にもとづいた分析を行う必要があり、答えはイエスである。つまり、国際市場における食糧価格が上昇し、食糧生産への投資利潤が増加すれば、農業生産の発展と食糧生産量の増加が促され、予見可能な将来においては世界的な食糧危機の発生に至ることはないといえる。また二一世紀に中国の経済がさらに発展したとしても、各国が市場経済の原則にもとづき食糧生産を行えば、中国は必要な食糧を購入することができる。

それでは、次に自給の原則を放棄し、国際市場に頼ることができるか否かについて考えてみよう。これはやはりノーである。理由は食糧という商品の特殊性にある。食糧供給は人口の再生産、生命の継続と分かち難く結びついており、必要なときには相手を死地に追い込む戦略物資となりうる。中国では古人が「兵馬未だ動かず、糧草先に行く〔部隊が出動する前にまず糧秣《まつ》を先行させる〕」といっているが、これは給養物資の重要性を証明するに十分である。『孫子の兵法』から三国の諸葛孔明に至るまで、戦いにあたって「その糧秣を断つ」ことは敵をうち破り、勝ちを制するための重要な戦術であった。

現在では状況がいくらか異なるが、食糧の戦略物資としての意義はなお失われておらず、相手を脅迫する手段へと発展している。もしわれわれの食糧供給の安全保障ラインが輸入に依拠した上に打ち立てられていたとすると、輸出国に「食糧を断つ」手段をとって威嚇する必要が生じた場合、われわれは相手の思うままに動かされる苦しい立場に追い込まれる。この意味でいうと、食糧の供給を自らの力を基礎に確立し、食糧供給の安全保障ラインを確保することは、政治、軍事、社会発展の全局に関わる大問題であり、他人の掌握に任せることはできない。とくに中国は人口が多く、独立自主の発展と世界各民族のなかで自立を求める主権国家である。二一世紀に世界の人口増加と耕地資源不足の矛盾が激化し、食糧の戦略物資としての色彩が強まるなかで、これについてよりはっきりとした認識をもつべきである。

国際市場の助けを借りる

食糧自給の基調を確立することは、食糧の生産と消費、供給と需要の関係において完全に自給自足することや世界の食糧市場と断絶することとは違う。一九四九年に中華人民共和国が成立してから、米国を中心とする帝国主義は、わが国に対し封鎖、禁輸を実施した。われわれは世界市場と断絶あるいは半断絶状態に追い込まれ、食糧の生産と消費は自国のなかだけにとどまった。

後に少量の輸出入を行うようになったが、それは第一には過不足を調整するためであり、品目調整貿易に属するものであった。第二には需給のバランスをとるためであり、とくに凶作の年にはかなり多くの食糧を輸入した。その目的は人口を「養う」ことであった。この二つの状況にはともに価格比の問題が存在せず、動機は需要を満たすことであった。たとえ国際市場の食糧価格が高くても、輸入後公定価格で販売するしかなく、輸入には助成が必要であった。逆に、豊作の年には食糧を輸出にふりむければ、価格の上では大きなメリットがあったが、食糧を戦略物資とばかりみて、商品とみなしていなかったので、ごく限られた量しか輸出しなかった。

したがって、三〇余年の食糧輸出入貿易は――もし貿易と呼ぶことができるとしても、内外の食糧価格とつながりをもたないか、わずかなつながりしかもたず、利益と何の関係もなかった。国は食糧輸入にあたって損をし、輸出を手配してもいくらも儲けることができず、市場の利益原則からかけ離れた食糧輸出入貿易を行っていた。この種の貿易は食糧の自給自足モデルの一種のつけ足しにすぎず、高度に集中した統一的な計画経済に依拠してはじめて可能であった。このため、市場経済体制改革の強化が行われるようになると、行き詰まりを迎えた。

周知のとおり、中国の改革開放は漸進型である。「計画調整と市場調整の結合」、社会主義の「計画のある商品経済」から、「マクロコントロールのもとでの市場経済」、「政府指導型の市場経済」へと、改革の方向はしだいに市場に向かってきた。一九九二年に開催された中国共産党第一四回大会において、ついに中国の経済体制改革の目標は社会主義市場経済体制の確立であることが明確に宣言され、市場経済という言葉が行動綱領に書き入れられた。こうして改革が一歩一歩市場経済体制に向かっていく過程は、内外両食糧市場の関係、食糧輸出入の市場行為としての性質に大きな影響を与えた。

五〇年代の中期から中国全土で食糧の統一買い付け、統一販売が実施され、その後全国と地方で各種の食糧配給切符が配布されるようになった。それ以来、食糧の消費財としての特色は薄れていき、計画経済が行き届いていることの証明となり、またある種の政治的、神秘的な色彩が目立つようになった。改革開放後になってようやくこれに変化が起こった。まず一部の穀物を原料とする食品に食糧切符がいらなくなり、後に一部の地域から全国へと食糧切符の廃止が進み、食糧は消費財としての本来の姿をとり戻し、他の商品同様、貨幣が唯一の交換価値等価物となった。

食糧が行政手段のコントロールを抜けだし、市場に戻ってくると、当然ながら食糧価格は市場で形成され、需要と供給の影響を受け、変動するようになる。このとき、食糧の輸出入貿易はたとえ需給バランスの調整への考慮から出たものでも、市場の供給量の変化が価格にも影響するため、食糧価格の変動は必然的に食糧生産の拡大と縮小に影響する。これはかつての食糧の輸出入にはなかった価格反応である。当時は輸出入が国内の食糧価格と無関係であったためである。現在では輸出入を通じて需給関係が変化することによる価格と生産量への影響がはっきり現れており、価格は当然食糧の輸出入にあたって考慮すべき基本要素の一つになっている。九〇年代以来、内外市場の食糧価格は、しだいに接近し、ここ二、三年は中国の価格が国際市場を上回り、食糧の輸出入が国内の食糧価格に与える影響が大きくなっている。

こうした状況の下で、かつてのような内外の市場と断絶した、自給自足の補充としての輸出入貿易を行うことはもはや不可能であるばかりでなく、食糧生産とそれに伴う経済発展にとっても不利である。国内の食糧価格が国際市場よりも高い状況下では、二つの市場の価格を切り離した食糧輸入を行えばもちろん有利であり、国はそこから一定の利益を得ることができる。しかし、高い食糧価格の維持を代償としなければならず、これは穀物を原料とする商品の価格を不可避的に上昇させ、賃金率の上昇を招き、物価指数を上昇させる。そして、化学肥料、農薬、農機具、燃料油、農業用電力などの価格が上昇し、食糧の生産コストも高くなる。食糧生産者は高い食糧価格から得られる実質利益を維持できなくなり、食糧価格のさらなる上昇を期待するほかなくなる。かくして、高インフレは容易に解消できず、循環的インフレのなかで製品コストが上昇し、対内的には経済の安定と社会の安定に不利となり、対外的には輸出の拡大と経済の急速、健全かつ持続的な発展の全体的要求に不利となる。

食糧の輸出を拡大するとなれば、国内では高値で購入し、国外では安値で販売することになり、国は多くの補助を行って損な商売をしなければならず、これは市場経済とまったく相容れない。市場経済体制改革を推進しつつあるなかで、国内の食糧価格が国際市場より高い状況では、内外市場の二つの価格を截然と切り離した食糧輸出入貿易は通用せず、経済発展、改革の深化、開放の拡大にとっても不利である。

それでは、次に二つの市場の障壁を取り除き、国内の食糧市場を全面的に国際食糧市場に押し出し、一体化した自由食糧市場を実現することは可能なのかについて考えてみよう。これもまたノーである。考えてもみてほしい。今完全に食糧市場を自由化したら、国外の食糧がどっと流れ込んできて、食糧価格を大幅に下げることになる。国民の食糧消費支出が減るという利点はあるが、これによってもたらされる問題はきわめて深刻である。食糧価格の下落により、食糧生産農民は現在の高い食糧価格から得られる利益を喪失する。農薬、化学肥料など農業生産財が同時に下がるはずはなく、食糧の生産コストは依然として高い状態のままで、食糧生産の費用・効用に不利な傾斜が発生し、農民の食糧作物栽培へのインセンティブをくじく結果となり、食糧生産の縮小をもたらす。食糧生産農民の購買力低下の影響を受け、農業生産財の販売が支障をきたし、そこから工業生産と国民経済全体の発展に影響が出る。いったん、国際情勢が変化し、食糧輸出国が輸出停止という「カード」を切れば、われわれは守勢に回り、大きな危機に陥ることになる。一二億人余りの人口を抱え、そのうち九億人余りが農民である発展途上の国にとって、このような軽々しい行動をとることはできないのである。

現状では、中国は食糧を自給すべきだと主張する意見が優勢を占め、国外市場との融合をはかり、食糧市場の自由化を進めることを主張する意見は少ない。二つの意見にはともにある程度もっともなところがあり、ともにさらに検討すべき問題がある。前者の「主流派」の意見についてみると、解決すべき問題は、国際食糧市場を無視することは不可能であり、完全封鎖式の自給自足の国内食糧供給体制はもはやあり得ないということ、また内外二つの食糧市場の関係を断ち切った、二重価格の食糧輸出入貿易はすでに限界にきているということである。後者の「自由市場」の意見についてみると、解決すべき問題は、人口が多く、耕地が少ないという中国の基本的国情と現代化の加速が農業発展に突きつける要求を直視するとき、完全に自由化した食糧市場が経済発展にどのような影響をもたらすのであろうかということである。こうしたことに鑑み、筆者は自給を主とする方針と積極的に輸出入貿易を発展させる方針を結びつけた二一世紀における中国の食糧問題解決の総方針を提案する。この方針の主要な立脚点とこれまでのやり方との違いを以下にそれぞれ述べる。

第一に自給を主とする。ここには二つの意味が含まれる。まず、食糧の自らによる供給を強調し、中国の食糧問題の解決を自らの力を基礎に確立すべきであることを強調する。その必要性と可能性については前述のとおりである。二つ目に、「主とする」であって、すべてではないこと、自給といっても完全な自給自足ではないこと、まして封鎖ではないことを説明する。中国の現実と結びつけたとき、自給を主とする態勢をいかに実現するのか。私は二つの面から実現が可能だと思う。一つは、食糧総供給量のなかで、自らの生産供給部分が多くを占め、全供給のなかの主要部分となるようにすること。もう一つは、すべての食糧消費のなかで主に人口再生産のために消費する食糧部分を満たし、自らによる生産、供給を主とし、また最も重要な食糧品目については自給を主とするということである。

食糧は食糧作物あるいは食用作物から生産され、食糧あるいは食用作物は、穀類作物、イモ類作物、食用豆類作物の三つに大別される。うち実が食糧と家畜飼料となる穀類作物が主要食糧であり、食糧生産の大部分を占め、米、小麦、トウモロコシ、コウリャン、エンバク、大麦、ライ麦、アワ、キビ、ヒエ、カラス麦、ハダカ麦、ソバ等が含まれる。イモ類にはジャガイモ、サツマイモ等が含まれ、豆類には、大豆、小豆、緑豆、エンドウ、ソラマメなどが含まれる。このように多くの作物と豊富な種類があるが、現在の中国の生産状況をみると、年生産量には大きな差がある。たとえば、一九九五年には食糧総生産量の内、穀類が八九・二%を占め、豆類が三・八%、イモ類が七・〇%を占めていた。穀類のなかでは、米が四四・五%、小麦が二四・五%、トウモロコシが二六・九%を占め、その他コウリャン、大麦等の合計はわずか四・一%であった。

用途からみると、あらゆる食糧がいずれも人間の食用と家畜の飼料にあてることができるが、栄養的価値、コスト、消費習慣などから判断すると、米、小麦は一般に人間に必要な食糧、主要食糧としてみられ、トウモロコシは主に飼料とされ、豆類とイモ類は両方に使われる。なかでも大豆は用途が最も多い。大豆は国民の食用に不可欠の食糧である上に、搾油加工原料の一つでもあり、その絞り滓は上等な飼料となり、さらに高級な有機肥料ともなる。

中国の品目別食糧生産量の現状と食糧の種類別の主な用途にもとづき、特定の種類の食糧については自給を主とする。つまり米、小麦と大豆は国内での生産と供給を主とし、国民の食糧需要を満たす。その他はしだいに内外の市場をリンクさせ、自由市場での貿易を実現する。

第二に、輸出入貿易を積極的に発展させる。上述のとおり、改革開放後二〇年近くを経て、九〇年代以降、国内の食糧価格は国際市場価格に近づき、ついに国際市場価格を上回った。これをひとつの転換点として、かつてのような基本的に自給自足のやり方、つまり食糧の輸出入が存在するというだけで、価格との間に関係を発生させないやり方はすでに継続できなくなっており、本当の意味で食糧の輸出入を商業取引とすることがすでに議事日程にのぼっている。それだけではない。国内の食糧市場を国際市場と結びつけ、価格を基本的に同一レベルに保つことができれば、工業化のテンポを加速しつつある、人口過剰な国にとって、食糧価格が工業化や人口都市化の進展に伴って急上昇するのを抑え、それによって物価と賃金の急上昇を抑えることになる。これは、中国が良好な発展環境を作り、労働コストが低いというメリットを発揮し、食糧生産を含む労働集約型の産業を発展させる上で有利である。

内外両市場の統一、二つの価格の統一は、経済発展と開放拡大のマクロ総合戦略の角度からみても、食糧の生産と供給の長期発展戦略の角度からみても、積極的かつ促進的意味をもっている。また世界一の食糧生産国としての地位を固めた後も、自給自足という従来の固定モデルに固執し、世界の食糧市場を座視し、まったく関心を示さず、他人に好きなように投機させておくようなことはけっしてあってはならない。われわれが国際食糧市場に身を投ずることにメリットがあると見定め、身を投じて「投機的な取引をする」実力を備えている以上、なぜ手をこまねいてみていなければならないのか。われわれの実力を頼みに国際食糧市場で腕前をふるうべきである。

国際市場の食糧価格の変動を十分に利用して、売り買いを行い、かつての「米を小麦に交換する」品目貿易から、利益の獲得を目的とする真に市場的意味をもった食糧貿易への転換を実現する。また、獲得した利益でさらに多くの食糧を輸入し、備蓄を充実させる。この食糧の輸出入貿易を積極的に発展させる方針と自給を主とする方針を共存させる。輸出入貿易を実施するのは主に米、小麦、大豆以外の品目についてであり、筆者は市場を開放し、二つの市場をリンクさせ、二つの価格を統一してもよいと考える。米、小麦、大豆は国内での生産と供給を確保した上で、輸出入貿易を行ってもよいが、国が独占し、国際市場価格と切り離した貿易とする。すなわち、米、小麦、大豆は自給を主とした上での輸出入貿易であり、輸出入を通じてこれら食糧品目の自給能力を高めるとともに、これら食糧品目の拡大再生産を保護する。その他の食糧品目は段階的に開放し、積極的に国際市場を切り開き、輸出を拡大する。また市場原則にもとづいて輸出・販売を手がけ、しだいに自由貿易に向かって前進をはかる。

「自給を主とする方針と輸出入貿易を積極的に発展させる方針を結びつけた」食糧供給の総方針(略称「主発」方

針）について、いくつかまだ説明を加える必要がある。一つはこの方針が食糧供給の「安全保障ライン」を確保できるか否かの問題である。食糧を戦略物資としてみた場合、食糧の供給には最低安全ラインが存在する。これは、中国のように人口が厖大な国においてはとくに当てはまり、このことを認識し、それにもとづいて行動をとるべきである。

しかしながら食糧供給の安全保障ラインをどう理解するかについては、まだ研究を要する。伝統的な見方では、自給自足できるだけの十分な商品食糧と備蓄食糧を自ら確保すれば安全だと考える。いわゆる「手元に食糧があれば、心が落ち着く」のである。別の見方では、中国はいまや「お腹を満たす」ことを解決したのだから、「食糧の輸入とその他の消費財の輸入には、国の安全に対する影響において何ら違いはなく（葉興慶、一九九六）」、食糧を輸入するか否かと自らの「安全保障ライン」を養うことができるか否かには必然的な関係は存在しないと考える。いったいどのように認識すれば現実に合致するのか。私は、「主発」方針と結びつけて具体的に分析する必要があると考える。食糧は消費財として、他の消費財と同様、人々の物質的、文化的生活のニーズを満たすのに用いられる製品である。ただ基本製品としての性質をより強くもっている。

一般的な意味での生活資源は人々の消費需要を満たしており、生命の再生産を満たす生存のための需要、より高い生活レベルを提供する享楽のための需要、人々の資質を高めるために条件を作る発展のための需要に分けることができる。食糧についていえば、主として人間の生命の再生産を維持する生存のために必要な資源であるが、一部は転化し、加工されて、享楽のための需要や発展のための需要を満たす資源になることもある。たとえば人間は穀類、豆類、イモ類などの食糧だけを食べて生命の再生産を維持することが可能であるが、これを肉、卵、乳製品に転換してより高い栄養価をもたせた場合は、生活を改善する享楽のために必要な生活資源になる。また一般の食糧は発展のための需要を満たす資源となることはできないが、一部の品目は加工、転換、一定比率の調合を経て、人口の体質を向上させる生活資源になり得るし、文化的な製品を作りだして人々の精神需要を満たすこともできる。

こうしてみると、食糧はおよそ生存、享楽、発展のための需要を満たす資源に分けることができる。ただ、最も基本的なものは生存のための需要を満たす資源であり、享楽、発展のための需要を満たすのは、生存資源が転化したものであることが多い。こうした意味から生活資源としての食糧を認識するとともに、米、小麦、大豆が生存を維持する上で果たす主体的な役割を結びつけてみると、この三種類の穀物の生産と供給に十分な保障さえあれば、すべての食糧供給の「安全保障ライン」が基本的に保障されるといえよう。

したがって、筆者は米、小麦、大豆を全面的に国際市場にゆだねることには反対する。むしろ、この部分の輸出入貿易については内外の市場価格を分離し、国が独占経営することを主張する。その他の食糧製品もそれぞれ生存のための需要を満たす消費財であるが、数量の上で米、小麦等とは比較にならず、また食習慣の日常性の上でも同列に論ずることはできない。トウモロコシ、コウリャン、黒豆などは多くが飼料となり、享楽、発展のための需要を満たす資源といえる。この部分について内外の食糧市場をリンクしても、一般的には供給危機が発生するようなことはありえない。一時的に危機が発生したとしても生存を維持するための食糧供給の「安全保障ライン」を脅かす事態には至らない。また、需要・供給価格の影響で、生産量と供給はすぐに回復、反発する。したがって、米、小麦、大豆の生産と供給をしっかりつかんでおけば、食糧供給の安全保障ラインの鍵を握っていることになり、その他の食糧品目は大胆に開放し、国際市場に参入してもよい。

二つめは、自給を主とする品目に大豆を組み入れることについてである。米、小麦は主要食糧として自給を主とする品目に入れることは理解しやすいが、なぜ大豆も組み入れるのか。

私は次のように考える。その一。大豆は栄養価が高く、タンパク質の含有量が米の五倍以上、小麦粉の四倍以上である。さらにカルシウムは米の二七倍前後、小麦粉の一一倍前後で、高コレステロール血症の患者にとって優れた食餌療法効果がある。発展性の角度からみると、人口の再生産、身体の健康、人類の生存と発展および食糧、資源、環境などの生命科学と密接に結びついている。多くの科学者たちが二一世紀の主要原料としてますます尊重するようになっており、将来の人口増加と食糧不足の矛盾を解決する上でより大きな役割を果たすことが望まれている。生命科学の遺伝子組み替え技術が新たな農業革命をもたらす可能性があり、遺伝子組み替え大豆——より高い生産量をあげ、タンパク質の含量がより高く、ウィルスへの抵抗力が強い大豆——の研究が新たな飛躍を遂げ、バイオ食品となる可能性がおおいにある。

その二。中国はもともと最も主要な大豆生産国のひとつであり、世界的にも重要な地位を占めている。五〇年代には生産量が米国に次いで世界第二位であった。四〇年余りの間に生産量は大きく増加したが、増加の速度はゆっくりであった。八〇年代に入ると第三位に後退し、第四位のアルゼンチンとの差が一三〇万トンしかなかったが、一〇年前には再びその差が四〇〇〇万トンとなった。(9)

その三。大豆の用途は広く、穀類にも油脂類にも属し、また農産品のなかでは重要な工業原料でもある。その上大豆を栽培すると、根粒菌の作用によって肥沃度を増し、土壌を改良することができる。このように、大豆の生産は食糧生産、農業技術の進歩および関連工業の発展に関わっており、とくに重視する必要がある。とりわけ、菜食を好む中国人にとって、豆腐と一連の豆製品は食卓に欠くことのできない品目である。しかしながら、単位面積当たりの生産量が低いことや価格などが原因で、大豆生産の伸びは緩慢である。このため、助成を行って、小麦、米と同様、自給を主とし、輸出入貿易にあたっては国内と国外とで二重価格政策をとる必要がある。

米、小麦、大豆は自給を主とし、国は価格などの手段を通じ、これらの食糧品目の生産を発展させる。目的は人口再生産に必要な主要食糧を保障し、食糧供給の「安全保障ライン」を確保することにある。この「安全保障ライン」は特定目的の備蓄と戦略備蓄を含み、食糧の長期的な供給を可能にする。この他、さらに流通段階に必要な在庫を考慮した上で、国際市場の食糧価格の相場によって、輸出入貿易が必要であるか否かを決定しなければならない。自給品目については相対的な安定を保ち、かなり長期間にわたって大きな変化が発生しないようにする。しかしそれも絶対的なものではない。たとえばトウモロコシ、コウリャン、アワ等もかなり広い範囲で、主に北方で主要食糧に当てられている。現在最も重要なことは、やはり国際相場を見きわめることである。これら食糧価格が底を打ち、高い国内価格と衝突しない場合は、多めに輸入して備蓄を増やすことも必要である。

三つめは輸出入貿易を積極的に発展させることについてである。「主発」方針は、主要食糧は自給を主とすることを強調した上で、積極的に食糧の輸出入貿易を発展させることを主張している。米、小麦、大豆の輸出入貿易が自給能力に影響することがないように、国内と国外との間で二重価格を実施する。一方、米、小麦、大豆を除いたその他の食糧品目については、積極的に食糧輸出入貿易を発展させる。主に雑穀と呼ばれるものについて自由な輸出入貿易を行う。すでに述べたように、雑穀の自由貿易は主要食糧の食糧供給の「安全保障ライン」を脅かすことはなく、後顧の憂いはない。それどころか、この部分の食糧輸出入貿易を積極的に発展させることは、さまざまな利点をもたらす。一部の食糧について内外の市場をリンクし、余剰品目は輸出に振り向け、不足品目は輸入でまかない、過不足を適宜調整すれば、食糧品目の構造を改善し、国民生活と各方面の需要を満たすことができる。生産量が多く、需要も大きいというわれわれのメリットを生かし、世界の食糧市場における価格競争のなかで成功をおさめ、大口の輸出入を通じ価格に影響を与え、貿易による利益をもたらすことが可能である。また、国内の食糧価格を調整する役割、とくに米、小麦、大豆の価格が、国際市場を上回るような行きすぎた上昇に対する調整の役割を果たすことができる。

雑穀などの価格は国際市場の変動と同期するため、米、小麦、大豆の価格が大幅に値上がりすれば、食糧生産農民の投資をこれらの生産に引きつけることになり、雑穀の生産量が減少する。すると、需給関係の影響を受け、米、小麦、大豆の価格上昇が抑制されることになる。これは物価を安定させ、工業コスト、とくに賃金部分の急激な上昇を防ぎ、労働力が安いというメリットを発揮する上でもおおいに意義がある。また開放拡大のイメージをさらに確立し、雑穀などの自由貿易を中国が全面的に国際市場へと進出するための重要なステップとし、実践のなかで国際的な食糧の自由貿易の経験を蓄積することもできる。さらに市場経済体制改革を深化させ、国際市場に適応し、相応の輸出入貿易メカニズムを確立していくことができる。

現在、国内の穀物価格が国際市場より高くなっているが、その価格差は限られており、高くなってからの期間も短い。こうした価格差から利益を得る社会団体がまだ形成されはじめたばかりであり、これに関連する改革法を公布したとしても利益団体の強烈な反対に遭うことはありえない。改革深化の機会費用は低いので、積極的に推進し、適時に相応のメカニズムを打ち立てる必要がある。

第3章　科学教育による国の振興とは何か

――人口の文化的資質の向上に重きを置く改革

国家建設には明確な戦略がなければならない。科学教育による国の振興戦略は、二一世紀の科学技術と人類の発展の大きな流れに合致し、かつ中国の将来の経済と社会の発展を促す原動力である。教育改革のポイントは、「学校が社会を運営する」枠組みとメカニズムを改め、「社会が学校を運営する」道を歩むことにある。教育への投資インセンティブを高める。子供の費用の量から質へのシフトを実現し、人口、科学技術、経済、社会の発展を一つに融合し、良性循環に向かわせる。

一九九三年二月五日、『南方週末』に「教育を非常に重視するユダヤ民族」と題する記事が掲載された。文中にはハイネ、ベートーベン、メンデルスゾーン、マルクス、エレンブルグ、アインシュタイン、チャップリンなどの偉人や著名人が並んでいる。

実際、一九四八年から一九八九年までにイスラエルに移住したユダヤ移民のなかには、博士、ポストドクター、教授といった資格や肩書をもつ人が一〇万人以上もいた。彼らによれば、「祖国をもたない」民族にとって、あらゆる財産は奪われる危険があるが、知識と才能だけは「身につけて持ち歩くことができ、一生使っても使いきれない財産」なのだという。そして、いったんこの財産を手に入れれば、物的な財産へと転化させることなどたやすい。統計によれば米国の総人口の四％に満たないユダヤ人が、米国全体の財産の二〇％をもっている。米国人がユダヤ人の富を形容する際にはよく「米国人のお金はユダヤ人のポケットのなかに入っている」というが、もっともなことである。

この報道はユダヤ人が五歳から一八歳まで義務教育を受けていること、大学進学率が非常に高いこと、ユダヤ人が各地でずば抜けた実績をあげている状況を伝えている。最も深く考えさせられるのは、科学教育の蓄積と財産の蓄積との関係が示されている点である。これは将来の発展のなかでより鮮明に表れてくることは間違いない。

国家建設には明確な戦略がなければならない

第九次五カ年計画と二〇一〇年の長期目標綱領は、社会主義物質文明と精神文明の建設がわれわれの目標であることを定めた。「二つの文明」を推進するためには、経済建設が核心である。中国の現実に合わせ、経済建設を持続的、急速かつ健全に進展させることができるか否か、経済体制の計画から市場への転換、経済成長パターンの粗放型から集約型への転換を実現することができるか否かが鍵である。では何によって「二つの文明」と「二つの転換」を推進するのか。また、何がこれらを制約するのか。『綱領』は科学教育による国の振興と持続可能な発展という「二つの戦略」を提起し、原動力と軌跡の点から国家建設の道を明確にした。筆者は、この「二つの文明」「二つの転換」「二つの戦略」が、世紀の変わり目に当たっての国家建設と国力強化の基本であり、とりわけ科学教育による国の振興戦略については特筆すべきであると考える。

歴史上の経済による時代区分は、何を生産するかにではなく、いかに生産するか、どのような道具を用いて生産するかにある。これによりこれまでの時代を経済を基準にみると、三つの基本的段階に分けられる。第一段階は手作業用の道具の時代である。農業社会が終わるまでの原始、奴隷、封建社会がこの時代にあたり、百万年もの間続いた。この間に、科学や技術がたえず進歩し、人類は大自然の猛威と戦ってしだいに力をつけ、自らを発展させていった。しかし、技術的にみると、第一に生産手段が手作業用の道具であり、第二に生産力を主に人、家畜、水、風などの自然の力にたよっており、生産の基本的パターンは労働者が手作業用の道具を用いて行う労働であった。

こうした状況では、国家建設と国力強化の戦略は自ずと「人口をおおいに増やすこと」に置かれるようになる。なぜなら「人口」は最も重要な生産力だからである。たとえば春秋戦国時代の越王勾践は戦いに敗れると、「十年生聚、十年教訓（十年間、民力の休養と人民の教育をはかる）」戦略を実施した。「生聚」の「生」は、臣民が子供を生み育てることを奨励するという意味であり、男子が二〇歳で妻を娶らず、女子が一七歳で嫁がない場合は有罪とし、子供を生んだら褒賞を与え、子供を三人生めば政府が乳母を雇うことを定めた。「聚」は外からの移民を吸収することであり、「生」とともに人口の社会増加と自然増加を促した。こうした「生聚」や臥薪嘗胆の「教訓」により、越の国は強大となり、呉の国を滅ぼした。

孔子の学説の中心は「仁」であり、国を治めるにあたっては「仁」に頼らなければならない。そこで、「土地が十分あるのに民が足りないとは、君子の恥である(1)」「衆望をつかめば国を保つことができ、民心を失えば国も失う(2)」と彼は考えた。どうすれば「民が足り」「衆望を得」られるのか。『論語・子路』には、「葉公が政治についてたずねたとき、孔子が『領内の人民から慕われ、他国からも評判を聞いて人民が移住してくるような政治が望ましい』」と答えたと記載されている。つまり国は庶民が安心して暮らせるようにしてやれば、人民が外へ移住しようとはせず、国外の人口がうわさを聞いてやってくるようになり、さまざまな人材を引きつけるというのである。そしてこれを実現するポイントは統治者が仁政を行うことである。「上に立つ者が、礼を重んじ、正義を愛し、約束を果たすならば、つまり自分の任務に忠実であれば、人民は自然にかれを敬愛し、信服し、誠意を示すようになる。こうなれば遠い国からも人民が一家をあげて移住してくるだろう」(3)。農業社会においては人口が増えること、国が泰平で民の暮らしも平安であることが国を立て、国を治める基本である。これが手作業用の道具による生産条件の下での戦略的選択であった。

第二段階は機械器具の時代である。すなわち伝統的工業社会の時代である。機械は手作業用の道具とは本質的に異なる。動力は人、家畜、自然の力を主としたものではなくなり、蒸気機関、内燃機関、発動機に頼るようになった。現在ではすでに原子力が大規模に応用されており、大量のエネルギー消費を特徴とするようになった。機械はもはや簡単な伝動ではなくなり、材料にはさらに革命的な変革が起こった。強度、硬度、弾力性、耐食、耐熱などの性能もたえず改善された。工業化社会に適応する発展戦略の立脚点は、まず広い市場を探すこと、次に十分な原材料を手に入れることであった。資本の循環と回転を保証し、相応の利益をもたらすためである。したがって、工業化の前期、主要資本主義国はいずれも自己の戦略の立脚点を国外市場の開拓と対外拡張においた。これが侵略と反侵略、略奪と反略奪の戦争がたえず発生する結果を招き、ついには世界大戦へと発展した。

第二次世界大戦の後、状況に変化が起こった。比較的安定した平和的な発展の時代が訪れるとともに、新たな技術革命がスタートした。マイクロエレクトロニクス技術を先駆けとする、新材料技術、海洋技術、宇宙飛行技術、バイオテクノロジーなどを含む発展が従来の機械器具の束縛を突き破り、経済と社会の発展における科学と技術の地位と役割がかつてない高まりをみせた。これにより発展戦略の立脚点にシフトが起こった。典型的な例は日本である。領土が狭いことに鑑み、明治維新以後、しだいに「軍事立国」の道を歩むようになり、第二次世界大戦でそれが頂点に達した。中国と東南アジアを侵略し、その後さらに太平洋戦争を発動し、「大東亜共栄圏」の建設を夢想した。第二次大戦に破れて、妄想は打ち砕かれ、「軍事立国」から「貿易立国」、「技術立国」への方向転換をはかり、たった数十年で世界の経済大国へと発展した。その他の要素とは別に、現実と歴史の潮流に合致した明確な、発展戦略がきわめて重要である。国家建設には明確な戦略がなくてはならない。

歴史が二〇世紀と二一世紀の変わり目にさしかかった今、筆者はすでに新たな第三の段階、コンピューター機器に代表される発展段階に突入したという見方に賛成する。機械器具は人間の手の延長、増大としてみることができ、人間の機能を大きく拡大した。では人間の脳、人間の知能についてはどうか。周知のとおり、コンピューター技術が今日までの発展ですでに一部人工知能を実現し、一部の知能を物質の形にできるようになった。

情報が高度に発達した現代社会において、人々はすでに大脳の働きを認知する技術を部分的に掌握し、大脳の記憶と思惟の神秘を明らかにした。それを基礎として人工知能ロボットを製造し、人間の知能を拡大する新たな人工知能革命を切り開き、生産の人工知能化を推進している。こうして人間の知能と機械の人工知能化した知能、人工知能技術とバイオ技術を結びつけ、知能の人工的進化を追求し、科学技術の獲得、処理、使用の方法を全面的に革新することは、二一世紀の経済と社会の発展に決定的な力となろう。人口が多く、資源が相対的に不足し、食糧供給が逼迫し、環境破壊が深刻な大国にとっては、その意義をどれほど高く見積もっても高すぎることはない。

正にこうした認識に基づき、第九次五カ年計画と二〇一〇年の長期目標綱領は科学技術による国の振興という戦略を選択した。とくに、「科学技術、教育と経済の緊密な結合を促す。経済建設は科学技術に依拠し、科学技術は経済建設の要求に合わせ、科学技術の高峰を目指して努力しなければならない。教育は現代化の必要に合わせ、世界を視野に入れ、将来を見据え、国民の資質の向上に努め、各分野で世紀を跨ぐ優秀な人材を養成しなければならない」。

科学教育による国の振興戦略の提起は、新技術革命が人工知能革命段階まで発展したことに照準を合わせた合理的な選択であり、経済建設を加速し、「二つの転換」を実現し、人口、資源、環境、経済、社会の持続可能な発展を実現するための必然的選択である。

この選択は合理的であり、歴史の潮流に合致している。問題は、一二億を越える人口を擁する、文化的資質の低い国で、この戦略が現実性をもっているのか、またいったい国の振興をどの程度まで科学と教育の進歩に頼ることができるのかについて、今でも疑わしいと思っている人がいるということである。彼らは、中国は人口と労働力が過剰で、人口と労働力の教育レベルが低いのだから、それぞれ適所を得て、体力による貢献を示すことができれば十分であり、どの程度の知能を引き出すことができるかについては疑問だと考えている。実際には、こうした意見は偏ったもので、少なくとも全面性に欠けている。

平均的な教育水準についてみると、中国人の教育レベルの低さは客観的に存在している。しかし、ここ四、五〇年でかなり大きな変化がみられる。一九六四、一九八二、一九九〇年の三回の人口センサスと一九九五年の一％サンプル調査（「小センサス」ともいう）を例にとると、大学卒の教育レベルをもつ人口は、二八七万人から六〇四万、一五七六万、二〇六五万人へと増えた。総人口に占める割合は〇・四二％から〇・六〇％、一・四〇％、二・〇〇％へと急速な増加を示した。非識字人口は三億一五二六万人から二億八三六八万、二億四五八万、一億四五〇五万へと減り、総人口にしめる割合も四五・六一％から二八・二六％、一八・一二％、一二・〇一％へと下がり(4)、著しい低下がみられる。総合的にみる場合には、筆者が一〇年前に提起した「人口文化資質指数」を用い、計算してみるとわかる。文化資質指数とは、人口全体の平均教育年数を意味するが、データ資料の制約から、各教育レベルの人口の教育年数が小規模調査の仮定数であるため、指数と呼ぶ。しかし統一ウエイトを各時期に応用しており、比較が可能である。公式は次のとおりである。

$$C=\frac{Uy_1+Hy_2+My_3+Ly_4+Iy_5}{U+H+M+L+I}$$

式のなかでCは人口の文化資質指数、U、H、M、L、Iはそれぞれ大学、高校、中学校、小学校卒の人口および非識字人口である。y_1、y_2、y_3、y_4、y_5はそれぞれ大学、高校、中学校、小学校卒の人口および非識字人口が受けた教育年数であり、一六、一一、八、四、〇・二五年と仮定している。これによると、一九六四年の人口の文化資質指数は二・二五年であったが、一九八二年には四・二一年に、一九九〇年には五・一八年、一九九五年には五・五二年(5)に上昇しており、上昇速度も比較的速い。

現在、中国人の教育水準は平均的に低く、先進国に及ばないだけでなく、一部の発展途上国にも及ばない。しかし、中国は人口が多いため、平均レベルが低くても、これまでに高等教育を受けた人口の絶対数はかなり厖大であるということを忘れてはならない。大学レベルの教育を受けたことのある人口の数についていえば、今の世界で米国を除けば、おそらく中国がランクされよう。一九九六年にすでに二一〇〇万人を越えたものと推定される。したがって、科学技術の団体試合を全面的に行えば、中国の実力はかなり高く、数学、物理、化学、高エネルギー物理、生物技術、宇宙飛行技術などの学問分野において最前線に立つことが可能である。

改革開放以来、社会科学の発展に新たな飛躍を果たし、経済学、歴史学、文学などの学問分野で、人口学を含め、国際学界に席を占めるようになった。われわれは科学教育による国の振興に必要な人材的条件を備え、学問分野の最前線に立つ自然科学者や社会科学者たちを擁しており、彼らは科学教育の発展を導く柱だといえる。その上、中華民族は勤勉で向学心に富み、聡明で、IQも低くない。

八〇年代に私は米国のある教授とIQについて話をしたことがある。彼のランク付けによれば、第一位がユダヤ人、第二位がゲルマン人、第三位が中国人と日本人だということであった。いったいIQを民族や人種によってランク付けすることができるのかについて私はまったくわからないし、こうしたランク付けに科学的根拠があるのかについてもなんともいえないが、少なくともある一点については間違いなくはっきりとしている。この教授の印象のなかで中国人はIQの高い民族であるということである。

誰もが知っているように中国古代の「四大発明」は、人類文明の啓発にきわめて大きな役割を果たした。ただ産業革命が起こってからというもの、われわれは立ち遅れてしまった。とはいえ、われわれは依然として世界一流の科学者と影響力のある学者たちを輩出しており、科学教育による国の振興に人材面の条件を備えている。もちろん、一二億余りの人口に対してみると、人材はまだ少なすぎる。科学技術の日進月歩の歩みに追いついてたえず知識を更新し、学問分野の最前線に立つよう努力しなければならない。

広範な大衆の科学、教育水準をしだいに向上させ、二〇世紀末までに九年間の義務教育を普及することも、科学教育による国の振興の重要な条件である。科学教育による国の振興は少数の人々を対象としたものではなく、広範な民衆のための事業である。もちろん、この面の基礎が不十分だとするならば、科学の普及と人口全体の教育水準向上の任務はより重い。中国は、科学教育による国の振興を提起する上で一定の基礎があり、その向上と普及の両面に一定の基礎がある。同時に目標達成までにはまだ距離があり、科学技術による国の振興戦略の目的はこの距離を縮小し、一歩一歩積極的に道を切り開き、前進することである。

科学教育による国の振興の意義は、科学教育事業の発展を通じ、最新の成果を現実の生産力に変え、経済、社会の発展と全面的な進歩を導くことにある。それによって科学教育を発展させ、国の振興の目的を達成する。したがって、科学教育による国の振興戦略は、二一世紀の科学技術と人類発展の大きな流れに合致している。また、中国の将来の経済と社会の発展を促す原動力であり、合理的な選択である。

科学技術による国の振興戦略を定めた以上、第一に現在の世界の経済発展を生み出した科学技術の特徴を認識し、科学技術を現実の生産力に変えるという問題を解決しなければならない。統計によれば、二〇世紀初めには、労働生産性向上の二〇％前後が科学技術の進歩によるものであったが、中葉には三〇％となり、現在ではすでに七〇％から八〇％まで上昇し、なかには一〇〇％に達した部門もあり、科学技術が経済成長のなかで重要な役割を果たすようになっている。経済の発展に伴い、技術の集約を主要な特徴とする知識型の産業が、国民総生産に占める割合がますます高くなっている。こうした大きな流れに直面し、科学教育による国の振興戦略を徹底するには、科学技術をしっかりと経済建設の最前線の位置におかなければならない。そして科学技術が、国民経済の持続的、急速かつ健全な発展、経済改革と新しい経済成長スポットの育成に貢献し、食糧、交通、文化生活などの家計消費の増加といった難問を解決するために貢献するようにしなければならない。同時に基礎理論の研究を強化し、学問分野の第一線に挑み、先進国との格差の縮小に努め、後方から追いつき、追い越さなければならない。開放を拡大し、外資と技術を導入し、協力研究を進める過程でも、技術レベルに注意を払い、自ら新しいものを創り出すという原則を堅持しなければならない。

第二に科学技術発展の基礎は教育にあることを認識し、科学教育による国の振興の基点を人口全体の教育水準の向上に置くべきである。

まず非識字人口の一掃に力を入れる。しかし、二〇〇〇年に現在の一億四五四六万人の非識字人口を基本点に一掃し、さらに今後新たな非識字人口を生まないようにすることは、けっしてたやすいことではない。

次に中等教育を普及する。二〇〇〇年に基本的に九年間の義務教育を普及することについては、都市ではほぼ実現可能である。農村でも基本的に成し遂げられるが、一部の立ち遅れた農村では実現が難しい。しかし、本当の意味で科学技術による国の振興の目的を実現しようと思えば、中学校卒に相当する九年間の教育では目標にはるかに及ばない。多数の成年人口が一二年間の高校レベルの教育（中等専門学校を含む）を受けられるようにすべきである。

その上で、高等教育〔大卒〕レベルの人口の割合を早急に上げるべきである。筆者は高等教育レベルの人口を二〇〇〇年に二八一六万人に増やし、二〇一〇年には三九九六万人、二〇二〇年には五三三九万人に増やし、その割合を二・二%から二・九%、三・六%へと高める計画[6]を提案しているが、これは現実的な数字といえよう。この場合、第九次五カ年計画期間中に、大学卒の教育レベルを備えた人口を年平均一二七万増やし、二〇〇〇―二〇一〇年には年平均一一八万人、二〇一〇―二〇二〇年には年平均一三四万人増やすことになる。教育の労働生産性が変わらないなかで、教育規模の拡大に対する強い圧力となることが予想され、相応の改革を模索する必要がある。

教育に重きを置く根本的改革

科学教育による国の振興戦略を実施するには、宣伝と教育を強化し、より多くの人になぜこのような戦略を選択しなければならないのか、いかにこの戦略を実現させるのかについて理解してもらい、全国民的なブームを起こす必要がある。それには、まずは各レベルの幹部が科学と技術を学習し、科学と技術の応用について理解しなければならない。また科学研究および教育予算の投入を増やすことも必要である。市場経済の下では、ある程度経済投入を行わなければ、大きな進展を勝ちとることはできない。

毎年の「両会〔全国人民代表大会と政治協商会議〕」の期間中、代表たちが最も熱い議論を繰り広げるのは、おそらく教育予算の投入増加の提案についてであり、しかもこれには誰もが皆賛成する。すべての学生と教職員にかかわる条件を改善し、よりよい学校を建設することに賛成しないものがいようか。しかし、たとえそうすべきであり、賛成には違いなくても、国家の財政がもっと多くの予算を使ってサポートすることができないなら何もならない。また、これまで国の教育面での支出の伸びはかなり著しく、とくに改革開放以来急速に増加していることに注目する必要がある。表三・一を参照せよ。[7]

表三・一は次のことを示している。一九七八年と一九九五年を比較すると、国家財政の総支出は六・〇八倍に増えているが、最も重要な四大分類の支出のうち、行政管理費の支出の伸びが一位で、一八・八四倍となっている。文化教育費支出が二位で一一・九五倍に、経済建設費の支出が三位で三・九七倍に、国防費支出が四位で三・七九倍に増えている。文化教育費支出の伸び率が経済建設費の伸び率の三倍という状況が長く続くとは考えられない。したがって、科学教育による国の振興戦略を実施し、教育事業を発展させる上で、教育予算のいっそう急速な伸びに完全に希

表３・１　国家財政予算分野別支出（1978-1995年）

（億元）

年	支出合計	経済建設費	文化教育費	国防費	行政管理費
1978	1,122.09	718.98	146.96	167.84	52.90
1980	1,228.83	715.46	199.01	193.84	75.53
1985	2,004.25	1,127.55	408.43	191.53	171.06
1990	3,083.59	1,368.01	737.61	290.31	414.56
1995	6,823.72	2,855.78	1,756.72	636.72	996.54

望を託すことはできず、より多くのルートと方法を開拓するべきである。

社会による学校運営と「希望プロジェクト〔貧困地域の退学児童・生徒を援助するプロジェクト〕」の功労は否定できない。筆者を含め、これには大きな熱意を抱いている。私が援助している福建省北部の山間地域の小学生が心のこもった手紙をよこし、良い成績をとったとか、大きくなったら一生懸命働いて学業を終えるために助けてくれたすべての人に報いたいといってくるたびに、私はいつも感激で胸が一杯になる。あるとき、その子がテレビの番組で私を見たときのことを知らせてきた。私の人口講座を聞いて、うれしくてたまらず「私を学校に通わせてくれている先生を見た」と村の人たちに自慢して回った。これまでこんなにうれしいことはなかったのだという。

「希望プロジェクト」は中途退学した児童・生徒の復学を援助したり、各界の援助でさまざまな学校を設立したりするものである。教育事業の発展に大きな役割を果たしていることは間違いない。しかし、冷静に計算してみると、現在在学中の小学生は一億四〇〇万人、中学生は五〇〇〇万人に近く、両方を合わせると、二億人近い小中学生がいることになり、「希望プロジェクト」で援助している児童・生徒の数はまるで少ない。全国の普通高等教育機関〔大学〕は一〇〇〇カ所を越え、中等学校〔中学・高校〕は一〇万校近くに及ぶ。各界の人々の寄付により運営されている学校もあるにはあるが、おそらくごく少数である。

教育予算を大幅に増やすことは難しく、「希望プロジェクト」や経済的な援助による学校運営も根本的に問題を解決することはできない。それなら、教育事業発展の活路はどこにあるのか。根本的な活路は、教育の労働生産性を高める改革にある。ここでいう

教育の労働生産性とは、一人の教師が担当する学生の平均人数であり、時代による変動を表三・二に示す。(8)

表3・2　1人の教師が担当する平均在校生数（1952-1995年）

年	大　学	中学・高校	小学校
1952	7.1	24.2	35.6
1965	4.9	20.2	30.1
1975	3.2	21.0	29.0
1980	4.6	17.9	26.6
1985	5.0	17.2	24.9
1990	5.2	14.6	21.9
1995	7.2	15.9	23.3

表三・二から、小学校と中学校の教育の労働生産性は、五〇、六〇、七〇、八〇年代を通じ、全体的に低下の傾向をたどった。一九五二年と一九九〇年を比較してみると、中学校で一人の教師が担当する生徒の数は九・六人、小学校で一三・七人減り、かなり大幅な減少を示した。九〇年代に入ってから回復し始めたが、まだ五〇年代のレベルには遠く及ばない。大学は六〇年代と七〇年代の低下を経て、八〇年代から回復し始め、現在五〇年代前期のレベルに戻ってきている。

現代的な教育が発展している国では、教師に対する学生の数が減ることが一般的に教育の質の向上の象徴となっているが、教育が十分に発展していない中国ではこのような推論はあてはまらない。たとえば、「文化大革命」の一〇年間は教師に対する学生の数が急激に減少し、同時に教育の質も急激に下がった時期である。質の問題を別にして、教育の労働生産性だけについてみても、問題はたしかにかなり深刻である。

大学の状況についていうと、現在世界では一人の大学教師が担当する学生数は平均一四名であり、米国が一七名、イギリスが一五名、オーストラリアが二一名、日本が一〇名で、いずれもわが国よりはずっと多い。原因はどこにあるのか。教育設備が立ち遅れており、視聴覚教育のレベルが低いために、教師の直接的な負担が重く、また伝統的観念が影響して、「手をとって」教える方法の束縛から逃れられないためである。しかし、私はこれらはいずれも最大の原因ではないと考えている。最大の原因は専業的な方法に基づいて教育が運営されていないことや先進国では「社会が学校を運営」しているのに対し、中国ではある意味で「学校が社会を運営」していることにある。

筆者は、イギリス、フランス、ベルギー、オランダ、米国、カナダ、日本、オーストラリアなど先進国の有名大学を訪問し、学術交流を行ったことがあるが、多くの大学の敷地面積、建物などの施設は北京大学、清華大学の規模とほぼ同程度で、もっと小さいところもある。しかし、その学生数は一般に四、五万人、多いところでは七、八万人に達し、北京大学、精華大学の数倍にあたり、当然ながら教育の労働生産性は高い。学長や関連部門の責任者にたずねてみると、彼らの答えは次のとおりいたって簡単である。学校は教師が講義をする場所であり、学生が勉強をする場所であるから、十分な数の教室と図書館、コンピューター室、運動場、体育館などの施設が必要であることは当然である。次に教授や講師および能力のある管理者を招聘することである。さらに学生募集、教育計画および入学試験、卒業などの事柄について定めることである。

ロジスティックスなどの面に学校は基本的に関知しない。教師の住宅、学生の宿舎、教職員や学生の食堂、まして書店、商店、理髪店などにはまったく関知せず、完全に社会が引き受け、市場に頼って解決している。学校はせいぜい場所と施設の便宜を提供する程度である。しかし、学校は人口が比較的集中しており、顧客が相対的に安定しているなど、環境がよいため、値段が多少安くても薄利多売によって高い利益を実現することができる。したがって多くの企業が参入を望み、サービスの質は高い。学長をはじめとする学校の指導者は教育と教育関連の管理に精力を集中し、それにより教育の質の向上を保証する。他のすべての事項は社会が運営する。この意味で、私はこれを「社会が学校を運営する」と呼んでいる。さまざまな業種の企業が学校で事業を営んでいるが、これらの企業にとって他の場所での経営となんら違いはない。

中国では状況が異なる。まず学校には党組織、行政管理部門、労働組合、共産党青年団、婦女連合およびその他の大衆団体組織があり、およそ政府のなかにある機関はすべて学校内にもそろっている。共産党、青年団の組織が学校から学部、学年へと各段階に設置されている上、専任または兼任の責任者がいる。行政組織担当の学長、校務委員会が部門、機関全体を指導しており、大きいものは教務処、人事処から、小さいものは食膳課、保安課まで何でもある。学校の行政指導者は、かなりの精力を使って教職員の住宅およびその分配の問題、学生寮の準備、教師の職階の評定および食事、衛生、文化体育活動などの事項を解決しなければならない。

筆者はかつて大学の学長数人に、「何の仕事が最も難しいか」と尋ねたことがあるが、ほとんど例外なく、次のように答えた。第一は教員の職階の評定であり、ポストが限られているため争いが絶えない。第二は教職員の住宅の分配で、「住宅の数に対して人が多くて配分できない」ため、誰に与え、誰に与えないかでかなりもめるという。筆者は適切とはいえないかもしれないが、これをまとめて「学校が社会を運営する」と呼んでいる。一つの大学が四方の門を閉ざすとなかは一つの社会の縮図、完全な小社会であり、学長がこの小社会の「大統領」であるとすれば、教育の労働生産性を高めることなどできようか。実際英語で学長のことを指すPresidentが国家に用いられれば、大統領である。しかし、学校に用いられるときにはすべての管理運営を引き受けるという意味ではない。中国語の学長と大統領とはまったく関連性のない二つの概念であるが、一つの学校の学長は逆にその学校の「大統領」の責任があり、すべてを管理しなければならない。

上述の議論を通じ、教育改革のポイントはこうした「学校が社会を運営する」枠組みとメカニズムを改め、「社会が学校を運営する」道を歩むことにあると私は考える。いわゆる「社会が学校を運営する」とは、学校のなかのさまざまな事柄について社会ができることはできるだけ社会に任せ、学校は教育およびそれに直接関連する管理に精力を傾けるということである。

この主張には学校の指導者たちはおおいに賛同しているが、具体的な改革を議論する段になると、ああでもない、こうでもないと心配する人がいる。社会がうまく運営できず、学校の正常な運営と安定に影響することを恐れているのである。学校が一切を引き受ける伝統的なメカニズムのもとにある人々が、通常のやり方を破ることに対して不安を抱くのは当然である。たとえば、食堂を民間にゆだねて味がまずくなったらどうするのか。値段が高くなり、学生が食べられなくなったらどうするのか。学生寮を廃止して、学生が住居を見つけられなかったら、また住居が遠すぎて始業に間に合わなかったらどうすればよいのか。教員住宅を社会化して、分譲住宅を買えない教師がいたら、またそのことが人材の流失につながったらどうすればよいのか。理容、入浴、商店、清掃などのサービスを社会化し、うまく運営できなかったらどうすればよいのか。

こうした一連の問題は、一点に帰結する。すなわち、計画経済時代に形成されたすべてを自分が管理し、自分が支配するのが最も安全だという、はっきり言えば自分だけを信じ、市場を信用しない考え方である。

ところで、すべてを学校が自ら支配し、管理すれば本当によく管理されているのだろうか。そうとはかぎらない。七〇年代に筆者は国家教育部で仕事をしていた。当時、マスコミが某校の学生食堂はめちゃくちゃだとか、某校の飲料水が大問題になっているとか、某校の学生寮はひどく汚れ、乱れているが、誰も管理する者がいないといったことを報道すると、中央の主管指導者もこれを重くみて、期限を切って解決するように指示する。筆者は「勅使」を命じられ、現場に下りて厳しく監督し、事態を処理したことがある。筆者がみたところ、学長たちも、口には出して言えない苦しい立場にあった。経費がなく、事務担当者に力がなく、是正、改善したくてもきわめて困難であった。計画経済や自ら管理するやり方もけっして完璧というわけではないのである。ここではっきりさせておくべき問題がある。つまり、学校について一部の資源を社会化する上で、いったい計画と市場のどちらが資源の合理的配置をよりよく実現することができるのか、ということである。筆者の意見は後者であり、前者ではない。

実際と理論を結びつけてみると、計画経済は売り手市場を招きやすく、市場経済の結果はしばしば買い手市場となる。このことは歴史が証明している。たとえば、教職員住宅や学生寮を学校が統一的に分配している場合には、常に一種の逼迫状態となり、住宅の分配は学校にとって難題である。教師と学生の食堂も同様であり、配膳時間が短く、時間が過ぎたら待たず、ご飯やおかずの種類が単調でも利用者がいなくなる心配がない。近年改革の深化に伴い、通学あるいは一部通学の方法をとりいれる大学が現れ、学生寮を学校が引き受けるという方法を打ち破り、教育発展のための資金をとっておくようになった。食堂、理髪店、商店の経営の社会化に至っては、比較的速く進んでおり、発展も良好である。なぜなら、第一に学校には普通、ある程度の基礎があるからである。土地や設備があって、少し修理すれば、営業を開始できる。第二に学校には十分な数の、安定性の強い、教員と学生がいて顧客となるため、売れ行きのよい市場となるからである。この二つがそろえば、つまり経営コストの低さと販路の保証が薄利多売のために条件を整えれば、一般市場での経営に比べ明らかにメリットがある。

およそこのような市場経営メカニズムを実行している学校では、食事、理容、買い物が以前より便利になり、おおいに質が向上しただけでなく、正常なインフレ要素を除き、値段も上がっていない。経営者はどうか。校外に比べ経営が安定しており、稼ぎも多く、みな満足している。学校組織の指導者はこうした面倒を免れ、より多くの精力を教育の改善に当てられるようになる。結論は、学校による社会の運営は改革しなければならず、社会による学校の運営に向けて改革をすすめ、市場化が可能なことはすべて社会に任せてよいということになる。

もちろん、これはリストを一式ずらりと並べ、すべてのロジスティックスあるいは一部の行政事務を社会に任せると宣言すれば、それでことが済むというものではなく、適時に確実に実行可能な改革を推進するべきである。

私は、食堂、理容、浴場、書店、商店の類の経営は一般的に民間に任せてもよいと考える。入札募集を行って、民間が運営し、完全に市場的な方法で管理してもよい。教職員住宅、学生寮の改革は慎重に推進する必要がある。教職員が住宅を購入する能力を持ち、学生が部屋を借りられるようになってから、市場化に向けた改革を実行し、民間に任せた方がよい。購入、賃貸能力が十分でなかったり、住宅源に困難がある場合には、計画的、段階的に進めるしかない。そして購入、賃貸、住宅源などの条件がまったく整っていない場合には、条件を整備した上で改革を実施するしかない。

「社会による学校運営」は、教育改革の重点であるとともに難題になるはずであり、おおいに力を入れ、具体的な状況に基づいて徐々に推進する必要がある。

教育への投資インセンティブを高める

教育に重きを置く根本的な改革を積極的に推進する目的は、教育の労働生産性を高め、少ない教育予算でより多くの学生を受け入れることにある。また既存の条件の下で、より多くの人々が教育を受けられる環境をつくることにある。しかし、これはただ人口の文化的資質を高め、科学教育による国の振興戦略を実施する上での一方の面、すなわち客体の面に過ぎない。主体の面はどうか。教育を受けるべき者が教育を受けたいと望んでいるのか、個人と家庭の教育への投資インセンティブはどうなのかということが、同じく軽視できない、より重要ですらあるもうひとつの面である。

「読書做官」論

歴史に前例のない「文化大革命」の一〇年間、「読書做官（学問をして官職につく）」論は完膚無きまでに批判され、「読書無用」「読書喫虧（学問をすると損をする）」「読書有害（学問に害あり）」といった「偉大なるイメージ」が打ち立てられるに至った。世界で最も古い大教育家孔子の祖国の民が、学問をすべきかどうかさえわからなくなってしまったことは、誠に悲しく嘆かわしい。今、「読書做官」論をどうみるかについては、おそらく大きな意見の食い違いがあり、多くの人が依然として否定的な態度をもっているであろう。筆者も今「読書做官」の類のスローガンを提起することには賛成しないし、本書にも「読書做官」論の名誉回復の意は付与しない。ただこの命題について少し分析を加え、そのなかにくみとるべき合理的な要素があるかどうかを考察し、大批判のなかで作られた今日まだあいまいな点をはっきりさせたいと思う。

「読書做官」論は当然ながら「読書」をすれば官吏になれる科挙制度からきた。わが国では隋唐の時代から清代まで、この制度が千年余りも続いた。科目ごとの試験で文官と武官の候補者を選抜するもので、これが封建王朝時代における各レベルの官吏の重要な供給ルートとなり、封建支配の維持に重要な役割を果たした。支配階級は科挙制度を通じ、「読書做官」を法制化し、これにより人民の反抗心をくじき、民衆が封建制度そのものにぶつかることなく、官吏を目指し、一門の社会的地位を高めるために「読書」をするよう導いた。したがって、科挙は封建支配を維持し、人民の闘志を麻痺させるための一種の制度と理論であった。また政治的には皇帝や地主階級がその支配を維持するための手段と理論でもあり、歴史の上でもはっきりとこの役割が現れている。

しかしこの概念がなぜ社会各層の人々にある程度認められたのか。そこには内在的な一定の関係がある。まず、「読書做官」は官吏になるためのルート——「読書」を示し、役人になりたい人に活路を与えた。たとえこの活路が情実にとらわれた不正行為に満ちていたとしても、たくさんの才人が官途において殿試に合格した。子供の頃、正月に家々の「春聯〔新年に門や入り口の戸にはる、めでたい対句を書いた対聯〕」を見ると、「代々忠厚を伝え、たゆまず読書に励む」といった類が多かった。これは「子供や孫にしっかり読書をするよう教える」ことを人々の心に植えつけ、「読書」を一門の地位を高める手段とみなすものであった。成長してから古典文学を学んだが、「十年勉学に励むことは本当に苦しいが、ひとたび錦の冠衣に身をつつめば、一門に歓びが満ちる」といった内容のものが多かった。文字や行間に忠、孝、節、義の封建的色彩があふれていたが、殿試に合格しても糟糠の妻を忘れず、民のために正義を広めるというものもあった。前述のとおり、こうした「読書做官」の封建政治的な目的に疑いの余地はないが、「読書」から役人になるという道を指し示し、人々を「読書」へと導いたという点で、きわめて大きな役割を果たし、読書人の重要な原動力となった。

もちろん、読書人のなかで最終的に官職につける人は少数であったが、官職につくために人々を「読書」にかりたてた力はきわめて大きい。多くの人が自ら食事を削り、倹約し、借金生活をしてまでも、子供に学問をさせたのは、いったん科挙に合格すればすべてを変えることができたからである。筆者がここで説明していることは次の一点だけである。「読書做官」は個人と家庭の教育への投資を引きつける上で大きな役割を果たし、中国で封建文化が発展し、長い間栄える重要な原因の一つでもあったのではないかということである。ただ残念なことに明、清の時代になると、科挙の試験が八股文を作ることに限定されてしまった。このため文化が奇形的な発展を遂げ、科学技術の発展が制約される結果となった。これは悲劇的な一面である。

次に、「読書做官」は官吏になる者にまず「読書」することを要求し、読書をしないものは官職につくことができなかった。文官については、全体的にこの命題があてはまり、封建支配階級には上から下までその時代の文化人たちが集っていた。つまり、役人になる人の文化的資質は一般に高かった。まれにお金で官位を買おうとするものがいて、愚昧な皇帝や宦官が結託して私利を図り、いい加減に官位を与えたこともあり、時代によってかなり違いがあるが、官吏となるためには「読書」をするという規範は変えることができなかった。正にこのため、隋唐以来、上から下まで各レベルの官吏のなかには思想家、詩人、歴史学者などが多く、また思想家、詩人、歴史学者のなかには官吏をつとめたことがある者がかなりの比率を占めていた。

さらに「読書做官」論が残した反省がある。文革時代に「読書做官」論があれほどきびしく批判され、あれほど徹底的に攻撃されたのは、逆にいうと「読書做官」論がたしかに一定の市場をもっていたことの証明である。本来なら、清朝政府が科挙制度を廃止したときに、「読書做官」論も姿を消すはずであった。ところが、事実はそうはならなかった。「読書做官」はその転換形態をもって継続され、従来の「官吏になる」という意味の他に、科学と技術の発展に伴い、さらに読書して「成名成家〔名をなし、一家をなす〕」論へと変化した。

実際、早くも文革以前に「白専〔専門分野には優れているが政治・思想には暗いこと〕」が批判され、知識分子が「白専」の道を歩むことが批判され、「又紅又専〔政治・思想面に優れ、また技術面でも優れていること〕」というスローガンが打ち出された。これは地に足が着いたスローガンであったと筆者は思う。思いもよらないことであったが、文革の時代になると、さらにエスカレートし、「紅」は批判できないものとなり、「専」は追いつめられ、徹底的に批判された末に、知識＝反動という簡単な公式だけが残った。「知識が多ければ多いほど反動」となり、「又紅又専」も半分が失われたために、もはや存在しなくなった。

現在、「読書做官」論と「成名成家」に対する批判の影響はすでに跡形もなく消え去ったようだ。しかしよく考えてみてほしい。知識の尊重や人材の尊重を繰り返し強調しているのに、尊重できない組織があるのはなぜか。知識人の待遇改善が叫ばれて何年にもなるのに、改善が知識人の頭の上までくると、一時停止の声がかかる地域があるのはなぜか。一時停止はいつ終わるのか。なぜ有名な学府が科学者を養成するという目標を掲げることができないのか。ごくわずかな「勇敢な人」を除き、高級研究機関に身を置く科学研究者たちが自ら「成名成家」の計画を公表することができないのはなぜか。はっきりいえば、やはりある種の疑念が存在しており、それは文革の大批判の後に生まれ、残された根深い疑念からきている。この疑念が消えていないということは、人口の資質の向上にとって不利であり、科学教育による国の振興戦略の実施にとっても、科学技術と人材管理体制の改革にとっても不利である。

子供の費用・効用分析

一九九二年三月五日の『中国統計信息報』に次のようなニュースが発表された。学校に通っていない学齢児童・生徒が全国に三〇〇〇万人余りおり、これが新たな非識字人口を生む原因となっているというのである。いかにして学齢児童・生徒の小中学校への入学率を確実にし、九年間の義務教育の修了を保証するかは、速やかに解決すべき社会問題である。この年から二、三年間、小中学校の退学率は引き続き上昇し、市場経済体制がまだ充分に確立されていない段階で、小中学生たちが市場へと急いだ。農村の自由市場で小学生が卵を売る姿がみられ、大都市の街頭に十代の花売り娘たちが一度にどっと現れた。小企業のなかには廉価な少年労働者を雇い入れるところもあり、規模は異なるものの、各地に中途退学者の集団が現れた。

調査によれば、小中学生が学校をやめる理由はさまざまである。生活が苦しく、学校を続けるための費用を家庭が負担できず、休学するしかないという子供もいる。山間地域では交通が不便なため、通学に往復で数十キロも歩かなければならず、もうこれ以上苦労したくないという場合もある。また男尊女卑の考え方が災いし、女児は幾日か勉強し、いくつか字を覚えれば充分だと考えている場合がある。さらに校舎と学校の設備が粗末で、教育のための基本的条件を欠き、教育の質が低いことが影響する場合等がある。しかし、ほぼすべての調査が、勉強しても将来大して金持ちになれないことが最大の原因であることを示している。今は学費、本代、文房具代を自分で負担し、制服もつくらねばならない。またしょっちゅうさまざまな行事が行われ、そのたびにお金が必要である。要するに子供を扶養し、学校に通わせることは採算に合わない。子供を市場に出して家のためにいくらかでもお金を稼がせた方がましだということになる。

小中学生はどうか。一部には勉強を続けたいが、親の意向で学業を放棄して市場に出ていく子供もいる。しかし、市場経済の感化を受け、これ幸いと学校をやめて商業活動に従事する子供たちもいる。そうすれば少なくとも自分の小遣いは保証されるからである。小中学生が少年期に学校をやめる主な責任は親にあり、教育に対する親の現在の認識にある。これはミクロ人口経済学の基本理論である子供の費用・効用理論に関係している。

この理論が応えているのは、古くて現実的な出生行動と経済的利益との関係である。すなわち人々が出産する子供の数と出生転換の内在的メカニズムの問題である。周知のとおり、古代社会において人間は出産する子供の数を選択する術がなく、自然の成り行きに任せ、一般的に五、六人、多い場合には八人、九人の子供を出産し、一〇人以上ということも珍しくなかった。しかしながら経済の発展と社会の進歩、医学の発展に伴い、人類はついに盲目的な出産から脱し、出産数を調節できる時代に入った。

これは偉大な進歩であり、他のいかなる重大発明と比べても少しも引けをとらない、偉大な進歩である。考えてもみてほしい。もし今日まで人類が出産の前になす術がなく、自然に任せる出産方法に支配されていたとすれば、中国の人口は一二億余りではなく、おそらくとうに一六億を越えていたであろう。世界の人口も五八億余りではなく、おそらくとうに七〇億を越えているはずだ。人々が産児制限により、出産する子供の数をコントロールできるようになった時、何人生むかを決める要素は何か。結局、子供の費用・効用が決定する。

早くも一八九〇年代、マーシャル（A. Marshall, 1842-1924）が『経済学原理』という本を世に問い、生産費用と限界費用について論述した。このなかで彼は均衡価格理論とその均衡の方法を確立し、子供の費用・効用理論の形成に理論的方法を提供した。ランドリー（A. Landry, 1874-1956）とタムスン（W. Thompson, 1887-1973）が人口転換理論を打ち立てたとき、すでに出生転換と社会の発展を関連づけており、その後の出生率のミクロ分析に道を開いた。しかし、本当の意味で出生率のミクロ分析の体系をつくり、子供の費用・効用理論を提起したのは、米国のライベンスタイン（H. Leibenstein, 1922-　）であった。

ライベンスタインはハーバード大学の教授で、五〇年代に『人口と経済成長の理論』、『経済的後進性と経済成長』を発表し、七〇年代には『超経済人』、『超経済人：経済学・政治学と人口問題』などの著作を発表し、その基本理論と枠組みを提起した。彼は、家庭規模の確定は両親の出産する子供の数に対する選択によっており、ある追加的な子供を生むべきか否かは、その子供に対する支出と与えられるであろう効用の比較によって決まると考えた。彼は子供の費用を二つの部分に分けた。一つは直接費用、すなわち母親が妊娠してから子供を育て、大きくなって自立するまでにかかる衣、食、住、交通、医療、教育、婚姻、交際などの費用であり、直接その子供のために使う貨幣支出である。もう一つは間接費用であり、両親、とくに母親が妊娠、出産、子育てに使う時間の損失である。

こうした時間の損失は、直接、市場活動時間つまり就労時間を占有して賃金所得を減少させ、当然ながら一種の子供の費用になる。また、占有するのが非市場活動時間（仕事をしていない時間）であっても、たとえば勉強や、技術の向上に使う予定の時間を占有し、昇給の機会に影響し、所得が減少することになり、やはり子供の費用となる。占有する非市場時間が娯楽の類、たとえば子供の面倒をみるために、映画を見たり、音楽を聞いたり、公園に散歩にいったりできないとすれば、賃金所得には影響しないものの、労働力再生産の角度から分析すると労働—休息・労働力再生産の正常な営みに影響する。したがってやはり一種の損失や費用である。ただこうした損失と費用の支払い方法が間接的であるというだけである。この二つの間接的費用は、得られるかもしれない所得増加の機会を減少させる。このため、間接費用は機会費用とも呼ばれる。

家庭が子供に一定の直接および間接費用を支払うのは避けられないことである。しかし費用を支払う目的は、最終的には子供から一定の効用を得るためである。ライベンスタインは両親が子供から得られる効用を分析し、以下の六種類に分けた。

一、労働・経済効用。子供が労働力に成長し、一定の労働につくようになると、家庭と両親に労務と経済所得をもたらすことができる。

二、養老・保険効用。主に発展途上国では、老人の扶養を子供に頼っている場合が多く、二世代の間に扶養と被扶養の関係が存在する。

三、消費・享楽効用。子供は「消費財」であるが、他の消費財に比べ、特殊な使用価値がある。労働力としての消費が経済的利益をもたらすのみならず、子供には一種精神的な効用があり、両親の一家団欒の楽しみという消費需要を満たす。一日働いて疲れて家に帰ったとき、子供が「お父さん」とか「お母さん」と呼んで、おどけた顔をして笑わせてくれれば、疲れは半分解消される。これは他の商品にはない効用である。

四、家業継承の効用。特殊な場合を除き、子供は両親および家族の財産の自然継承者である。これは先進国でも発展途上国でも、特殊な事情を除いて、一般的に法律に明確に規定されている。

五、安全保障効用。子供は家族の天然のボディーガードであり、子供の数と強弱は家族の安全にとって非常に重要であり、家族の安全係数の重要な目安である。途上国では、家族の規模の大小、家族の勢力の強弱は、家庭と家族の社会的地位に一定の影響を及ぼし、一定のコミュニティの範囲内では重要な要素である。

六、家族の地位の維持効用。子供の有無は家族に後継者がいるかどうか、血統を継ぐものがいるかどうかに関係してくる。この点は、中国のように封建社会が長く続き、封建意識の影響が強い国にとってはとりわけ重要である。また、子供の知能がどうであるかは、家業の盛衰に直接影響を与え、将来の見通しにかかわってくる。

ライベンスタインは次のように指摘している。子供の費用は家庭経済におおいに関係があり、一般的に所得と正の相関関係を呈する。所得の増加に伴って直接費用が上昇し、間接費用も時間の価値が高まるにつれて上昇する。子供の効用のうち消費・享楽効用には変化がはっきりと現れないが、子供の労働・経済効用については、経済の発展と子供の費用の上昇に伴い、また自らの資質の向上など労働者が自らのために使う消費の増加に伴って、家庭に与えることのできる経済効用が低下傾向を示す。また社会、経済、技術が進歩し、たえず発展する条件の下では、養老・保険効用、家業継承効用、安全保障効用、家族の地位の維持効用も全体的にしだいに低下する。

ライベンスタインはさらに、核家族の割合の増加、人口都市化の加速的な進展、死亡率の低下、女子の教育レベルの向上、家庭や両親の男児に対する偏重の減退、伝統的家族観の希薄化および避妊薬の普及によるプラスの役割などを考察し、出生率の低下を左右する最終的な要素はやはり経済であることを証明した。彼は一人当たりの所得によって、世帯をいくつかの類型に分けて分析したところ、農業型から工業型への移行段階にある発展途上国では、子供の直接費用、間接費用がしだいに上昇する一方、効用はしだいに低下しており、とりわけ子供の労働・経済効用、養老・保険効用の低下が著しいことがわかった。

ベッカー（G. S. Becker, 1930–　）はライベンスタインの理論を発展させ、子供の量と質との相互代替性理論をつくりだした。ベッカーは若い頃、米国のプリンストン大学に学び、後にシカゴ大学で経済博士号を取得し、さらにこの大学で長い間教鞭を執り、著名な経済学者フリードマン（M. Friedman）、シュルツ（T. P. Schultz）らとともに世界の経済論壇に影響を与えるシカゴ学派を構成した。かれは経済学の理論と方法を応用し、人口問題を研究し、独自のスタイルをもった人的資本の専門家になった。六〇年代はじめに『出生力の経済分析』『人的資本』などの著作を発表し、八〇年代以来さらに『家庭論』などの名著を発表し、このなかで彼の出生力に関する分析をまとめた費用・効用理論を詳述した。

彼は家庭の労働力を市場のなかに置き、消費需要理論を応用して、家庭の出産の意思決定を論証するという創造的な研究を行った。彼は子供の純費用という概念を提起した。これは家庭が子供のために支払う直接費用に両親の時間という間接費用（シャドウ・プライス：一種の市場価格をもたない製品で、社会的な価値により価格に換算する）を加え、そこからこの子供が家庭にもたらす所得の現在値と労働の価値を差し引いたものである。

もし純費用がプラスならば、この子供が家庭にもたらす効用は家庭が支払った費用を補うに足りず、この子供は両親にとって一般耐久消費財にすぎず、両親が子供から得られるのは心理的な満足だけということになる。子供の純費用がマイナスならば、子供が家庭と両親に追加的な効用をもたらすことを示し、この子供は耐久生産財に相当し、価値の増加をもたらすことができ、両親と家庭は間違いなくこの子供を必要とする。もし純費用がゼロであれば、子供が家庭に与える効用と家庭が支払う費用が同じであることを示し、家庭と両親がこの子供を必要とするか否かはランダムな要素によって決まることになる。

子供の効用の極大化と子供の量と質の代替可能性理論の論証は、ベッカーの子供の費用・効用理論に対する傑出した貢献である。ライベンスタインは、子供とりわけ、子供の限界効用の変動を考察することに重きを置いたが、ベッカーは費用との相関関係の考察を通じ、子供の効用の極大化の問題を論証した。彼はライベンスタインの子供の費用に基づき、踏み込んだ研究を行い、子供の費用を量の費用と質の費用の二つに分けることを提案した。

いわゆる量の費用とは、生産力の発展レベルと家計所得が一定の条件の下で、同じ子供の生存のための需要を満たすのに用いられる衣、食、住、交通などの費用を指し、相対的に不変数である。いわゆる質の費用とは、社会生産力の向上と家計所得の増加に伴い、子供自身に用い、医療や健康、とくに教育を満たす費用を指し、この費用はたえず増加するため、可変数である。

明らかに、家計所得が一定の条件の下で、子供の養育に当てられる費用は定数である。肝心なのはそれだけの額の費用を使って子供を何人出産すれば最大の効用がもたらされ、子供の効用の極大化が実現できるかである。

農業社会においては手作業用の道具を使って労働していたため、労働力の質、主として教育レベルや科学技術レベルに対する要求は高くなかった。重要だったのは労働者の腕、つまり彼らの力であって、家庭は子供の量に投資することを好み、子供が多いということが多くの幸福をもたらした。工業社会においては、使用されるのが機械器具であるため、労働力の質、主として教育と科学技術レベルに対する要求がしだいに高くなり、家庭は質の費用をそれに合わせて増やさなければならない。これは家庭の経済所得が一定で、子供の費用の総量が相対的に一定であるという状況のもとで、効用の極大化を実現するためには、人口再生産への投資を質に移さなければならないということを意味する。同様の総費用で少数の質の高い子供を育てるようになり、人々の志向がしだいに子供の量を追求することから子供の質を追求することへとかわり、「多産多育」から「少生、優育、優教〔少なく生んで、よく育て、よく教育すること〕」へと変わって、出産に対する考え方の転換が起こる。

米国の南カリフォルニア大学のイースタリン（R. A. Easterline）教授はベッカーらの理論とは見解が異なると主張したが、実際には子供の供給変数を加え、経済要因と社会要因の結合を強調したほかには、彼の子供の需要・供給理論はライベンスタイン、ベッカーの全体的な枠組みを越えるものではなかった。イースタリンの子供の需要変数にはなんら特殊なところはなく、他の変数を考慮しないとき、両親が望む子供の生存数は、出生子供数とその子供の生存率によって決まることを示しただけである。

出生抑制の費用については、抑制器具を使うために支払う費用と心理的な障碍を克服するために支払う費用を含む。農業社会のように子供の供給が子供に対する需要よりも小さいときには、出生抑制の要求は発生しない。子供の供給が子供に対する需要よりも大きい場合、工業社会後期に普遍的に存在したように、出生抑制の要求が発生する。出生抑制の要求が生まれたときには、出生抑制費用の影響が重視すべき問題となるとイースタリンは指摘している。

イースタリンのいう出生抑制費用とは、産児制限措置をとることや心理的障碍を克服するために支払う費用を指す。これは現在先進国ではすでにゼロに近づいている。乳幼児死亡率が大幅に低下したため、つまり生存率が向上して子供の供給が増大したため、産児制限の普及によい社会的基盤ができ、先進国では出生率が低いレベルに保たれている。これに対し、発展途上国では、産児制限の手段と産児制限を受け入れるための心理的障碍の克服に支払う費用がかなり高い。乳幼児の死亡率も高く、生存率が低いことが子供の供給数を減らし、産児制限の普及も充分でないため、出生率が容易に下がらない。とくに経済、教育の発展レベルが低い国で出生率を大幅に低下させることは難しい。

オーストラリアの著名な人口学者コールドウェル（J. C. Caldwell）はさまざまな家庭の両親と子供の間の富のフローに関する考察を通じ、子供の費用・効用と出生率の変動に影響する世代間の「富のフロー」理論を提起した。彼はベッカーと類似しており、ネットの富のフローという概念を打ち出した。これは、両親と子供の間の富のフローをネットではかった概念であり、貨幣、財産、労働とサービスを含む、その流れの方向と量をみたものである。彼は、工業化以前の社会において富は主に子供から両親に流れ、「多産多育」を招いたが、工業化後の社会では主に両親から子供へと流れるようになり、しだいに「少生晩育」へと変化したことを指摘した。しかし、両親は富が子供により多く流れるのを抑制する有効な方法を発見した。それは子供の質への投入を増やし、量への投入を減らし、そこから出生率の低下を導くことである。

以上かなりのページ数を割いて子供の費用・効用理論を討議したのは、子供を生み育てるということのまったく自然に属すると思われる事柄の背後に、深い道理が隠されており、人々は知らず知らずのうちに、その固有の法則の支配を受けているということを説明するためである。とくに市場経済の影響で、こうした支配の影響がよりはっきりと現れてきている。実際、たとえ商品経済や市場経済が発展していない社会においても、なぜ生むのか、何人生むのかは、家庭の経済的利益とまったく無関係なことではないのである。

われわれはこうした言い方をよく聞く。誰々の家の子供は育てた甲斐がないようなものだ。何を「育てた甲斐がない」というのであろうか。母親が苦労して一〇カ月の間おなかのなかで育て、食事を削り、倹約して、子供を大きくしたのに、大人になったら、「嫁を娶って母親を忘れ」、両親をないがしろにするようになるのだから、無理もない。いいかえれば、両親が子供に無駄に直接、間接の費用（ライベンスタイン）を投下し、純費用がプラス（ベッカー）になったということである。しかし、「どこそこの家の両親は子供を育てた甲斐があった」というのもよく聞く。

何が「甲斐があった」というのか。両親が直接、間接の費用を無駄に投下しなかったということである。子供が大人になってからとても親孝行で、純費用がマイナスになったということにほかならない。したがって、人々が意識するとしないとにかかわらず、出産する子供の数は、両親、家庭が投入する費用や獲得する効用と常に一つにつながっている。今日、経済発展が進み、社会生産力が大幅に高まり、科学技術の役割がますます重要となり、労働者の資質に対する要求がいっそう高まるなかで、「多産多育」から「少生、優育、優教」への転換を実現するポイントは、家庭が子供の費用の量から質へのシフトを実現することにある。このシフトを決定づける経済要因は、子供の質に対する投資、主として教育に用いる費用が、相応のあるいは追加的な効用をもたらすか否かにある。

教育への投資が相応の効用あるいは追加的な効用をもたらすようにすることは、家庭が子供の質への投資を増やし、人口の資質を向上させるために重要であるばかりでなく、人口増加を抑制し、出生転換を実現するためのすべての柱がそこにあり、相応の政策をとり、改革を模索しなければならない。

市場経済への移行過程にあるということが、教育への投資に与える影響、有利な面と不利な面をわが国の現実に照らして具体的に分析してみる必要がある。全体的にみて、前述のとおり、科学教育による国の振興と持続可能な発展戦略の決定が、人口の文化的、科学的資質を早急に向上させることを求めている。また、市場経済が情報、効率、科学的な経営管理を重んじ、労働者の資質に対する要求が高いことから、教育への投資を増やすのに適した環境が創り出されている。

実際、大量の小中学生が退学するという事態が数年間続いた後、現在すでにいくらか好転している。また各種の成人職業教育、訓練、再就職プロジェクトなどの実施が、効果的に人口の資質を高めている。したがって、マクロ的に、また発展の角度からみると、子供の費用の量から質へのシフトの実現には有利であり、できるだけ機会をつかんでシフトを加速するべきである。同時に市場経済の不利な面もみる必要があり、それは主に以下のとおりである。

その一。生産力の発展レベルによって決定される子供の費用・効用のある種の不利な面が依然として著しく、子供の量の費用に対する家庭の投資に依然としてみるべき効用がある。農村では、農家生産請負制が労働力、とくに男子の労働力を必要としているため、子供の労働・経済効用への期待が向上してる。都市の個人経済、合作制経済においても状況が類似しており、経営者は自前の労働力を必要としている。

現実には生まれた子供はまだ労働力ではなく、一五、六年後にようやく生産年齢に達することができる。しかし、経営者に属する自前の家庭労働力であり、子供の限界労働・経済効用の向上が人情、道理にかなっている。養老・保険効用の向上についてもほぼ同様の状況である。かつては、人民公社時代の「一大二公〔第一に規模が大きく、第二に所有制が公有であること〕」の体制下での相対的に立ち遅れた生産力からいえば、養老院、老人の家は比較的よく運営されていて、多くの老人がそこで天寿を全うしていた。

県郷制が回復し、経済の上では農家生産請負制の改革が実行されたことにより、養老院、老人の家は固定的な経済基盤を失い、経営管理にも困難が生じ、あくまで運営を続けているところは数少なく、多くが自主解散せざるをえなくなった。農民たちはこの変化を目のあたりにし、やはり「養児防老〔子供を養育して老後に備える〕」が最も安全だと感じるようになり、子供の限界養老・保険効用が上昇した。家庭、とくに農村の家庭では再び生産機能が回復し、それぞれ異なる量の生産財やその他の財産を所有するようになったため、家業継承効用、安全保障効用、家庭の地位の維持効用なども程度の差こそあれ、上昇している。また人口と家庭の多くを占める広範な農村と都市部の個人経済実体の家庭では、子供の主な限界効用が向上し、子供の費用の量から質へのシフトの実現に不利となり、また人口の文化的資質の向上にも不利となっている。

その二。分配の不公平が教育への投資効果の低さに影響している。部門についていうと、一九九五年における国有経済部門の業種別職員・労働者平均賃金のなかで、最も高いのが電力、ガスと水道業で七七三九元、次が金融、保険業で七五九五元、第三位は交通運輸、倉庫保管、郵便・電信・通信業で七五七二元、第四位が不動産業で六八八四元、第五位が科学研究と総合技術サービス事業で六八三五元、第六位が建築業で六五一二元、第七位が衛生、体育、社会福祉事業で六〇〇九元、第八位は地質探査、水利管理業であった。一方、頭脳労働が比較的集中している国家機関、政党機関、社会団体は一一位、教育、文化・芸術、放送・映画・テレビ業界は第一二位にランクされ、平均賃金よりも少し低かった。

また企業に勤める六万五九一二人を対象に行った調査と政府機関に勤める五万五五〇九人を対象に行った調査によると、企業で修士以上の学歴をもつ人の一九九四年の平均賃金は九五三八元、大学本科が七七八二元、専門学校〔三年制短期大学〕が六八八三元、中等専門学校、高校と技術訓練学校が六五〇四元、中学校以下が六五六六元であった。政府機関では修士以上の学歴をもつ人の平均賃金が六一三八元、大学本科が六〇四八元、専門学校では五七一一元、中等専門学校、高校と技術訓練学校が五七二一元、中学校以下が六六六一元であった(9)。

学歴別の労働者の平均賃金についてみると、全体的な傾向はすでに明瞭である。教育レベルの高さと賃金水準は正の相関関係をなしており、所得に一定の格差があり、賃金と教育水準の間に「逆転」はすでにみられない。しかし、個人と家庭が行った教育への投資についてみると、一九九四年の平均賃金が企業では修士以上の学歴をもつ者と中学卒以下の労働者との間で二九七二元しか差がなく、政府機関では四一七元しか差がない。個人と家庭が支払った教育への投資費用の差に比べはるかに小さいことは明らかである。教育への投資の効用と費用の「逆転」の問題が依然として存在している。全体的な状況は、ある程度改善されているというべきであり、文化的資質の異なる労働力の所得格差はすでにしだいに現れてきている。しかし現れ方がきわめて不十分で、子供の費用・効用の角度からみると、逆転がまだ著しく、これでは個人と家庭の教育への投資インセンティブに影響を与えないはずがない。

こうした逆転現象を断固として改め、個人と家庭が子供に使った教育、科学、文化的投資が相応の効用あるいは何倍もの効用をもたらすようにし、子供の教育への投資と子供の質の費用の増加に対するインセンティブを高める方向に改革を進めるべきである。これには頭脳労働への分配が不合理な状況を根本的に改め、複雑な労働が単純労働よりも多くの所得を得られるような分配政策を実現しなければならない。

こうした政策はもともとマルクスの労働価値論に由来し、複雑な労働はより多くの価値を創造することから、労働に応じた分配の原則が体現されるべきである。欧米の経済学の効用価値論の観点からいっても道理にかなっている。高い文化的資質をもつ労働者はより多くの富を創り出すのであるから、より多くの見返りがあるのは当然である。

さらに、次のことを見てとるべきである。教育への投資の費用・効用バランスの改革をはかることは、家庭の子供の教育への投資インセンティブを高めることにつながり、人材の育成にとってプラスであり、科学教育による国の振興の原動力をおさえる非常に重要な問題である。そればかりか、相対的に安定した子供の費用に対しては、子供の質の費用を増やすことが必然的に、子供の量の費用を減らすこととなり、人口増加を抑制し、出生率を低下させるための基礎的な革命でもある。

したがって、家庭の子供の質への投資インセンティブを高め、子供の量により多く投資することから質に投資することへのシフトを実現することには、根本的な意義があり、科学教育による国の振興の典型的なシステム運営の機能をより明確に体現することができる。なぜなら子供の量に投資することから質に投資することへのシフトが実現できなければ、人口と経済、社会の発展の循環モデルの特徴は、高出生率—低い人口の文化的資質—低労働生産性—高出生率となるが、家庭の教育に対する投資インセンティブを刺激することにより、子供の量に投資することから質に投資することへのシフトを実現すれば、人口と経済、社会の発展の循環モデルの特徴は、低出生率—高い人口の文化的資質—高労働生産性—低出生率となるからである。

このことから子供の費用の量から質へのシフトを実現することはきわめて重要であり、人口、科学技術、経済、社会の発展を一つに融合し、良性循環に向かわせるための重要な鍵となる行為であり、根本的な意義をもつ改革であることがわかる。

第4章　正真正銘の「機会と挑戦の併存」

――生産年齢人口の「二律背反」

人口は多い方がよいのか、あるいは少ない方がよいのか。これは異なる人口群が身を置いている時間的・空間的条件と発展の趨勢に基づいて判断しなければならない。どこに人口観を定めるかは、特定の時間的・空間的条件の下にある人口にとっては具体的なもので、過剰なのか、不足しているのか、あるいは適度なのかは明確であるが、発展にとっては相対的である。

一九六二―一九七三年のベビーブームの際に生まれた大量の人口の影響で、今後一〇年から二〇年の間、中国では生産年齢人口の絶対数と割合が激増するプロセスを経験する。この客観的必然性を認識し、積極的態度をとり、この時期の人口資源のメリットを十分に利用する。

人が多いことにはメリットもあるが、デメリットもある。人口と労働力の過剰が、もともと厳しい雇用情勢をいっそう厳しいものにする。

改革開放以来、社会経済が急速に発展し、国際間の科学、技術、文化の交流が増えたことに伴い、言語や文字、用語にもいつしか変化が生じている。新しい意味に富んだ、適応範囲の広い用語が頻繁に登場するようになり、新たな決まり文句になろうとしている。おそらく「機会と挑戦の併存」という言葉も一例であろう。筆者は「流行を追いかける」ことを望まない多くの人々と同様に、こうした類の用語を避けたいと思うが、論題によっては使ってみると実際これほどふさわしい言葉はなく、やはり使うしかないのである。ただ、「正真正銘の」という言葉を加えたのは、これが決まり文句ではないことを説明するためで、流行を追いかけるためにつけ加えたのではない。

さらにもう一つ意味がある。この章では生産年齢人口増加の「二律背反」について重点的に検討するが、これが「機会と挑戦」と内在的な関係をもっており、筆者は哲学的な意味において「機会と挑戦」は「二律背反」的性質を帯びていると考える。

周知のとおり、ドイツの哲学者カントは二律背反を四つの状況に帰結させた。世界は時間と空間において限りがあり、また無限である。世界のすべては単純で、不可分であり、同時にまた複雑で、分割可能である。世界には普遍的自由が存在し、また自由はなく、必然だけがある。世界の始まりの原因は存在し、また存在しない(1)。カントの「二律背反」は彼を理性認識の世界の自己矛盾に陥れた。今では一般に「二律背反」というのは、二つの正しい命題の間の相互に排斥しあう矛盾を指す。現在と今後の一時期、中国の生産年齢人口の増加について探ろうとすると、まさにこうした「二律背反」の矛盾運動に陥ることになる。

どこに人口観を定めるか

人口観とは人口に対する見方を指し、人口とは特定地域に居住する全体を指すため、一般的な意味および狭い意味での人口観は人口全体の数の変動についての見方、人口の増減に対する基本的な観点を指す。いうまでもないことであるが、古今東西に常に異なる、明らかに対立する二つの見方が存在し、論争はやむどころか、ますます盛んになっている。

西洋では、古代の著名な思想家の人口観がきわめて公平で的を射ているようである。古代ギリシャの著名な思想家プラトン（Platon, 427-347 B. C.）とアリストテレス（Aristoteles, 384-322 B. C.）は、国家は自給自足すべきだという基本的な考え方に基づき、人口数の過剰に反対し、管理しやすいように一定の数を保つべきだと主張した。

中世になると、イタリアのボテロ（G. Botero, 1540-1607）を代表とする重商主義者が、人口の増加を主張した。人口が多ければ多いほど、生産される商品や輸出に当てられる部分が多くなり、国はますます豊かになると考えた。ウィリアム・ペティ（W. Petty, 1623-1687）とアダム・スミス（A. Smith, 1723-1790）を代表とするイギリスの古典経済学派も、人口を適度に増やすことを主張した。彼らは労働が価値を産み出すという基本的な考え方に立って、「土地は富の母、労働は富の父である」という有名な考え方を提示し、人口と労働の増加は富の増加であるとした。

マルサス（T. R. Malthus, 1766-1834）を代表とする俗流経済学派は人口増加に反対し、マルサス主義人口学派を形成した。マルサスは一七九八年に『人口論』を発表し、その後二八年間で計六版を重ねたが、このことからもいかに影響が大きかったかがわかる。

その基本的な考え方は次のいくつかの点にまとめることができる。「二つの前提」：食糧は人間の生存にとって必要である。両性間の情欲は人間の生活にとって必然である。「二つの級数」：制限されなければ、主に食糧の供給が満たされた状況の下でということを指すが、人口は幾何級数的に一、二、四、八、一六、三二……と増える。生活資源は算術級数的に一、二、三、四、五、六……としか増えない。そこから人口が生活資源の増加を上回る「規制原理」を導き出した。「二つの抑制」：『人口論』第一版では貧困、飢餓、戦争、疫病が人口の死亡を増加させる「積極的抑制」をとりあげたが、第二版では結婚の延期、終生結婚せず子供を生まない「消極的抑制」あるいは「道徳的抑制」の手段をとりあげた[2]。

イギリスの社会学者フランシス（P. Francis, 1771-1854）はマルサスの考え方に基本的には賛成したが、結婚しないことや子供を生まないこと、晩婚による「道徳的抑制」には反対し、避妊と産児制限をこれに替えることを主張し、新マルサス主義と呼ばれた。この主張はカーライル（R. Carlile）、ドライスデール（G. Drysdale）などによって受け入れられ、新マルサス主義が流行した。近代社会に入ってからヴォウト（W. Vogt）らが人口数の増大を諸悪の根元であるといい、その後人口「ゼロ成長理論」「成長の限界論」「人口爆発論」等の現代マルサス主義が出現した。その特徴は生活資源と人口増加の関係を土地の負荷能力、資源、環境の問題に転化し、人口増加の限界を論証したことである。

反対の理論はヘルシュ（L. Hersch）を代表とし、彼らは資本主義の生産過剰の危機と成長の緩慢さを出生率が低すぎるためであるとした。著名な経済学者ケインズ（J. M. Keynes, 1883-1946）、ハロッド（R. F. Harrod）、ハンセン（A. H. Hansen）らは西洋の経済不況を「有効需要不足」に帰し、有効需要不足の根本的原因は人口増加が緩慢で、出生率が低い状態が長い間続いているためであるとした。しかし彼らはけっして無制限に人口を増やすことを主張したわけではなく、人口が多ければ多いほどよいといったわけではない。

古くからの文明国である中国では、早くも春秋戦国時代に複数の人口観が現れていた。前述のとおり、最も大きな影響を与えた思想家・教育者孔子は「多いことはいいことだ」式の増加主義の人口観を主張し、それを「仁」の中心理論に組み入れ、後世に大きな影響を与えた。孟子は孔子の観点を発展させ、「不孝に三つあるが、そのなかでも子の無いのが最大である」というさらに深い内包を提起した。これが程朱理学にまで発展し、こうした増加主義の人口観は封建倫理道徳となった。人口が多いことは国が富み、民が栄えることの象徴となり、「多子多福〔子供が多ければ幸福も多い〕」が支配的な地位を占める人口観となった。

こうした人口観は近代および現代社会にまで浸透し、民主革命の先駆者である孫文もここから脱却することができなかった。新民主主義革命と社会主義革命の指導者であり、中華人民共和国の創設者でもある毛沢東も完全に逃れることはできなかった。ただ異なる状況の下で、何度も人口増加を抑制し、計画出産を実施すべきだと述べるにとどまった。

産児制限といえば、古くは戦国末期に韓非子に明確な見解がある。以前は「人民が少なくて財に余裕があった」。ゆえに「民は争わなかった」。今は「人民が多くて財が寡《すく》ない」ので、「民が争う」というのである。生産の発展と「法治」の実施により、「財が寡なく」「民が争う」問題を解決することを主張した。その後、宋朝の蘇軾、明朝の馮夢龍、清朝の洪亮吉らはいずれも産児制限を主張し、洪亮吉は「中国のマルサス」とまでいわれた。実際マルサスより早くマルサスに似た人口観を提起した。近現代になると、改革派の思想家はみなある程度人口抑制主義の考え方をもつようになった。マルサスの人口論が中国に伝わった後、陳長蘅、陳達、呉景超、李景漢、費孝通を代表とする社会学派の抑制主義が現れ、一九二〇、三〇年代には「小さなブーム」が起こり、抑制主義の人口理論が一時おおいに盛んになった。

一九四九年に中華人民共和国が成立すると、すぐに人口転換が実現し、高出生率、低死亡率、高増加率の段階に入った。こうした状況に直面し、一部の有識者が憂慮を示し始めた。馬寅初（一八八二―一九八二）はその代表であり、まっさきに論文を発表し、人口増加の抑制に力を入れることを主張した。一九五七年六月『人民日報』に彼の第一期人民代表大会第四回会議での発言の全文が掲載された。これこそがまさに彼の『新人口論』である。

『新人口論』はまず死亡率が低下しているが、出生率がこれまで通り高いレベルにとどまっているという問題を分析し、人口転換のプロセスと人口の急速な増加が起こっている原因について詳しく論述した。

次に、人口の急速な増加と資本蓄積の加速との矛盾、労働生産性向上との矛盾、人民の生活レベル向上との矛盾、科学文化事業の発展との矛盾を分析した。結論は人口の質を高め、人口の数を抑制することであった。

さらに、人口の質を高めること、主として「知識レベルを向上させること」を提言した。人口数を抑制するためには「第一に広範な宣伝に依拠し」、封建思想の残滓を取り除かなければならない。第二に婚姻法を改正し、晩婚を実行しなければならない。第三に婚姻法改正後も、人口抑制力がまだ十分でない場合は、より効果的な行政措置を敷くべきであるとし、子供二人を出産した場合には奨励金を出し、三人の場合は税を課し、四人では重税を課し、徴収した税金を奨励金にあて、国家財政には影響がないようにすることを主張した(3)。

今考えると、馬寅初のこれらの基本的な観点は正しかったことは間違いなく、先見の明があったといえる。しかし当時は厳しい批判にさらされた。いくつかの主要な新聞・雑誌がこぞって批判文を掲載し、北京大学キャンパス内の馬寅初の自宅には、大字報があちこちに貼られ、批判・糾弾の声が絶えなかった。「中国のマルサス」と攻撃され、免職となったことでようやくけりがついた。批判のなかで新たな増加主義の人口観が形成されたが、その基本的な観点は次のように表される(4)。

人間が生産者であり消費者でもあるという点において、つまり人口と人手との関係において、「主導的な面は手であり」、「口の消費は有限であるが、手の創造力は無限であり」、馬寅初の人口論は「口を見て、手を見ざる」もので、「人口が多すぎるのではなく、人手が足りない」のが中国の現実であると考えた。ついには「人口」という言葉自体に問題があり、「人口」を「人手」に改め、「人口論」を「人手論」に改めるべきであると主張する者までいた。

人口増加と蓄積増加の関係において、「人が多くなればむろん消費が多くなるが、生産はもっと多くなるので、蓄積も必然的により多くなり」、人口と蓄積の増加は正比例すると考えた。

人口増加と労働生産性の向上との関係においては、人口増加の労働生産性向上への客観的な影響を否定し、労働生産性の向上に有利な要素となりうるとまでいった。推論・演繹の論理は、もし労働生産性の向上のなかで、依存する技術の構成と労働強度が変わらないと仮定すると、労働者数の増加は労働生産性向上の直接的な要素となるというものである。

人口の数と質の関係において、人口の質の客観的存在を認めず、それを「ファシズムの宣伝からきた人種論である」と結論づけた。

上述の馬寅初の『新人口論』を批判して形成された新増加主義の人口観を総合すると、次のように表される。人口が多ければ多いほど労働生産性の向上も早く、生産も多く、蓄積も多く、発展も速い。したがって人口は多ければ多いほどよい。ここから中国は人口が多いのではなく労働力不足が問題なのであり、人口の絶えざる急速な増加こそが社会主義の人口法則であり、社会主義の優越性の現れであると推論した。

馬寅初の『新人口論』の名誉回復を経て、理論上の抜本的改革が行われ、ようやく混乱が収まり、正常な状態に戻った。上述の偏った観点はすでに根本的に是正され、人口増加と資本の蓄積、労働生産性の向上との関係において、また人間は生産者と消費者の統一であり、数と質の統一であるという認識において、基本的なコンセンサスが得られ、正しい人口観が生まれた。さらに国は、人口の質の向上、人口構造の調整への配慮を内容として含む、人口増加の抑制、計画出産の実施を基本国策に掲げ、理論から実践まで明確な人口観を定めた。

しかしながら、現実のなかでは常にある種の状況がみられる。「人口は多ければ多いほどよい」論の偏った観点を批判した結果、いつのまにか、「人口は少なければ少ないほどよい」というもう一つの偏りに陥ってしまったようである。こうした観点は主流派ではないものの、やはり一定の影響力をもっている。たとえば人間が生産者であり、消費者でもある関係においては、人口が多いと、消費が大きいという面だけを強調する理論上の宣伝もある。人口増加と蓄積増加の関係においては、蓄積の増加が人口増加によって制約されるという面だけを強調する。人口増加と労働生産性の関係においては、労働生産性の向上の遅さを単純に人口と労働力の増加が速すぎることに帰する。人口の数と質の関係においては、人口の質の向上が遅いことを単純に人口数の増加が速すぎることに帰する。

このように、人口の数の増加がすべての経済、社会問題の最終的かつ主要な要因となり、無意識のうちに、新たな人口決定論に陥ってしまっている。おそらくこれも科学的な人口観ではない。私は人口の数が多い方がよいか、少ない方がよいかについて抽象的に述べることはできず、異なる人口群がおかれている時間的・空間的条件と発展の趨勢に基づいて判断すべきであると考える。すなわち、特定の歴史的時期に、一定の数、質、構造の人口群がおかれている資源、環境、経済、社会の発展状況および発展趨勢の相互作用と影響によって確定するのである。どこに人口観を定めるかは、特定の時間的・空間的条件のもとにいる人口にとっては具体的なもので、過剰なのか、不足しているのか、あるいは適度なのかは明確である。発展にとっては相対的であり、人口と資源、環境、経済、社会の発展との関係が、その変動過程で、調和に向かっているのか、互いに調和していないのかを見なければならない。

年齢構造変動の「黄金時代」

これまでの人口の出生、死亡、自然増加による人口変動、とくに一九四九年以来の人口変動が決定づけたことのなかで、最も目立つのは、一九六二―一九七三年のベビーブームのときに生まれた大量の人口の影響である。今後一〇年から二〇年の間、中国は生産年齢人口の絶対数と割合が急激に増加する過程を経験することになる。一五―五九歳の生産年齢人口の変動は、表四・一に示すとおりである。

表四・一のケースⅠは筆者のグループが行った予測であり、ケースⅡは国連の予測である。(5) 二つの予測結果は非常に接近しており、変動の趨勢も似通っている。どちらかといえば、ケースⅠの方がより実際に近いであろう。

この予測によれば、一五―五九歳の生産年齢人口の絶対数は現在の七億八〇〇〇万人から、二〇〇〇年には八億二〇〇〇万人に、二〇一〇年には九億三〇〇〇万人、二〇二〇年には九億四〇〇〇万人余りに増える。その後減少し始め、二〇三〇年には九億一〇〇〇万人台まで減少し、一〇年間に計二六八五万人、年平均二六八万人減少する。減少速度は速く、二〇三〇年以降も引き続き減少する。全人口に占める割合は、一九九五年の六三・九六%から二〇一〇年には六七・一四%へと、三・一八ポイント上昇し、かなり著しい上昇をみせる。二〇一〇年以降は割合が低下し、二〇二〇年には現在のレベルまで下がり、二〇三〇年には一九九五年より四・五一ポイント下がり、二〇三〇年以降も引き続き低下する。

表4・1　15-59歳の生産年齢人口の変動予測

	ケースⅠ			ケースⅡ		
	万人	%	従属指数(%)	万人	%	従属指数(%)
1995	77,675	63.96	56.35	77,807	63.7	56.98
2000	82,262	64.29	55.55	83,241	64.8	54.32
2010	92,575	67.14	48.94	92,606	66.7	49.93
2020	94,070	63.45	57.60	94,938	63.8	56.74
2030	91,385	59.45	68.21	92,159	59.3	68.63

生産年齢人口が今後二〇年余りの間に一億六〇〇〇万人以上も増加しようとしており、全人口に占める割合も二〇一〇年まで上昇を続け、中国の将来の経済建設に大きな影響を及ぼすことが予想される。これを年齢構造変動の「黄金時代」と呼ぶ。

一九八三年に筆者が訪問学者として米国に滞在していた時、早くも「年齢構造の変動を利用し、現代化建設を促進する」と題する一文を書き、同年六月一五日の『人民日報』に発表した。一四年が過ぎ、改革開放と現代化建設の実践が、この論題が成り立つことを証明した。そればかりか、実践のなかですでにはっきりと成果を現している。

中国の人口と生産年齢人口の過剰を、数量的にいくらか減らすことができればよいのはもちろんだが、過去に形成された年齢構成と人口増加のポテンシャルによって決まっているため、上述の生産年齢人口増加の趨勢を変えることはほとんど不可能である。そうである以上、現実に向き合い、生産年齢人口の激増が客観的に避けられないことを正しく認識して、積極的な態度で、この時期の人的資源のメリットを十分に利用するべきである。

その一。社会負担が相対的に軽いというメリット。人口学には、従属人口指数(dependency ratio)という経済と社会の発展にとって意義のある指標がある。経済的に従属する部分の人口と生産年齢人口との比率を指す。一般には六〇あるいは六五歳以上の老年人口に一五歳未満の少年人口を加えた和と一五―五九歳あるいは六四歳の生産年齢人口との比である。従属人口指数の値が大きいほど、老人や子供などの従属人口が多く、労働力と社会の負担が重いことを示している。逆にこの値が小さいほど、労働力と社会の負担は軽い。二つの状況のうちどちらが経済の発展と社会環境にとってより有利か。後者であって、前者ではないことは明らかである。小さいものを大きいものに、家庭を国家にたとえて考えてみよう。一つの家庭に労働力が多く、「働かないでただで食べさせてもらっている」老人や子供が少ない方がよいだろうか。それとも労働力が少なく、「ただで食べさせてもらっている」老人や子供が多い方がよいだろうか。誰でも前者に賛成するはずだ。国も同様である。いつであれ労働力が占める割合が大きく、老人や子供が占める割合が小さい方が、社会経済の発展にとって有利であり、逆の場合は不利である。

表四・一から、従属人口指数は二〇一〇年まで下がり続け、二〇一〇年は一九九五年に比べ七ポイント余り下がることがわかる。ケースI、ケースIIはいずれも類似している。これは年齢構造変動の滅多にない「黄金時代」であり、八〇年代前期から、二〇一〇年前後まで、およそ一世代、約三〇年に相当する。二〇一〇年を過ぎると、従属人口指数は急速に上昇する。主として老年人口が急速に増加することによるもので、これについては後の部分で詳しく述べる。二つの推計によれば、二〇二〇年には一九九五年のレベルまで戻り、二〇三〇年には現在よりも一二ポイント近くも高くなり、二〇四〇年にはさらに高くなり、従属人口指数上昇のピークを迎え、経済と社会の発展にきわめて不利な影響が生じる。

従属人口の割合が低く、社会の負担が軽いということは、蓄積にとって有利であり、これは経済発展に最も有利な基本条件の一つである。したがって、有利な条件をあれこれ述べ立ててみても、今後一〇年余りの間、生産年齢人口の割合が高く、従属年齢人口の割合が低いということは不動の局面であり、政府が人口増加の抑制、計画出産の実施という基本国策を変えないかぎり、確実に「手に入れることができる」有利な条件である。これは正真正銘の機会である。この機会もすでに半分が過去のものとなったが、まだ一四年間残っている。十分に認識するとともにこれを大切にし、この年齢構造変動の「黄金時代」を活かし、経済発展と現代化建設を加速するべきである。

その二。労働集約型産業を発展させる上でのメリット。二〇二〇年までは生産年齢人口が総人口よりもずっと速いスピードで増加するということは、経済発展のために十分な労働力を提供し、それによって労働集約型産業の発展のために人的資源を提供することになる。生産者であり、かつ消費者でもある人間の役割を具体的に分析すると、高度に発展した大規模生産のなかでも、労働力の役割が最も大きく、ただ労働者の知能の役割がより重要になるだけだということを前の部分でも指摘した。また、いかなる時代の技術構造も重層構造になっており、ハイテク、中間技術、旧来型の技術はいずれも欠くことができない。ただ国により、歴史的時期によって、それぞれの技術が占める割合が異なるだけである。

中国はすでに社会主義現代化国家としての一応の基礎を建設したが、今後の建設のなかでも、労働集約型の産業が依然としてかなり大きな比重を占める。もちろん、資本、技術集約型産業を発展させる必要がないといっているのではない。それどころか、発展をさらに加速する必要がある。しかし、どの程度まで発展させるかについては、現実的な判断が必要であり、労働集約型と資本、技術集約型とが結合した産業を含む労働集約型の産業が、まず大規模な発展を遂げることは間違いない。今後二〇年余りの生産年齢人口と労働力の大幅な増加は、正にこの面で有利な条件を提供している。

その三。賃金コストが低く、製品の国際競争力が高いというメリット。先進国および先進地域は、発展が遅れている国や地域に伝統産業をシフトする。これには、原材料、環境の質などの要因以外に、労働力コストの上昇、製品価格に占める賃金の割合の急激な上昇、総コストの上昇による国際市場での競争力の低下、喪失が重要な要因となっている。筆者は大陸に進出している香港や台湾の単独出資および合弁メーカーと接触したことがある。彼らははばかることなく次のように言った。彼らのようなアパレル、靴などの製造業は、香港や台湾では「人件費が高く、競争力がないため」、経営を維持することが難しい。しかし、大陸に工場をつくれば、コストに占める賃金の割合が大幅に下がり、海外市場で強い競争力をもつようになる。このため、単独出資、合弁企業は発展することができる。

今後二〇年余り、生産年齢人口が大幅に増加するなかで、労働力コストを低く保ち、製品の競争力を高めるために条件をつくることができれば、経済発展にとって有利であり、対外開放の拡大にも有利である。

その四。人口都市化のプロセスが加速するというメリット。生産年齢人口の絶対数と割合の上昇とは、すなわち労働力数と割合の上昇である。年齢構造から見た場合、生産年齢人口、とくにそのなかの労働主体は常にふさわしい職場をさがさなければならない。これは農村人口に大量の過剰労働力が存在するなかで、農村人口の都市部への移動の強いプッシュ要因となる。現在、都市と農村の間に客観的な格差が存在しているために、都市部は強いプル要因をもっており、こうしたプッシュとプルの結合が大量の流動人口をうみだし、人口都市化のプロセスを加速している。流動人口の都市への移動や「農業戸籍から非農業戸籍への変更」による農村人口の都市人口化は、常に生産年齢人口と労働力を主体としている。老人や子供が一緒に都市へ移動する例はごく一部にすぎず、農村に残る割合が高い。これは農村の老年人口割合が高い重要な要因でもある。今後一〇年から二〇年の生産年齢人口の大幅な増加は、都市への労働力の供給を保障し、農村人口の都市部への流入プロセスを加速する。

強まる雇用圧力に直面して

年齢構造変動の「黄金時代」では、生産年齢人口の増加がもたらす有利な面だけに言及した。つまり経済、社会の発展にとって有利な人口の「機会」の面だけを示した。しかし、人口と労働力の過剰が深刻化すれば不利な面もでてくる。つまり過剰のいっそうの深刻化からくる「挑戦」の面である。われわれは年齢構造変動の「黄金時代」が「機会」をもたらす有利な面を強調したが、過剰が「挑戦」を強める不利な面を軽視しているわけではない。増大を続ける雇用圧力に直面し、生産年齢人口の増加を就業の現実のなかに組み入れ、就業が経済、社会の発展のなかで客観的にもつ法則に基づき、科学的、戦略的な選択を行い、改革の道を探る必要がある。これは現在、雇用情勢が厳しさを増す状況のもとにあって、いっそう差し迫ってきている。

改革開放以来の雇用情勢

A　改革開放以来、雇用情勢には喜ばしい変化が生まれている。それは次の点に表れている。第一は就業の方法が広がり、就業ルートが開かれたことである。七〇年代の末に始まった農村改革では、農家生産請負制が広範な農民の労働意欲を奮い起こし、まったく新しい意味での就業が実現した。都市の国有、集団経済部門で労働力の吸収力が低下しているなかで、個人経営、私営、株式制、外資などの経済部門が登場し、都市部の就業構造に歴史的な変化をもたらした。改革開放前に蓄積されていた失業問題を基本的に解決したのみならず、新たな道を創出した。一九八〇年以来の状況は表四・二に示すとおりである(6)。

表四・二が示すとおり、一九八〇―一九九五年の間に都市部の就業者数は六四・八％増加し、年平均三・四％の伸びを示した。これは同期の人口増加率一・四％より二ポイント高く、雇用圧力が緩和された。しかし、最も急速な伸びを示したのは個人経営および私営、株式制、外資などの経済部門であった。国有、集団経済部門の増加率はそれぞれ全体レベルより二四・六ポイントと三五・〇ポイント低かった。

第八次五カ年計画期間中、都市部の就業者数（退休〔定年退職者〕、退職〔労働能力を喪失し、中途退職した者〕を除く）は二六一六万人増えた。うち私営企業、株式制、外資、香港・マカオ・台湾資本、共同経営経済部門などが一二一五万人増加し、四六・四％を占める。国有経済部門は九一五万人増え、三五・〇％を占める。個人労働者が八八九万人増え、三四・〇％を占める。集団経済部門は四〇二万人減少し、一五・四％のマイナス成長となった。私営などの経済部門と個人経営がすでに都市部労働力の就業の主要なルートとなり、都市部の雇用のなかで重要な役割を発揮している。

第二は産業構造の調整に伴い、就業構造に新たな変化が起こったことである。中国の経済構造は立ち遅れていたが、改革開放以来、経済の発展に伴いたえず調整が行われ、就業構造にも大きな変化が起こった。一九八〇年以来の

表4・2　都市部の就業者数の増加と構成

	1980		1990		1995		1995年の1980年比増加(%)
	万人	%	万人	%	万人	%	
都市部就業者	10,525	100.0	14,730	100.0	17,346	100.0	64.8
国有経済単位	8,019	76.2	10,346	70.2	11,261	64.9	40.4
集団経済単位	2,425	23.0	3,549	24.1	3,147	18.1	29.8
個人経営者	81	0.8	671	4.6	1,560	9.0	1925.9
私営、株式制、外資等経済単位			164	1.1	1,379	8.0	840.9 1995年の1990年比増加

変動状況は表四・三に示すとおりである。(7)

第三次産業の就業者数を一とすると、第三、第二、第一次産業の就業者数の比は一九八〇年の一・〇：一・四：五・三から、一九九〇年の一・〇：一・二：三・二へ、さらに一九九五年の一・〇：一・二：二・二へと変化した。一九九〇年と一九九五年とを比較すると、第一次産業の就業者の割合が低下したのみならず、絶対数も一〇三一万人減少したことは注目に値する。これは、産業別就業構造に根本的な変化がもたらされたことを示している。

第三は労働契約制の改革が行われ、労働力の流動が空前の規模で起こったことである。『労働法』の施行と企業改革の実施過程で、労働契約制度が広く普及した。一九九五年には契約制従業員の数が六〇九六万人に達し、従業員総数の四〇・九％を占めるようになった。一九九一年の一三・六％から二七・三ポイント上昇し、引き続き上昇しつつある。(8)

雇用制度のこうした改革は、自由に職業を選択する労働力の流動を促した。近年都市で商工業に従事している農村労働力は七〇〇〇万人前後と推定されている。都市部の就業者の多くが終身雇用的な就業観を改め、一九九五年の職場を越えた従業員の流動は一〇〇〇万人を越えた。現在、労働力の流動の主体はやはり農村から都市部への流れであり、未発達地域から先進地域への流れである。しかし、一部の地域では都市部から農村、大企業から郷鎮企業への「逆流動」も起こっており、労働力の求職活動が活発になってきている。

第四は市場経済改革と結びついて、労働力市場が急速に発展したことである。市場

表4・3　産業別就業者数と構成

	合計（万人）	第一次産業		第二次産業		第三次産業	
		万人	%	万人	%	万人	%
1980	42,361	29,117	68.7	7,736	18.3	5,508	13.0
1990	56,740	34,049	60.0	12,158	21.4	10,533	18.6
1995	62,388	33,018	52.9	14,315	23.0	15,055	24.1

経済体制改革により、商品、資本、情報、技術、先物などの市場とともに労働力市場が発展し、完全な市場経済システムとなった。統計によれば、一九九五年、全国には労働力市場である職業紹介機関が三万カ所あり、六七七四万人の労働力の登録を受け付けている。紹介により雇用契約に至った労働者が五〇八七万人を数え、成約率は七五・一％に達し[9]、雇用に大きな役割を発揮している。

B　現在際立つ雇用問題。根本的にいって、生産年齢人口と労働力の増加が速すぎ、経済と雇用吸収手段に対して著しく過剰であるという状況についてはすでに述べたとおりである。二〇二〇年までは雇用圧力が強まることはあっても弱まることはなく、情勢は厳しい。この他最も目立つ問題は、次の二点である。

第一に潜在的失業が深刻であり、「二つの転換」が妨げられている。一九九四年に国務院常務会議を経て採択された『中国アジェンダ21』では、当時の農村余剰労働力を一億人余り、二〇〇〇年には二億人前後になるものと見積もっていた。

第九次五カ年計画と二〇一〇年長期目標綱領は、第九次五カ年計画期間中に非農業に四〇〇〇万人の農業労働力をシフトすることを提起しているが、これが順調に実現したとしてもなお一億六〇〇〇万前後の農村余剰労働力が存在する。都市部の余剰労働力は四分の一から三分の一の間、すなわち五三八六万から七一七四万人と推定される。これほどの数の都市と農村の潜在失業人口は技術の進歩を妨げ、経済成長パターンの粗放型から集約型への経営転換を妨げるだけでなく、市場経済体制改革の深化を阻む。これは市場経済の競争と効率の原則が、こうした余剰労働力を圏外に追いやるからであり、とくに都市部の商工業においてはこのことがいえる。失業保険が整備されておらず、レベルも低い状況下で、失業率の過度の上昇を招く改革は社会的リスクを伴う。

第二に赤字企業の長年の問題が容易に解決できず、一時帰休の従業員の失業が目立つ。八〇年代中期に都市の経済体制改革のペースが加速されてから、国有、主に国有大中型企業の赤字は日に日にひどくなり、一時帰休者および失業者が日増しに増加し、現在経済および社会生活のなかで大きな問題となっている。

統計によれば、国有独立採算工業企業の赤字総額は一九八五年の三二億四四〇〇万元から一九九〇年には三四八億七五〇〇万元に増え、一九九五年にはさらに五四〇億六一〇〇万元に増加し、一〇年間で一六・七倍に膨れ上がった[10]。現在、赤字企業の一時帰休者および失業者数については具体的な統計資料がないが、やや楽観的な推定では、国有企業の経営状況はおよそ「三分天下」であるとされている。つまり、経済状態が比較的よく、利益を上げている企業が三分の一を占め、経営状態が普通で基本的に収支がとんとんの企業が三分の一、経営状態の悪い赤字企業が三分の一を占めているということである。

地域分布については、四つに分類することができる。第一類は、旧工業基地であり、遼寧、黒竜江、天津、上海などの省と市である。第二類は工業的基礎が比較的よい地域で、北京、河北、山西、吉林、山東、湖北、陝西、四川などの省と市である。第三類は改革開放後急速に頭角をあらわした地域で、主として広東、福建、海南の三省である。第四類は、辺境の省・自治区を代表とする工業が相対的に未発達の地域である。

国有企業の赤字が従業員の一時帰休と失業を招いているのは、主に前の二つの地域で、状況が深刻な省では一時帰休の従業員が一〇〇万人前後に達している可能性があり、比較的よいところでも十数万から数十万人いるとみられる。これらの企業の多くが設備、技術、従業員、製品の老朽化が著しく、「四老企業」と呼ばれている。さらに、長い間高度に集中した統一的な計画経済体制のもとにあったために、現在市場経済体制への軌道転換にあたり、幾重もの困難に直面している。多くの企業が数年、ひどい場合は十数年連続で赤字となっており、債務が重なって、長い間賃金が払えず、多少の運転資金を貸与したとしても、「起死回生」は望めない。長年積み重なった問題はすぐには解決できず、もとどおりの職場復帰や再就職はかなり難しい。

また、赤字と一時帰休や失業はけっして、第一、第二類の地域の企業に限られているわけではなく、第三、第四類の地域にもそれぞれ存在しており、現在の労働者雇用のなかで普遍的かつ重要な問題であることを指摘する必要がある。

予測と発展の構図

雇用情勢の厳しさがどのような方向に発展するのかは、当然ながら人々があまねく関心を寄せる問題であり、国が力を入れて整備すべき問題である。以下いくつかの点に分けて、予測と発展の構図を描く。

その一、農業余剰労働力の移転。第九次五カ年計画と二〇一〇年長期目標綱領は、第九次五カ年計画期間に都市での雇用を新たに四〇〇〇万人増やすこと、および非農業に四〇〇〇万人の農業労働力を移転させることを求めている。

農業余剰労働力を段階的に、林業、牧畜業、漁業といった広義の農業、郷鎮企業、都市の商工業にそれぞれ三分の一ずつ移転させる方針に基づき、二〇〇〇年に一億二〇〇〇万人以上を移転させたとしても、八〇〇〇万人前後の余剰労働力が農村に滞留することになる。農業労働力の数は一九九五年の五億三八五五万人から二〇〇〇年には二七八七万人増えて五億三一七二万人となる。都市と農村の労働力数の比も一九九五年の一・〇：二・三から二〇〇〇年には一・〇：一・八となる。

二〇〇〇―二〇一〇年には移転速度をゆるめ、それぞれ郷鎮と都市に三五〇〇万人ずつ移転させる。さらに人口の自然変動の影響を考慮すると、二〇一〇年の農村労働力は約四億七三七五万人で、二〇〇〇年より一七九七万人減少し、都市と農村の労働力数の比は一・〇：一・三となる。もとからいた八〇〇〇万人の農業余剰労働力のうち七〇〇〇万人を都市部に移し、二億人前後の農村余剰労働力をすべて移動させるという任務を完了する。しかし、農村の人口と労働力の自然増加と農業労働生産性の絶えざる向上により、新たな農業余剰労働力が生まれる可能性もある。仮に二〇一〇—二〇二〇年に都市と郷鎮にそれぞれ二五〇〇万人ずつ移転させるとすると、二〇二〇年の農業労働力はさらに四億二〇四九万人まで減少し、二〇一〇年に比べ五三二六万人少なくなり、都市と農村の労働力数の比は一・〇：一・〇となり、一応の移転が完了する。

その二、都市部の雇用。第九次五カ年計画と二〇一〇年の長期目標綱領は、第九次五カ年計画期間中の都市部の失業率を極力四％前後に抑えるよう求めている。しかし、現代化建設の加速や経済成長パターンの転換が進むと、雇用の増加が大幅に妨げられることを考えると、二〇〇〇—二〇一〇年の失業率はこれより少し高くなることが予想される。二〇一〇年の長期目標が達成され、就業手段がさらに強化されれば、失業率はいくらか下がる可能性もある。国家統計局が発表した登録失業者数と一五—五九歳の実質労働力から予測した失業率と失業者数は、表四・四に示すとおりである。

表四・四のなかで現在公表されている都市部の登録失業者数と実質労働力失業者数の間にはかなりの差があり、二〇〇〇年以降は差がとくに著しい。これは定義上の違いといえる。都市部の一五—五九歳の雇用に関する基本的な予想は、表四・五に示すとおりである。

表四・四、四・五は、第九次五カ年計画期間中、都市部の失業率を四・〇％に抑え、この間に就業者数を年平均九三五万人増やし、二〇〇〇—二〇一〇年には平均八八五万人、二〇一〇—二〇二〇年には平均三七六万人増やすことを示しているが、これはかなり困難である。しかし、第七次五カ年計画期間中に年平均七六八万人、第八次五カ年計画期間中に年平均七二八万人増えたのに比べ(11)、増加幅がそれほど大きいとはいえない。経済が急成長し、就業手段がたえず強化されているなかで、実現の可能性はあり、これはかなりの程度産業別就業構造の変化によって決まる。

その三、産業別就業構造。近代化の発展法則により、また農業余剰労働力の移転に伴い、第一次産業の割合が著しく低下し、第三次産業の割合がかなり急速に上昇し、第二次産業は安定のなかでいくらか下がる(12)。予測は表四・六に

表4・4　都市部の失業率と失業者数予測

（万人）

年	失業率(%)	登録失業者数	労働力（15-59歳）失業者数
1995	2.9	520	626
2000	4.0	893	1,077
2010	5.5	1,627	2,053
2020	4.5	1,545	1,939

表4・5　都市部の15-59歳の雇用予測

（万人）

時期	増加労働力	都市部自然増加	非農業へ移転	失業者数	必要な就業者数
1995-2000	5,327	1,327	4,000	652	4,675
2000-2010	10,411	3,411	7,000	1,565	8,846
2010-2020	5,753	753	5,000	1,996	3,757

示すとおりである。

表四・六は、第一次産業の労働力割合の低下速度が、農業余剰労働力の移転の速度とほぼ同じであることを示している。少し速いのは農村自身も第三次産業、第二次産業を発展させなければならないからである。第二次産業が、安定のなかにもいくらか下がるのは、経済成長パターンの転換過程で労働生産性が向上すれば、労働力の雇用を増やすべきでないだけでなく、適度に減らす必要が生じることを考慮した。第三次産業の割合が急速に高まるのは、経済発展と現代化推進の必然的趨勢である。増加率は、第九次五カ年計画期間中が年平均一・〇ポイント、二〇〇〇—二〇一〇年が年平均〇・八ポイント、二〇一〇—二〇二〇年が年平均〇・六ポイントを見込んでおり、これは達成できる見通しである。

現在先進国では第一次産業の労働力の割合が、すでに一〇％以下に下がり、第三次産業が六〇％以上に増えている。上述の産業別就業構造予測と比較してみると、大きな開きがあり、中国は二〇二〇年においてもせいぜい発展途上国の中の上のレベルである。

方策の選択

厳しい雇用情勢に対し、全体として一つの明確な戦略が必要である。また、現実の矛盾が目立つ問題に対し有効な方策を選択し、強

表４・６　産業別の就業構造予測

（％）

年	第一次産業	第二次産業	第三次産業
1995	52.9	23.0	24.1
2000	47.9	23.0	29.1
2010	41.9	21.0	37.1
2020	37.9	19.0	43.1

力な措置をとって解決する必要がある。

第一に、合理的な経済技術戦略を確立し、全体的な雇用吸収力を強化する。中国は第九次五カ年計画と二〇一〇年発展『綱領』および二一世紀中葉までの「三段階」の発展目標を発表し、科学技術による国の振興戦略を打ち出している。これは人々に深く浸透し、人心を鼓舞する役割を果たしている。

現在、新技術革命が進展しつつあるなかで、われわれはマイクロエレクトロニクス技術をはじめとする新興技術の発展と新技術による伝統産業の改造に努めている。こうした努力によってはじめて、立ち遅れと愚昧から脱却し、現代化を実現することができる。

同時に、経済技術構造と就業についてみると、ハイテクとその就業人口の割合はきわめて低く、比較的先進および中間経済技術とその就業人口の割合はわりに高く、半機械化および手工業労働の立ち遅れた経済技術とその就業人口の割合が最も高い。このように上から下へとピラミッド状の構造を形成していることは、直視すべき現実である。産業構造が一定の条件の下では、雇用吸収力の強さは生産型固定資産の増加と正比例し、労働者の技術力と反比例し、技術の進歩は雇用吸収力の低下をもたらす。したがって、技術の進歩を積極的に推進しつつ、あわせて雇用の拡大にも配慮する戦略、すなわち重層的な経済技術構造戦略を選択しなければならない。技術と産業の発展に力を入れると同時に、資金集約型、技術集約型、労働集約型が結合した産業をさらに広範に発展させ、労働集約型産業もある程度発展させる必要がある。

全体的にみると、地域によって資金、技術、労働集約型産業のいずれに重点を置くかは異なるはずである。また、同一地域の発展についても一律に処理してはならない。北京市には中関村地区のようなハイテク開発区もあれば、郊外の野菜ハウスのような労働集約型の「副食品供給プロジェクト」もある。現実を出発点とし、経済技術の段階的発展戦略を定め、技術の進歩を確保した上で、できるかぎり雇用吸収力を強めることを、全体戦略の基本的な立脚点とするべきである。

第二に、必要な優遇政策を実行し、農業余剰労働力の段階的な移転を確保する。栽培農業の余剰労働力を根本的に広義の農業に再配置し、貸付け、課税などの上で必要な優遇政策を実施する。さらに、技術的サポートや市場でのサポートを行い、請負、リースを通じ、栽培農業の労働力の一部を山間地、造林地、牧草地、淡水池および農業副産品の加工業に吸収する。この面において一部の地域ではすでにある程度の経験を積んでおり、経験をまとめて普及し、栽培農業の余剰労働力を林業、牧畜業、副業、漁業など広義の農業にシフトすることを、発展と豊かさへの道、環境を改善し、生態バランスを改善する道とする必要がある。

第三に、労働力市場を発展させ、整備し、労働力の合理的かつ効果的な流動を促進する。現在の都市と農村の労働力市場は数が少ない上に規範に合わず、農業人口の都市部への移動を妨げ、都市部の労働力の合理的流動を妨げており、発展、整頓、整備をはかる必要がある。筆者が見学した江西省南昌市青雲蒲区の計画出産「三結合」サービス社では、まず計画出産世帯のために労働力、商品、技術情報などのサービスを提供し、都市と農村の需給情報を橋渡しし、人口抑制と農業余剰労働力の開発利用を結びつけようとしており、全国的に普及する価値がある。市場経済の条件の下では、労働力市場がどうであるかが、直接労働力の流動の有効性を決定する。

第四に、教育事業を発展させ、労働力の供給圧力を緩和する。教育事業を発展させることは人口の資質を高める基本的方法であるのみならず、在学生、とくに高校、中等専門学校、大学の在校生の割合を高めることであり、直接社会労働力の一部を教育分野に振り分け、雇用圧力を緩和する役割を果たすことができる。先進国の生産年齢人口の就業率が低いのは、高校以上の在学率が高いことが最も主要な原因である。それだけでなく、出生率と人口の教育レベルは反比例する。つまり受けた教育のレベルが高いほど、出生率は低いというのが普遍性をもった法則である。この意味からいっても、教育レベルの向上こそが出生率を低下させ、将来の労働力の数とその割合を低下させるのである。

第五に企業改革を深化させ、再就職プロジェクトを実施する。現在国有大中型企業を中心とする赤字、従業員の一時帰休と失業は、雇用問題のなかで際だった問題となっており、整備・改善におおいに力を入れるべきである。この点について具体的に述べると以下のとおりである。

一、断固として改革を推進する。企業の赤字、従業員の一時帰休と失業は、製品構造、経営、技術などが原因であるが、最も基本的な原因はこれら計画経済モデルの企業が市場経済体制への転換の要求にかなっていないことにある。この意味からいえば、改革の結果である。それなら改革を中止し、計画経済体制に戻ればよいのであろうか。それは許されない。全体的な改革目標がそれを許さないばかりでなく、たとえ従来の体制に戻ったとしても問題を解決できるとはかぎらない。

重要なのは改革を深めることである。改革の深化によってのみ活路が開ける。どの方向に深化させるのか。政府と企業を分離し、企業を真に市場主体に戻す方向へと深化させるのである。企業を「上部機関をもたない」独立した市場主体にしてはじめて、本当に市場へと向かわせることができるのである。市場経済の優勝劣敗の法則に従えば、当然一部には現代企業制度に基づいて改革を行い、著しい成果をあげ、早期に赤字を黒字に転換し、企業の発展に伴って一時帰休や失業を解決することができる企業がある。

二、再就職プロジェクトを実施する。労働力市場、人材市場などの開設を通じ、労働力の供給と需要の情報を橋渡しする。一時帰休の従業員の再就職のために職業訓練を行い、組織的、計画的に再就職者を送り出す。北京市労働局などはこの面で著しい成果をあげている。企業が一時帰休者に対し積極的な雇用配置を行うとともに、従業員の自由な職業選択に便宜とサービスを与えるよう奨励する。

三、確かな失業保障をつくり上げる。近年失業保険が大きな発展を遂げつつあるが、失業人口の増加には遠く及ばない。発展を図る必要がある。筆者は、多少高い失業率は恐れる必要はないが、危険なのは失業後に適応される保障がない事態だと考える。現在欧米の一部先進国ではいずれも失業率がかなり高く、一〇％以上にのぼっているところもあるほどである。しかし、失業保険のレベルが高いため、社会治安を脅かす深刻な問題には発展していない。

中国の現実と結びつけてみると、「起死回生」が望めない、長期にわたり深刻な赤字を抱えている企業に対しては、長期貸し付けという「強心剤」を打ち、経営を維持するより、このような効果のない救済をやめて、失業者に救済金をわたし、企業を倒産させる方法に改めた方がましである。発展戦略の高みに立って、退職年金の設立と同じようなやり方を考えてもよい。つまり、企業の賃金総額、従業員数に基づき、国、企業、労働者個人の三者がともに定期的に出資する形で、企業失業保険金制度を設立し、従業員が一時帰休となったり、失業した時に使用するものとする。これにより、企業と従業員のリスクに対する抵抗力を高めることができる。

第5章　「高齢化の波」の衝撃

――人口高齢化と経済発展の「タイムラグ」

二〇世紀末に、中国はほぼ老年型社会に入るかあるいは近づき、六〇歳以上の老年人口が一〇％を占めるようになり、六五歳以上の人口が七％に近づく。

われわれは経済が充分な発展をみないうちに、「高齢化の波」の強烈な衝撃を受けようとしている。基本的に発展途上国の経済と先進国に近い年齢構造が併存することになり、養老保障システムはこの「タイムラグ」をしっかりおさえる必要がある。

老年科学の研究を積極的に展開する。中国の老年学の発展は、分岐学問分野だけで推進するのではなく、分岐学問分野で推進するとともに学問分野全体で推進し、互いに促進しあう老年学分野および学問体系としなければならない。

本書の冒頭で高速で走ってきた人口列車について描写した際、注意深い読者は、ゆっくり走っていた列車がしだいにスピードを上げ、現段階ではスピードを緩めつつあることに気づいたはずだ。スピードに影響を与える主な原因は出生率と死亡率の変化である。スピードが加速するのは主として高出生率を維持したまま、死亡率が低下するためである。スピードが減速するのは死亡率が比較的安定した状態で、出生率がしだいに下がるためである。こうしたスピードの変化が人口そのものに与える直接の結果が、年齢構造の変動である。「加速」は年齢構造の若年化を、「減速」は高齢化を招く。

出生率の低下に伴い、皮膚の色、髪の色が異なる各人種の共通の特徴である白髪の老人がしだいに増え、かつてない「高齢化の波」の衝撃がわれわれに襲いかかってこようとしている。人類は何をもってこの衝撃を防ぐのか。中国は発展途上国でありながら、「高齢化の波」の衝撃をすでに強く実感している。一部の都市と東南沿海部はすでにこの渦のなかに巻き込まれている。発展途上国の経済と先進国に近い年齢構造がつくりだす「タイムラグ」こそが、「高齢化の波」の衝撃を受ける最大のウィークポイントである。中国にはいったいこのウィークポイントを補強する方法があるのであろうか。

全地球を席巻する「高齢化の波」

一人一人が自分の年齢のゼッケンをつけて全体のなかに加わり、ある人口全体における一定の年齢構造を構成している。人口学ではすべての人口が年齢構造により基本的に三つに区分される。表五・一に示すとおりである。

上述の三区分の基準は人口学の世界で一般的に認められているものであり、各指標の間に一定の関連性がある。しかし、具体的な人口群について見ると完全に一致しているとは限らない。たとえば、ある人口全体のなかで〇―一四歳の人口の割合はすでに三〇%以下になっているが、六五歳以上の老年人口の割合と中位年齢は七%および三〇歳以

表5・1　年齢構造の三区分

	若年型	成年型	老年型
0-14歳（%）	40以上	30-40	30以下
65歳以上（%）	4以下	4-7	7以上
中位年齢（歳）	20以下	20-30	30以上
老年化指数 $\left(\frac{65歳以上}{0-14歳}\right)$	0.15以下	0.15-0.30	0.30以上

上になっていないということがありうる。現在、中国はまさにそうである。したがって、筆者は上述の基準は絶対的なものではなく、四つの指標をひとまとめにして考察するためのものにすぎないと考える。便宜上、われわれが習慣的に最も多く用いるのは六〇歳あるいは六五歳以上の老年人口の割合であり、とくに人口高齢化のプロセスを考察する際にはこれが最もよく用いられる。

世界に先駆けて老年型構造に入ったのはフランスである。一八七〇年にフランスでは六〇歳以上の老年人口の割合が一二％まで増え、六五歳以上の老年人口の割合が七％を越えて、老年型年齢構造となった。四二年後にスウェーデンの年齢構造が老年型へと移行し、六一年後にはイギリスも老年型の基準に達した。その後、四〇年代、五〇年代にはその他の先進国も次々と仲間入りをした。

現在、先進国全体で六〇歳以上の老年人口の割合が一八％、六五歳以上の人口が一三・五％を越え、深刻な段階に達している。また発展途上国、とくに中国、インドなど人口の多い発展途上国でも、人口出生率の低下が、年齢構造の若年型から、成年型、老年型への移行を招いており、高齢化がすでに発生している。国連の世界、先進国および発展途上国の高齢化の趨勢予測は、表五・二に示すとおりである(1)。

表五・二が示すとおり、一九五〇年、世界で六五歳以上の老年人口が占める割合は五・一％、中位年齢は二三・五歳であった。表五・一の区分基準に照らしてみると、すでに成年型の初期にあったことになる。その他の指標も、〇―一四歳の人口が三四・五％、老年化指数が〇・一五で、成年型年齢構造の基準に合致している。五〇、六〇、七〇年代を通じ、六五歳以上の老年人口の割合はゆっくりと増加してきたが、中位年齢はむしろゆっく

表5・2　世界の人口高齢化の趨勢（1994年の中位推計）

年	世界 65歳以上(%)	世界 中位年齢(歳)	先進国 65歳以上(%)	先進国 中位年齢(歳)	発展途上国 65歳以上(%)	発展途上国 中位年齢(歳)
1950	5.1	23.5	7.9	28.6	3.9	21.2
1960	5.3	22.7	8.6	29.6	3.9	20.1
1970	5.4	21.6	9.9	30.5	3.8	19.0
1980	5.9	22.6	11.7	31.9	4.2	20.0
1990	6.2	24.3	12.5	34.3	4.4	22.0
2000	6.8	26.3	14.1	37.2	5.0	24.1
2010	7.3	28.1	15.3	39.6	5.6	26.0
2020	8.8	30.2	18.2	41.5	7.0	28.5
2030	10.9	32.4	21.3	42.8	9.2	30.9
2040	13.1	34.4	23.0	43.2	11.7	33.3
2050	14.7	36.2	23.7	42.9	13.4	35.4

りと低下し、一九八〇年の時点でもまだ一九五〇年より低い数字であった。一九八〇年のその他の指標は、〇—一四歳の年少人口の割合が三五・二%、老年化指数が〇・一七であった。全体的にみて成年型初期から成年型中期に移行していったことになるが、移行はかなり緩慢であった。これが一九五〇—一九八〇年までの三〇年間の状況である。

一九八〇—二〇一〇年までの三〇年は、成年型中期から後期および老年型初期への移行段階である。この時期、移行の速度はやや加速する。一九五〇—一九八〇年の三〇年間に六五歳以上の老年人口の割合は計〇・八ポイント、年平均で〇・〇二七ポイント上昇した。一九八〇—二〇一〇年の三〇年には六五歳以上の老年人口の割合が計一・四ポイント、年平均で〇・〇四七ポイント上昇する。これは一九五〇—一九八〇年の一・七五倍である。その他の指標も似たような状況となり、二〇一〇年かあるいはそれより少し前に世界人口は老年型年齢構造へと移行する。

二〇一〇—二〇四〇年までの三〇年には世界人口の高齢化が加速し、深刻な段階へと向かう。この三〇年間に六五歳以上の老年人口の割合が計五・八ポイント、年平均で〇・一九ポイント上昇することが予想され、これは一九八〇—二〇一〇年の年平均上昇率の四・一倍、一九五〇—一九八〇年の年平均上昇率の七・〇倍である。二〇四〇年には世界人口の高齢化が深刻な段階に達する。二〇五〇年にも引き続き上昇がみられるものの、勢いは弱まりはじめ、ピークに近づく。二〇四〇年には中位年齢が三四・四歳に達し、〇―一四歳の年少人口の割合は二二・〇%に低下、老年化指数は〇・六〇に達し、現在の先進国全体のレベルを上回る。これは世界の人口高齢化が深刻な段階に達することを示しており、しかも二一世紀の中葉まで続く。一九五〇年から二〇五〇年までの一世紀間に世界で起こっている人口の年齢構造の変動は、成年型から老年型への加速的な変動であり、「高齢化の波」がしだいに加速しつつ押し寄せてきている。

世界の人口が急速に高齢化し、深刻な段階にいたる過程で、先進国と発展途上国との間の格差が拡大した。四〇年代の後期から五〇年代の初期に、先進国が老年型年齢構造に突入したのに対し、発展途上国はまだ若年型の段階にあり、間にちょうど成年型を一つ隔てていたことになり、この格差は小さくない。その上、この格差は七〇年代末まで保たれ、一九五〇―一九八〇年の三〇年間変わらなかっただけでなく、かえって格差が拡大した。一九五〇年における六五歳以上の老年人口の割合をみると、先進国の方が発展途上国より四・〇ポイント高かった。一九八〇年にはその差が三・五ポイントも広がり、七・五ポイントとなった。

その後、先進国では人口の高齢化が深刻な段階を迎え、二〇三〇年以降は六五歳以上の老年人口が二〇%を越え、超高齢化段階に突入し、なおも老年人口割合とその他指標が上昇を続ける。「高齢化の波」の衝撃は大きく、経済、文化、科学技術、社会の発展に影響を与える最も重要な要素の一つとなる。日本では二一世紀を高齢化、成熟化、国際化の世紀として描いている。発展途上国の人口の高齢化は全体的にかなりゆっくりとしたペースで進むが、二〇二〇年頃からテンポを速め、先進国より約半世紀遅れて、二一世紀の中葉に深刻な段階にいたる。

発展途上国と先進国の人口の年齢構造の高齢化に表れたこうした時間的なコントラストの大きさが、将来の世界人口増加の基本的な態勢、変動の基本的な軌跡を決定づけている。当然ながら、世界人口の総数の変動が、主に発展途上国の出生率の変動によって決まるのと同様、世界人口の高齢化の趨勢も主に発展途上国の高齢化発展の影響を受ける。しかし、先進国と発展途上国とでは高齢化の程度にあまりに大きな差があるため、先進国の高齢化も世界人口の高齢化にある程度の影響を及ぼす。また高齢化の衝撃に対処する上でのプラスとマイナス両面の経験を提供することになる。

中国における人口の年齢構造の変動と高齢化の方向は、世界、先進国、発展途上国とほぼ共通の趨勢をもつと同時に、独自の異なる特徴ももっている。これらの特徴をまとめると以下のとおりである。

第一に、高齢化の速度が速く、到達レベルが高い。現在中国の人口高齢化に関する各種の予測には多少の誤差があるが、全体的な趨勢にはそれほど大きな差はみられない。国連の中位推計(2)を例にとると、二〇世紀末にはほぼ老年型年齢構造に入り、六〇歳以上の老年人口が一〇％を占めるようになり、六五歳以上が七％に近づき、中位年齢は二九・九歳に達する。二〇四〇年には高齢化がピークに達し、六〇歳以上の老年人口が二三・七％、六五歳以上が一八・三％、中位年齢は三九・四歳に達する。この趨勢は、七〇年代以来の出生率の長期的かつ急激な低下により、人口の年齢構造の高齢化が大幅に加速され、一挙に深刻な段階に達することを示している。

老年型構造に入り、六五歳以上の老年人口の割合が七％から一七％に上昇するまでの期間についてみると、先進国では一般的に八〇年余り、なかには一〇〇年以上かかる国もあるのに対し、中国では四〇年もかからない。二〇四〇年には六五歳以上の老年人口が一八％以上を占め、高齢化の程度がすでに現在の先進国のなかで高齢化が最も深刻な国のレベルを越える。そのとき先進国の二三％というレベルよりはいくらか低いものの、世界の平均一三・一％や発展途上国の一一・七％というレベルを大きく上回り、世界各国のなかで先進国に次ぐ位置を占めるようになる。

第二に高齢化が時間の上で段階的、累進的な性質をもっている。国連の予測によると、一九八〇―二〇一〇年に六五歳以上の老年人口の割合は四・七％から二・九ポイント上昇し七・六％となる。これは年平均〇・一ポイントの上昇であり、速度は緩慢である。二〇三〇年にはさらに一〇・七ポイント上昇して、一八・三％となる。年平均〇・三六ポイントの上昇である。これは一九八〇―二〇一〇年の平均高齢化速度の三・六倍である。二〇三〇―二〇四〇年には計五ポイント、年平均〇・五ポイント上昇し、この間のスピードが最も速い。その後、老年人口の割合は減少に転じ、ピークは過ぎ去る。二〇四〇年以前に、中国の人口高齢化の速度が加速態勢に入ることは、重視すべきであり、また現実的な意味をもっている。

第三に高齢化の空間的分布がアンバランスであるという特徴がある。これは二つの意味を含んでいる。

一つは都市部と農村の間で高齢化に格差が表れているということである。一九八二年のセンサスで、六五歳以上の老年人口が占める割合は、高い方から低い方へ、県、市、鎮の順となり、それぞれ五・〇%、四・七%、四・二%であった。しかし、都市では人口増加の抑制が一貫して厳しく行われており、出生率が非常に低いため、年少人口の割合の低下が速く、老年人口の割合の上昇も速い。一九九〇年のセンサスによるデータでは状況が逆転し、高い方から低い方へ市、県、鎮の順となった。農村人口の都市への移動は生産年齢人口を主体としているため、農村に残っている老年人口が相対的に多くなっている。しかし農村では、出生率が都市部、とくに市よりもずっと高いため、老年人口の割合は市に及ばない。鎮人口の年齢構造は相対的に若く、高齢化問題が市や県のようには目立たない(3)。

二つめは、地域間で高齢化に格差が表れていることである。都市部と農村の間のそれよりもさらに著しい格差である。一九九五年の時点で六五歳以上の老年人口の割合は六・七〇%であった。このレベルより高いのは、一一の省と直轄市で、それぞれ、上海一一・四三%、浙江八・六五%、天津八・二一%、江蘇八・〇四%、北京七・八四%、山東七・四三%、四川七・三二%、遼寧七・二七%、広東七・一二%、湖南七・一一%、安徽六・七三%であった。全国レベルより低い地域は一九の省と自治区で、高い方から低い方へ順に、河南六・六四%、吉林六・六二%、広西六・六〇%、河北六・四九%、福建六・四九%、江西六・三九%、海南六・三四%、湖北六・〇九%、山西五・九七%、雲南五・八六%、陝西五・七二%、貴州五・五一%、チベット四・八九%、内蒙古四・七〇%、黒竜江四・五八%、新疆四・四七%、甘粛四・三四%、寧夏三・七八%、青海三・五八%であった(4)。最も高い上海では一一%を越え、最も低い寧夏、青海では四%に満たない。この格差は非常に大きい。

全体的な地域分布状況は次のとおりである。人口密度が高い地域では、老年人口の割合も高い。主に東南沿海の省市がこうした地域に属する。人口密度の低い地域では、老年人口の割合も低い。主に西北、西南の辺境地帯がこうした地域に属する。その他中部の内陸地域は、ほぼ中間の状態にある。これが高齢化の趨勢を形成する基本的な枠組みである。西北から東南に向かってしだいに高齢化が進んでおり、あきらかに段階的な構造となっている。

養老保障は「タイムラグ」をしっかりおさえる

これまで、老年型年齢構造に入り、かつ高齢化が深刻な段階まで発展したのは先進国だけであった。先進国が高齢化の波の衝撃に対処するための最も主要な手段は、社会保障を発展させることであり、社会養老システムを確立することであった。先進国のなかには高齢者保障の項目をしだいに増やし、投入を増やして、最終的には「揺り籠から墓場まで」の全方位的な社会保障へと発展させている国が多い。

こうした社会保障の長所は老後の後顧の憂いを取り除いたこと、扶養者がいなくても困らないことである。短所は高齢者に過度の依存心がめばえ、心身の健康のためにマイナスだということである。もっと大きな弊害は、高齢者の社会保障が国や地方政府の支出に占める割合が急激に増え、重い負担に耐えられなくなることである。大統領選挙に立候補する際に、経済発展を促し、国民生活を改善するために、社会福祉の支出を調整するべきだと公言する候補者がいるほどである。しかし、政権をとった後にこれを実行することは難しい。なぜなら、高齢者福祉を削るということは社会の一部勢力とぶつかることになり、下手をすると虻蜂取らずとなって、大統領の座までも失いかねないからである。

「福祉国家が福祉を削る」ことが先進国で「熱い議論の的」となっており、誰もが削りたいが誰も削れない状況にある。これはわれわれに何を考えさせるのか。冷静に考えてみると、こうした福祉国家の高齢者扶養モデルはわれわれには無縁である。肝心なことは、先進国は経済が発達した後に高齢化の高まりを迎えたのに対し、われわれは経済がまだ未発達のうちに「高齢化の波」の強烈な衝撃を受けようとしているということである。基本的に発展途上国の経済と先進国に近い年齢構造が併存することになり、養老保障システムを確立するにはこのタイムラグをしっかりおさえる必要がある。

社会扶養を積極的に発展させ、改革を追求する

一九四九年に中華人民共和国が成立して以来、経済の発展と社会の進歩に伴い、高齢者社会保障事業は大きく発展した。五〇年代のはじめに国有経済が発展しはじめ、その後、資本主義商工業と個人経営の手工業に対する社会主義改造が行われ、国営企業および事業部門と一部の協力部門で従業員の退職制度が実施され、高齢者社会保障の先鞭をつけた。

その後しだいに制度が整い、社会保障事業は急テンポで発展し、数の上でも規模の上でも急速な増加をみせた。改革開放がはじまった一九七八年までに、全国の「離休〔幹部退職〕」、「退休」、「退職」者数は三一四万人に増え、保険福祉費用は一七億三〇〇〇万元にのぼっていた。このうち国有部門が一六億三〇〇〇万元を占めていた。しかし、従業員、とくに国有部門の従業員の年齢構成のために、七〇年代後期から退職者が急激に増えはじめ、それに伴って保険福祉の額も大幅に増加した。一九七八年以来の状況については、表五・三に示すとおりである(5)。

将来の発展の趨勢はどうなるのか。予測によれば、二〇〇〇年の退職者数は一九九五年の二倍に増え、二〇一〇年には二〇〇〇年の数倍となり、二〇二〇年にはさらに倍数を加える。退職年金は国家財政と企業にとって重い負担となり、従来の退職年金制度を維持することは難しくなろう。また、退職年金が急激に膨れ上がる一方で、年金を享受できる範囲は狭く、主に全人民所有制企業・事業部門の従業員に限られているという問題がある。一九八七年に六〇歳以上の高齢者を対象にサンプル調査を行ったところ、中国の高齢者のうち退職年金の支給を受けているのは、市で

表5・3　退職者数と保険福祉費の増加

年	人数（万人）		費用総額（億元）	
	合計	うち：国有単位	合計	うち：国有単位
1978	314	284	17.3	16.3
1980	816	638	50.4	43.4
1985	1,637	1,165	149.8	119.2
1990	2,301	1,742	472.4	382.4
1995	3,094	2,401	1,541.8	1,296.2

六三・七％、鎮で五六・三％、県ではわずかに四・七％であることがわかった。つまり都市部の高齢者のうち四〇％前後は退職年金待遇を享受できず、農村では九五％の高齢者が年金を受けていないということである。

この調査からさらに、年金のカバー範囲について、高齢者の年齢、性別、教育レベルによって年金を受けている割合が大きく異なることがわかった。全体的な傾向としては、女子高齢者と男子高齢者とを比較すると、女子のほうが低く、後期高齢者と前期高齢者とを比較すると、後期高齢者のほうが低く、教育レベルが低い高齢者と教育レベルが高い高齢者とを比べると、教育レベルが低い人のほうが低い。この四者、すなわち、農村、女子、高齢および教育レベルが低い高齢者こそは、高齢者のなかでも所得が相対的に少なく、最も社会保障を必要としている人口である。

経済の発展にあわせ、高齢者の社会保障の範囲を徐々に拡大することによって、より多くの高齢者が職場を離れた後に一定額の退職年金を受けとることができ、経済生活にたしかな保障が得られるようにすることは、社会の責任であり、また人類文明と社会の進歩の象徴でもある。推進におおいに力を入れるべきである。

社会保障範囲の拡大と従来のカバー範囲の狭い退職年金の支払いさえ維持が難しい現実との矛盾を解決するための活路は、改革にある。改革の基本的な考え方は次のとおりである。古い従業員には古い方法。すなわち従来の退職制度の規定に基づき退職年金を受けとるべき人々に対しては、原則的に従来の規定通りに実行し、これらのやがて次々に退職する人々の基本的利益を保護する。新しい従業員には新しい方法。すなわち最近就職した従業員に対しては、企業や部門と労働者本人が共同出資し、高齢者保障基金を設立し、国がこれに一定のサポートを行う方法をとる。企業と個人が納める部分は月ごとに企業資金と個人の賃金から差し引く。たとえば賃金部分の五％から一〇％を差し引くことにすれば、日常生活に支障がない上に、将来の養老年金の支給額を保障することができる。

現在こうした改革はすでに一部の企業・事業部門で実施されている。地域が各部門の納めた部分をまとめ、個人の賃金から差し引いた分を加え、従業員の個人口座に養老基金の名目で積み立て、退職後、毎月受けとれるようにするのである。国有部門だけでなく、集団、合弁、合作経済部門にもこうした改革を徐々に行き渡らせ、高齢者社会保障の範囲を積極的に拡大していく。

農村では、養老保障と計画出産を結びつけ、さまざまな形の養老保障のパターンを創りだしているところが多い。筆者は八〇年代末と九〇年代のはじめに四川省計画出産委員会などの部門の協力を得て、一人っ子「両全保険（傷害および死亡保険）」と両親の養老保険の実験を行い、後に全省に普及した。つまり、一人っ子奨励金をひとまず本人には支給せず、それを子供の傷害、死亡保険金として保険に加入させ、一人っ子のリスクに対する抵抗力を高める。一四歳以降は自動的に一人っ子の両親の養老基金に切り替わる。たとえば二五歳で子供を一人生んだとすると、六〇歳で退職した後、（保険加入時のレートにより）毎月一六〇元前後の養老年金を受けとることができる。

また、山西省洪洞県管庄村では次のようなとりきめがある。一人っ子の両親が六〇歳になったとき、一人あたり毎月六〇元の養老年金を受けとることができ、以後毎年月額で一元ずつ増える。計画内二子世帯では五〇元を受けとることができ、以後毎年月額で一元ずつ増える。計画外二子世帯、三子以上の超過出産世帯には支給されない。これに類似した方法は、一人っ子と計画内出産子の両親の扶養問題をかなりの程度解決したのみならず、高齢者の後顧の憂いを解決したため、一人っ子率と計画出産率を高め、人口増加を効果的に抑制する役割を果たした。

表5・4　12省（区，市）の高齢者世帯の構成（1992年）

（%）

	一世代	二世代	三世代	四世代以上
都市	41.1	23.6	34.1	1.2
農村	42.9	19.1	35.5	2.5

家族扶養とコミュニティによるサービスを提唱する

中国における人口高齢化と経済発展の間にはタイムラグが存在するために、高齢化の発展に適応する全方位的な社会保障を打ち立てることは不可能であり、現段階では相当多数の高齢者が子供による扶養に頼らざるを得ない。一九九二年に北京、天津、上海、浙江、江蘇、黒竜江、山西、陝西、四川、広西、貴州、湖北の一二の省、自治区、直轄市で行った調査によると、六〇歳以上の高齢者の世代構成は、表五・四に示すとおりである(6)。

表五・四は基本的に現在の高齢者世帯の世代構成を反映している。これは、一方で高齢者世帯がすでに伝統的な大家族の束縛を逃れ、四世同堂といった多世代家族の割合は都市で一・二%、農村でもわずか二・五%まで減少し、ほとんど姿を消したことを示している。これに対し、高齢者夫婦だけの世帯および高齢者単身世帯の割合が都市と農村でいずれも四〇%を越え、各世代構成のなかで第一位にある。他方で、高齢者と子供、孫（外孫）が同居する二世代、三世代、四世代以上の世帯が合計で六〇%近くに達し、二世代と三世代の和がやはり世帯の多数を占め、かなり優勢をたもっていることがわかる。

これは筆者が主宰し、八〇年代後期に全国の六〇歳以上の高齢者を対象に行ったサンプル調査の状況とも似通っている。ただ当時三世代同居世帯の占める割合がこれよりいくらか高く、一世代世帯の割合が低かった。

こうした状況を反映し、高齢者の所得構成のなかで、子供から与えられる部分が、市で一六・八%、鎮で二一・〇%、県で三八・一%を占めている(7)。これは、子供による扶養が都市部では一定の役割を、農村では重要な役割を占めていることを示しており、子供による扶養を引き続き提唱することが中国においては必要だということを説明している。他の角度からみると、全方位的社会保障を実行している欧米諸国では、高齢者が子供と距離をおく独立化の傾向が強まっているが、経済面では保障されても、身体の老化に伴う心理的老化、精神的な老化のニーズには適応できていない。

高齢者の精神的よりどころというニーズを満たす上で、子供と同居し、生活をともにすることはひとつの有効な方法である。この点で東洋文化と西洋文化の間に著しい差異が存在する。日本を含む多くの東洋の国には現在でもなお子供が同居し、高齢者を敬い、いたわり、扶養するという伝統があり、中華民族はその典型である。われわれはこの伝統を発揚し、その封建的意識の面を排除しつつ、その基本精神を継続し、新たな時代的意義を与え、新しい世代間関係を確立しなければならない。

現在重視すべきことは、市場経済体制改革の深化、商品経済と商品崇拝の影響、価値観の変化に伴い、敬老、養老の伝統が大きな挑戦を受けており、子供が両親の扶養を拒否する事件が増え、各種の刑事事件に占める割合が急増していることである。

これに対し、第一に新しい時代の敬老、養老観を宣伝、教育、説明し、高齢者を尊敬し、いたわり、扶養する中華民族の輝かしい伝統を発揚し、高齢者を大切にする社会道徳規範を樹立しなければならない。第二に、法制度の確立を強化し、両親を遺棄、虐待したり、扶養しないといった行為を厳しく糾弾し、刑法にふれた者は法に基づいて法律的制裁を加えるべきである。

中国には「遠くの親戚より近くの他人」ということわざがある。家族による扶養を提唱するなかで、一定範囲内の家族が集まって住む地域としてのコミュニティ（Community）の役割がますます重視されるようになっている。経済的な面が高齢者保障の基礎であるが、高齢者の健康、医療、交際、文化生活など家庭の境界を越えたところでは、コミュニティが彼らの最も多く活動する空間である。

現在、各界のコミュニティに対する定義は一〇〇種類を越えており、学問分野により、また研究が目指す方向の違いによって、さまざまな解釈が行われている。しかし、一定数の人口、一定の地域的な境界、ある種の共同の利益と一定の求心力を備えた交際については、多くの人が認めるところである。

筆者はコミュニティを次のように定義することができると考える。特定の人口群が共通の利益を基礎に、社会生活などの面で、ある種の共通の属性をもっている一定の地理的区域。この定義はコミュニティ概念の基本的内包を表している。特定の人口群の共通の利益とは、まず共通の経済的利益である。そこから共通の内在的求心力およびこの求心力によって決まる行動規範が生まれる。またこの概念の外延性も表している。コミュニティのメンバーの共通の利益と求心力の強さによって決まる一定の地理的区域の境界である。

これに基づいてみると、コミュニティの区分や規模の決定にあたっては、都市の街道、居民委員会、農村の郷、村など行政区画と一致させてもよいし、また、コミュニティを行政区画より小さくあるいは行政区画より大きく設定するなど、一致させなくてもよい。

実践が示すとおり、コミュニティの建設を強化し、コミュニティの機能を発揮させることは、高齢者事業を発展させるための重要な内容の一つであり、おおいに推進する価値がある。各省、市、区にはいずれもうまく運営されているコミュニティがあり、このうち高齢者事業がうまく運営されている例がかなりの割合を占め、高齢者の生存のための需要、享楽のための需要、発展のための需要を満たすさまざまなレベルでおおいに貢献している。

生存のための需要を満たすものには、養老院、高齢者の家、ホスピスなどがあり、高齢者に衣食住、交通および医療などの生活サービスを提供し、高齢者生活の社会化を実現している。享楽のための需要を満たすものには、コミュニティが主宰する各種の老人クラブ、高齢者モデルによるファッションショー、文化・娯楽・スポーツ活動の展開などがある。発展のための需要を満たすものには、老人大学、書画クラブの類から、高齢者経済実体の運営まであり、高齢者の人的資源を開発利用し、高齢者の人生の価値を実現し、社会の発展のために貢献している。

目下、経済、文化、社会の発展レベルの制約から、コミュニティの高齢者事業の発展は十分ではなく、役割もまだはっきりしていない。過去の経験をまとめた上で、海外のコミュニティが行っている高齢者事業の有益な経験をくみとり、発展を加速する必要がある。

高齢者自らによる扶養態勢を整え、高齢者の人的資源を開発する

高齢者の価値観における東西文化のもう一つの大きな違いは、高齢者の再就職に対する正反対の反応である。欧米諸国の高齢者は、ほとんどが退職後再び労働に従事することを望まず、残りの人生をゆっくり過ごしたいと思っている。ところが、中国、日本などを含む東洋の国では、定年退職後も、引き続き一定の労働に従事することを望み、再就職を希望する。

日本で八〇年代に行われた調査によると、五五歳以上の男子人口の就業率は六二・三%で、当時の米国の四二・八%、イギリスの四一・六%、西ドイツの三二・八%、フランスの三〇・三%に比べはるかに高かった。女子の就業率も同様の結果であった。日本の定年退職年齢は現在六五歳に引き上げられているが、著名な人口学者、老年学者でもある黒田俊夫（T. Kuroda）は六八歳、あるいはもう少し上まで引き上げるべきだと主張している。日本では六五歳以上の高齢者の再就職率が二五・一%で、先進国のなかでもトップである。

中国で一九八七年に六〇歳以上の高齢者を対象に行ったサンプル調査の資料によると、市の高齢者の就業率は一五・〇%、鎮では一一・六%、郷村で引き続き労働に従事している高齢者の割合は三一・五%を占める。加重集計による全国の高齢者就業率は二二・七%で、日本よりはやや低いが、世界各国のなかでは高いレベルにある(8)。

中国と日本の高齢者の就業率の高さには、経済と文化、両面の理由がある。日本では、高齢者世帯の経済的所得のなかで養老年金が五〇・四%を占め、第一位、本人の労働による所得が三五・〇%を占め、第二位である。その他の財産収入、社会および肉親・友人からの援助等が占める割合は低く、高齢者の再就職は所得のなかで重要な位置を占めている。中国の高齢者の再就職は、主として生存のための需要、生計の道を立てるためのものであるため、その重要性はいうまでもない。一九八七年のサンプル調査によると、高齢者の再就職による所得が所得全体に占める割合は

市で一四・六％、鎮で一四・七％、県では五〇・七％に達していた(9)。高齢者の一〇種類の収入源のうち、市、鎮では再就職による所得が第三位を占めているのに対し、農村では第一位であり、ほぼ他の各項目の所得の和に相当する。文化の面では、一九八二年に日本の内閣総理大臣官房広報室の世論調査に関する報告によると、全国の二〇歳以上の人口のうち、「身体が健康ならずっと働きたい」と回答した人が被調査人数の六六％を占めていた。六〇歳以上の高齢者に対し、就業の理由について聞いたところ、所得を増やすためと答えた人が三八・七％、健康状態が良好なので仕事を続けていると答えた人が三八・一％で、両者をあわせると七六・八％を占めていた。高齢者も健康であれば働くことがしごく当たり前のことのようである。

中国の調査状況もすこぶる似通っており、高齢者の再就職意識は強く、主として生計を立てるために必要であるとともに、享楽、発展のための需要を満たすためにも必要とされている。多くの高齢者が、再就職は高齢者が社会にとってまだ有用な人間であり、引き続き「余熱〔高齢者の活力〕を発揮できる」ことを示すものだと考えている。さらに、このなかの少なからぬ人が「余熱が輝きを発し〔社会的に大きな貢献をし〕」、これまで以上の成果をあげることができると考えている。

発展という点からみると、高齢者の再就職は現代社会において高齢者の貧困化を防ぐ主要な手段である。農業社会においては、子供による扶養が主な扶養形式であったため、高齢者の貧富は家族の経済状況や子供の孝行の度合いによって決まることが多かった。逆の意味からいえば、高齢者の貧困化は子供による直接の収奪によるものであった。工業社会に入り、社会による高齢者扶養が主体となるなかで、全体的にみると子供による収奪は二次的な位置に下がり、高齢者の貧困化は主にインフレからくるようになった。養老年金の額は限られている上に、一般的に増加しないため、高齢者はインフレの被害をまともに受け、生活レベルの低下を余儀なくされている。高齢者が再就職し、所得を増やすことができれば、インフレに対抗するための有力な手段となり、その効果は計り知れない。

高齢者の就業率の高さは、一部の高齢者に経済的所得と精神的な慰めをもたらすが、同時にそこから発生する経済技術の進歩と労働力市場に対する影響も、重視すべきである。とくに人口と労働力が過剰で、今後一〇年から二〇年、労働力が増えることはあっても減ることはない状況のもと、高齢者が労働力市場に加われば、雇用圧力はいっそう深刻なものとなる。客観的にいって、一部の高齢者が労働力市場に加わることによって、労働力の需給矛盾が尖鋭化することはあり得る。しかしながら、角度を変えてみると、科学と技術の発展、健康レベルの向上と平均余命の延長に伴い、退職年齢が延長され、高齢者の再就職率が高まることも、歴史の進歩の一つの現れであり、社会発展の流れである。

矛盾を解決するには、主に高齢者が再就職にあたって職業のシフトを行い、高齢者がより自分にふさわしい職場を探すようにするべきである。日本のような先進国でも、ハイテク産業、中間技術産業、旧来型の技術産業が同時に存在しており、経済技術構造も重層的な構造になっている。ただハイテク産業の割合が少し大きく、旧来型の技術産業の割合が少し小さいだけである。部門によってこうした技術経済構造の格差が大きく、高齢者の再就職に一定の空間が残されている。

一九八二年の時点で日本の六五歳以上の高齢者の産業別就業構造は次のとおりであった。農林業、とくに園芸型農林業が三二・七%を占め、第一位であった。しかし、農林業が労働力の就業構造全体に占める割合は八・九%にすぎなかった。商業が第二位で、二二・五%、就業構造全体に占める割合は二六・六%であった。サービス業が第三位で、一七・四%、就業構造全体に占める割合は一八・九%であった。製造業が第四位で、一四・一%、就業構造全体に占める割合は二四・五%であった。その他はいずれも六・〇%以下で割合は低かった。(10)

高齢者の再就職については第一次産業の割合が、社会全体の労働力の就業割合よりもずっと高いことがわかる。このことは園芸型および技術構成が低い農業は、高齢者の労働力を吸収する大きな弾力性をもっており、商業、サービス業の弾力性もかなり大きいことを示している。職業別にみると、都市では駐車場、守衛、警備、保安、旅館サービス、個人サービスなどの仕事に高齢者の就業率がきわめて高く、料金徴収係、構内修理員、倉庫作業員等の割合が高い。かつて従事していた職業と比較すると、技術レベルが高く、操作が複雑で、体力や知力の消耗が激しい業種から、技術レベルが低く、操作が簡単で、体力や知力の消耗が少ない業種にシフトしており、一般労働力の就業とは異なる職業構造を形成している。

中国の高齢者の再就職における職業のシフトも、日本の状況に似通っているところが多い。一九八七年のサンプル調査では、六〇歳以上の高齢者の再就職は、広義の農業労働に従事する人の割合が最も高く、農村高齢者の再就職全体の八六・五％を占めていた。都市部では、市で高い方から低い方へ順に、生産労働者が二二・九％、事務員が一七・六％、専門職員が一六・五％を占めていた。鎮では事務員が二一・八％、生産労働者が一七・九％、専門職員が一七・九％を占めていた(11)。

都市部および農村の高齢者の就業には「生産型」の特徴がある。農業・工業生産に直接従事することが、やはり高齢者の再就職の主体である。しかし、かつて従事していた職業と比較すると、やはり明らかな職業のシフトが起こっている。

市の高齢者の再就職を例にとると、生産労働者の三四・四％がサービス業に、一三・四％が事務職に、一三・一％が商業にシフトしている。幹部の五一・二％が事務職に、一三・一％が専門職に、一一・九％が生産労働にシフトしている。事務員は主としてサービス、生産労働と商業にシフトしている(12)。シフトの方向としては、まず、第二次産業から第三次産業へのシフトがみられる。これは体力の消耗を軽減することが主な目的である。第二に第三次産業内部での複雑な頭脳労働から比較的軽い頭脳労働、あるいはサービス、商業などの業種へのシフトがみられる。

高齢者の再就職のこうした職業のシフトは、成年労働力市場の隙間に入り込むもので、若年層と就職先を奪いあうといった問題を解決するために方向を示している。適切に導けば、われわれ独自の特徴をもった高齢者再就職の道を歩むことができ、養老保険システムの「三つの柱」のうち一つを全面的に解決することになる。

老年科学研究を積極的に展開する

人口の高齢化が人類発展の過程における重要な現象として世に問われるようになってから、われわれに老年科学研究を加速する任務が提出され、老年学もこうした時運に応じて生まれた。一九四六年に世界で最初の『老年学雑誌』が創刊されてから、半世紀の間に老年学（Gerontology）は徐々に確立され、学際的かつ境界領域的な学問分野となった。誕生以来歴史が浅く、新興学問分野であるため、さまざまな意見の食い違いがあり、議論を深め、発展をはかる必要がある。ここではマクロ的な角度からいくつかの異なる観点を分析するとともに、自らの見解を示すことで、この学問分野の発展を促し、高齢化のための現実的な貢献をしたい。

研究対象

老年科学を発展させるには、まず老年学の研究対象をはっきりさせなければならない。現在多くの解釈があり、老年学は「老化に関連する各種の現象」を研究するものだと考える者もあれば、「老化過程と高齢者問題に対する科学研究」[13]であるとする者もある。共通点は、いずれも老化と老化現象の問題を研究対象にあげていることである。私は、これらの説明にはとるべきところもあるが、さらに検討すべきところもあると考える。八〇年代後期に筆者は老年学の対象について、「人間の老化の進行法則を研究する」という言葉にまとめられるとする見解を発表した。これには四つのレベルの内容が含まれている。

第一レベル、人間を研究する科学。まず研究の対象は人類であって、その他の動物ではない。研究によっては、たとえば寿命の長短などは動物の世界にふれることもありうるが、ふれるというだけで研究の主体となるわけではない。次に老年学が研究するのは、老年期にある特殊年齢コウホート人口である。しかし、何をもって老年期とするのか。これも不確かな概念である。たとえば、普通の人は五〇歳で脳神経細胞や脳重量が減りはじめ、知能、とくに記憶力が著しく減退しはじめる。しかし、普通の人の聴覚は、二〇歳すぎから弱まりはじめ、晩年には非常に弱くなる。体力の低下に至っては正確な年齢を知ることはいっそう難しく、人によっても異なる。

スウェーデンの著名な人口学者サンドバーの年齢構成「三合法」は、五〇歳以上を高齢者と定めているが、現在発展途上国では一般に六〇歳が採用され、先進国では六五歳が採用されている。

「老年期」の開始年齢は変動的であり、平均余命の延長に伴い、たえず上昇する概念である。個体の老化の時期が確定し難いだけでなく、どの分野であるかによっても老年期の開始年齢の差が大きく、人口全体の老年期開始年齢もたえず変化しており、延長傾向にあるため、老衰期あるいは老衰期の高齢者という言葉は一般的に引用に適さない。そこで「人間の老化」という言葉を用いる。実際には老衰過程の特徴をもつ人を指し、この部分の人間を研究する科学である。

第二レベル、老化を研究する科学。ここでいう老化には二つの意味が含まれている。狭義の老化は、個体の老化(Senescence)を指す。広義の老化は、人口全体の高齢化(Aging)である。二つの老化の性質は異なるが、不可分の関係も存在しており、これにより老年学の各分岐学問分野の具体的内容と範疇が決まっている。

高齢者個体は具体的な個人として、共通の自然属性、共通の生理組織および共通の生理組織が決定する似通った老衰過程を有する。周知のとおり、個体の老衰過程についての研究の歴史は古く、直接の動機は人の寿命の延長であった。中国古代の「仙丹〔飲むと仙人になるという霊薬〕」製造から西洋の「錬金術」の発明まで、「長生不老」の神話が多く残っており、強い宗教的色彩をもっている。

中国医学、西洋医学の発展により、人類は老衰防止に大きな一歩を踏み出した。現代生命科学、遺伝学、バイオテクノロジーの発展により、人類の生命の神秘と老衰の原因を明らかにすることが可能になった。人々は、一般的に人間の寿命は彼らの両親や祖父母と関係しており、祖父母や両親が長寿の人は子孫も一般的に長寿であることを発見した。これは老化遺伝子が一定の形式で遺伝情報のなかに存在しているためである。遺伝情報を保存、複製、伝達する主要物質であるＤＮＡが損傷を受けると、細胞の代謝を妨げる物質が発生し、これにより機能が低下し、老化がはじまる。しかしＸ染色体はマクロクロモソームであり、損傷を受けたＤＮＡを修復する能力が強い。Ｙ染色体はミクロクロモソームであり、損傷を受けたＤＮＡを修復する能力が弱い。このためＸＸ染色体をもつ女子は、ＸＹ染色体をもつ男子に比べ寿命が長い。これは遺伝の内在的要素の作用の結果である。もちろん、内在要素以外に、栄養、気温、疾病、災害、放射線などを含む環境要素の影響も大きく、老衰過程を遅らせたり速めたりすることができる。

人間は自然属性を有するだけでなく、特定の歴史的条件のもと、社会的属性をもつ。人間の社会的属性から老年学の研究対象をみることは、広義の老年学が研究すべき問題である。すなわち人口全体の高齢化および人口全体の高齢化にかかわる問題である。紀元前の上古時代には、人口の出生時平均余命は二〇歳未満、中古時代も三〇歳程度だったものとみられており、人口の年齢構造の若さが著しい特徴であった。封建社会の自然経済条件のもとでは、技術が長い間停滞し、前の世代の技術を次の世代もほとんどそのまま踏襲していたために、高齢者は相対的に有利な立場にあり、そこから高齢者を敬い、扶養する社会的伝統が生まれた。

現代社会の一つの特徴は科学技術の急速な進歩であり、高齢者は相対的に不利な立場に置かれ、年齢差別は普遍的な現象となっている。こうした高齢者に対する見方や立場の変化、その他の高齢化問題の深刻化により、老年科学研究がますます重視されるようになり、この分野の学問が誕生し、発展してきた。人口の高齢化およびその社会背景は、老年学誕生の社会的な土壌であり、それが老年学研究の方向と特徴を制約し、老年学の発展を決定づけている。そうでなければ、狭義の個体の老化についての研究は早くも千年、二千年前に存在していたのだから、当時すでに老年学があったということになる。

ここで重要なことは、狭義の個体の老化と広義の全体の老化を結びつけ、ミクロとマクロを統一した老化こそが、老年学の研究対象であるということである。老年栄養学は高齢者特有の身体条件に基づき栄養学を研究し、栄養学の一つの分岐分野となっているが、これだけでは老年学の分岐分野となることはできない。それがたとえ老年学と一定の関係をもっているとしてもである。栄養学の一般原理を老化に応用し、個体の老化と全体の老化の研究のなかにとりいれ、老化の過程と法則を研究する栄養老年学を確立してはじめて、老年学の一つの内容あるいはひとつの分岐分野となる。つまり、老年学はけっして他の学問分野に高齢者の特徴を単純に追加したものではなく、他の学問分野の原理を応用し、二つの老化の過程と法則の科学的な特徴を研究するものであり、とりわけ重要なのは全体の老化の面の具体的な表れである。

第三レベル、進行を研究する科学。すなわち個体の老化、全体の老化の進行を研究する科学である。狭義の個体の老化は、遺伝と環境要素の影響を受けるが、遺伝学とバイオテクノロジーは科学技術の発展の結果であり、環境要素はすでに大きな変化を経験し、これからも引き続き大きな変化を経験することが見込まれており、いずれも進行の角度から把握する必要がある。広義の全体の老化は、一〇〇年余りの間、とくにここ半世紀の間に表れた状況であるが、急速に進行しており、経済、科学技術、社会の発展と相まって、世界全体、先進国、発展途上国にそれぞれの特徴が表れており、これも進行のもつ意味から把握する必要がある。多くの分岐学問分野を含む静態的な老年学の研究はもともと少なくない。より重要なのは動態的研究であり、老化を進行の過程として研究することである。

第四レベル、法則を研究する科学。いかなる科学も一定の現象の解明と切り離すことができない。しかし、現象を解明するのは、現象間の本質的な内在関係をみつけだし、その固有の進行法則を明らかにするためである。したがって私は老化現象を研究対象として並べることには賛成しない。老年学における老化の進行法則の研究には、個体の狭義の老化と全体的な広義の老化の進行法則の両方が含まれる。ストレーラー（Strehler）の述べるところによると、狭義の個体の老化の法則は次のように表すことができる。(14)

一、普遍性（Universality）。老化の生理現象は何人も免れることはできず、遅かれ早かれ必ず起こるものである。

二、内在性（Intrinsicality）。老化は誕生、成長、死亡と同様、身体に内在する固有のものである。その基本はもとの遺伝構造に基づいて定められた一つの過程であり、けっして外界の力によって左右されることはない。
三、進行性（Progressiveness）。老化は突発性の病変に比べ、漸進的かつ不可逆的な性質をもっており、いったん現れ形成されると、再び快復することはない。
四、有害性（Deleteriousness）。老化は直接生理機能の低下をもたらし、最後には死を招く。
狭義の個体の老化は身体的な生理機能の他、精神的老化あるいは精神機能の老化も含む。たとえば脳神経細胞の数の減少など中枢神経の老化、視覚、聴覚、味覚、触覚など感覚系統の老化、知的機能の老化などである。精神機能の老化も必然的に発生し、法則性がある。広義の全体的老化、すなわち人口高齢化の進行法則は、多くの先進国の実践が証明しているとおりである。高齢化の最も主要な原因は、出生率の低下と出生数の減少および平均余命の延長である。一部の国では年齢別人口死亡率の低下、とりわけ高齢者の年齢別死亡率の低下が大きく影響しているが、これはやはり平均余命の延長により実現したものである。成年人口、未成年人口の年齢別死亡率の低下が高齢化を引き起こすことはなく、その直接の影響は人口の年齢構造の逆方向への変動である。人口の高齢化は、経済、科学技術、社会の発展に大きな影響を与え、ますます重視されるようになっており、そのなかから多くの法則を見いだすことができる。老年学研究の目的は、これらの進行法則を発見し、認識し、掌握することにあり、狭義の個体の老化の法則を含むだけでなく、広義の全体の老化の法則および二つの法則の相互作用と影響をも含んでいる。

以上四つのレベルから、人口の老化の進行法則に関する研究をまとめ、老年学が研究すべき基本的な内容を明らかにし、老年学の研究対象を説明した。この種の研究は一定の社会背景と切り離すことができない。また、老化現象の把握と分析、老年学に関連する各学問分野の研究とも切り離せない。たしかにこれらは老年学の研究方法にかかわるが、老年学の研究対象とすべきではない。つまり、老化の現象、過程および関連学問分野を老年学の研究対象に入れるべきではなく、老年学研究の対象は人間の老化の法則的な進行に関する科学である。

学問分野の構造

老年学発展の歴史を簡単に考察すると、まず老年医学、老年生物学など自然科学のなかから現れ、発展してきた。その後、高齢化問題の深まりや社会問題としての深刻化に伴い、高齢者の社会問題を早急に研究する必要が生じ、老年学は社会科学の分野に入ってきた。現在老年学は総合的、学際的傾向の強い学問分野であり、自然科学と社会科学の二大科学に跨る特徴をもち、すでに広く認められている。自然科学を主とするのか、社会科学を主とするのかについては、異なる見方があり、各学問分野の老年学のなかでの位置づけと役割から具体的に分析する必要がある。この見地から出発し、筆者は、人口学の年齢構造変動と老年人口学が、老年学と老年科学研究を展開するための基礎であり、基礎的な学問分野であると考える。

なぜこのようにいうのか。質的な規定性からみると、老年医学にしても、老年生物学にしても、老年経済学、老年社会学にしても、老年学は自然科学と社会科学の諸々の分岐学問分野であり、研究すべき対象はいずれも一定の数、一定の質と一定の自然構造、経済構造、社会構造をもった高齢者の人口群である。こうした高齢者の人口群を離れると、いかなる老年学および分岐学問分野も存在の根拠を失い、源のない水、根のない木となってしまう。高齢者の数、質、構造の変動をとらえてはじめて、老年学およびその分岐学問分野の研究に信頼できる立脚点をみつけることができるのである。高齢者は人口全体のなかの一部分であり、人口全体の変動と関連づけて研究する必要がある。老年人口学もまた人口学全体のなかの一つの構成部分である。

周知のとおり、高齢者の数の変動は主として人口全体の年齢構造によって決まり、人口全体の年齢構造は過去の人口の出生、死亡、移動などの変動の結果として表れる。高齢者の質は、高齢に入る前の身体的、文化的資質の状況によって決まり、従来の「定型」が決定的な役割をもつが、老年期に入った後も変化する可能性がある。老年人口の構造は、年齢、性別などの自然構造の他、就業、都市と農村、地域分布などの経済構造、婚姻、家族などの社会構造を含み、人口全体の構造と必然的な関係をもっている。高齢者の状況は、人口全体の状況の一つの構成部分であり、人口全体の状況の変化の制約を受け、人口全体の状況と変化という点から把握する必要がある。

数の点からみたとき、なぜ老年学の重要性がしだいに増してきたのか。これは人口高齢化の加速的進行と切り離すことができない。すでに述べたとおり、人口全体の高出生率、低死亡率、高増加率から低出生率、低死亡率、低増加率への移行に際し、人口の年齢構造の若年型から成年型、老年型への転換が起こり、高齢化の傾向が現れる。いままでは、すべての先進国で高齢化が深刻な段階に入り、世界人口の五分の一強を占める中国が老年型国家の仲間入りをしようとしている。また、多くの発展途上国で出生率が低下し、年齢構造が成年型、老年型へと転換するプロセスを経験しつつある。こうした時に、こうした時だからこそ、高齢化問題が広く注目を集め、老年人口学がかつてない大きな発展を遂げることが可能なのである。したがって、老年科学の研究と発展のために、高齢化の実際的経験と人口学の理論的基礎を提供し、老年学をさらに加速的に発展させていく必要がある。

中国の特徴

中国で、はじめて老年科学がとりあげられたのは、五〇年代後半である。一九五八年に中国科学院の動物研究所に正式に老年学研究室が設立され、一九六四年にはじめて全国老年学、老年医学学術会議が開催された。しかし、産声を上げたばかりの老年学の芽は、後に発生した一〇年に及ぶ「文化大革命」のなかで摘みとられ、生き残り、発展することはできなかった。老年医学や老人病の予防治療の分野などのように、多くの成果をあげた学問分野もあるが、これは、医学の発展という形で表れたのであって、老年学の学問分野とはならなかった。

改革開放後、自然科学と社会科学の発展、とくに人口学と老年人口学研究の出現、実際の高齢化問題の深刻化、国際間の老年科学交流の増加、情報量の拡大に伴い、老年学がしだいに重視されるようになり、さまざまな方向から研究が行われるようになった。さらに、一九八六年五月には北京で正式に中国老年学学会が発足した。老年学学会の発足は老年科学研究に新たな一頁を切り開き、一〇年余りの間に大きな発展を遂げ、次のような独自の特徴を示すにいたった。

第一に、調査研究を重視する。老年科学の発展は人口の年齢構造の高齢化の現実と切り離すことができない。中国においてはなおさらである。前述のとおり、中国は七〇年代から出生率が長期間持続的に低下し、人口の年齢構造の若年型から成年型への急速な移行が進み、さらに成年型から老年型へと加速的に移行しつつある。この世界一の人口大国で起こっている変化はただごとではない。それは経済生活、社会生活にかなり大きな変動をもたらす。高齢者の数とその割合の急激な上昇により、高齢者の生存、享楽、発展の多方面のニーズを満たすには、社会生産、消費構造をそれにあわせて調整する必要がある。高齢者は食物、衣類、住宅、交通、文化生活などに特殊なニーズがあり、これが市場に影響を与えている。生産、交換、分配、消費などの各段階に、いずれもこのようなニーズに適応し、変更を加えるべき問題がある。現実を出発点として、扶養の難題を解決し、中国の国情にあった高齢者保障システムを確立するには、まず正しく現実を理解する必要がある。

中国の老年学はまだ本当の意味で確立されていないため、基本的な資料の蓄積を欠いている。自ら第一次資料を手に入れるため調査を行うしか方法がない。この考え方に基づき、筆者は第七次五カ年計画の国家重点プロジェクト「老年人口調査と老年社会保障改革研究」を主宰し、一九八七年には国家統計局都市農村サンプル調査隊の協力のもと、全国サンプル調査を完成させた。その後、中国老年科学研究センターなどの機関と学術界の個人がさまざまな規模の調査を行い、老年科学研究に信頼できるデータ資料を提供し、高齢化研究の深化と老年科学の発展を推進している。

第二に、海外のすでに成果をあげている科学的な要素を合理的に参考とする。調査研究を強調し、現実を出発点として高齢化問題の研究を展開し、さらに老年科学を発展させるということは、けっして海外の既存の研究成果を拒絶するということではない。逆に、海外のすでにある成果に対し、具体的な分析を行い、その科学的要素を積極的にとりいれてこそ、老年科学をいっそう発展させることができる。欧米の老年学研究には長い歴史があり、多くの成果があがっている。大量の論文が出版されており、学問分野の体系もすでに成熟に向かっている。参考とすべき多くの先進的成果があり、多くの学派のなかから優れたところを広くとりいれる必要がある。ただ、参考にするといっても、それは合理的な方法で参考にするのでなければならないことは、いうまでもない。そのまま模倣するのではなく、中国の現実を出発点とするのでなければならない。このために、国際間の学術交流を強化し、われわれの研究が学問分野の最前列に立てるようにする必要がある。

第三に、基礎学問分野と分岐学問分野とを同時に発展させる。わが国の老年学研究は、スタートが遅かったが、現在までにすでにかなりの数の研究者集団を形成している。ただこの集団はさまざまな学問領域に分散している。国際的に老年学の発展の歴史は、まず分岐学問分野からスタートし、しだいに学問分野としての体系が整備されてきた。わが国の老年学の発展もこうした道をたどっていくものとみられる。つまり、まず老年医学、老年生物学、老年心理学、老年人口学、老年経済学、老年社会学などの分岐学問分野が発展し、後に学問分野としての体系が構成されるであろう。

しかし、二つの点に注意する必要がある。第一に、欧米の老年学はすでに体系が形成され始めており、全体としてすでに参考とすべき科学研究の成果がある。第二に、十数年の発展を経て、各分岐学問分野にはいずれも研究者集団が形成され、次々に論文・著述を発表し、初歩的な研究を行っている。これはわれわれが老年学を各分岐学問分野の研究のなかで前進させることができるのみならず、学問分野として体系的な研究を行う能力と条件を備えていることを示している。したがって、中国の老年学の発展は分岐学問分野だけで推進するのではなく、分岐学問分野で推進するとともに学問分野全体で推進し、互いに促進しあう老年学分野および、学問体系としなければならない。

第6章　誰がまだ農村に残るのか
――人口都市化の焦点透視

人口の都市化は大きな流れである。都市では「人満為患（人口が多すぎることは災いである）」という声が日増しに高まり、中国の人口都市化は正念場を迎えている。二一世紀に向かい、どのように方策を定めればよいのか。

中国の人口都市化は、急に加速したかと思うと、また急に減速した。そこにはどのような謎が隠されているのか。

中国の都市人口と農村人口の自然変動は一九六四年を境に、これより以前は、都市人口の出生率、自然増加率が農村より高かった。この年以降、農村人口の出生率、自然増加率が都市より高くなった。これは一つの歴史的な転換点であった。

われわれは人口全体の構成員のなかの個体として、たえず自らの生存と発展に適した環境を選択し、利用しており、都市に移るか農村に残るかは、現代社会に生きる人々にとって最も重要な選択である。経済や文化等の発展という点からみたとき、都市の方が農村よりずっと優位にあるため、人口の都市への集中は時代の趨勢となっている。中国の人口統計と区分基準がもつ特殊性のために、都市人口がいったいどのくらいなのかということは長い間ずっと謎であった。改革開放以来、しだいにこの「謎」が明らかになりつつあるが、中国の人口都市化にはまだ一部つかみきれない要素がある。

もっと重要なことは、農村から都市に大量の流動人口が押し寄せ、都市では流動人口による犯罪が増加し、新たな問題が次々と発生していることである。北京、上海ではすでに流動人口が三〇〇万人を越え、他の多くの大都市でも一〇〇万人から二〇〇万人にのぼっている。都市では「人満為患〔人口が多すぎることは災いである〕」という声が日増しに高まり、中国の人口都市化は正念場を迎えている。二一世紀に向かい、どのように方策を定めればよいのか。

人口都市化の大きな流れ

人類社会の発展の歴史をさかのぼってみると、原始社会から奴隷社会への移行過程で、三回の社会的分業が起こり、遊牧部落、手工業、商業が次々と分離していき、最初の意味での都市が出現し始めた。社会生産力の発展、科学技術と文化の進歩に伴い、また国家が誕生した後、政治の力が社会生活のなかで大きな役割を果たすようになったことにより、都市はますます重要性を増し、経済、政治、軍事、文化、宗教などの活動の中心となり、数の上でも、規模の上でもしだいに拡大していった。一八世紀中葉、産業革命が起こると、機械化された大規模工業や工場制度の確立により、都市の発展は新たな段階に入り、人口の都市化は嵐のような勢いで急速に進展した。

産業革命はなぜ人口都市化の進展を促すことができたのか。以下のいくつかの面から理解することができる。

その一。都市部の商工業の発展には大量の労働力が必要であった。産業革命は、一八世紀の中葉、まず紡織業から始まった。手動式の糸縒車から紡績機へ、手動式の織布機から機械式の織布機への転換が起こり、かつての工場制手工業生産が機械化された大規模工業生産へと変わり、資本を蓄積するとともに、労働力を集め、これと結びつくことが必要となった。産業革命はしだいに軽工業から重工業へと広がり、都市に集中して発展しはじめ、必要な労働力を吸収し、これと結びついてはじめて、現実の生産力となることができた。

軽工業、重工業が発展すると、商業、飲食業、学校、文化事業なども当然付随して発展する。建築業、運輸業、郵便・電信・通信業などはさらに一歩先に発展する必要があり、都市が求める労働力の総量が急速に増加していった。また、都市工業化の発展の結果、農業を含む国民経済全体の発展に先進的技術手段が提供され、農業の労働生産性の向上を促し、農村はたえまなく都市に必要な労働力と原材料を提供するようになった。こうした後ろ盾と都市工業化のさらなる進展が、労働力と農産品に対する新たな需要を生み出し、それにより都市化はさらに拡大していった。

その二。都市には科学、文化、教育の中心としての役割がある。都市は工業や経済の中心として以外に、人口、資本および既存の基礎の優位性のために、科学、教育、文化、衛生の中心として発展する。都市の人口や学生だけでなく、都市周辺および遠隔地から学生や科学、文化事業などに従事する各分野の人材を引きつける。これらの人口は新たな都市住民となり、さらに彼らの親族が都市に転入するための拠点となる。

その三。都市と農村の格差が人口を引きつける。都市部で商業に従事する労働力の労働生産性は高く、一般的に所得が農村より高いため、経済所得の上で大きな魅力がある。また、都市は交通が発展し、情報が自由に行き交い、文化や科学技術も先進的であるため、周囲の農村に対し強い吸引作用があり、大都市は地域経済の発展に対して輻射機能を備えており、地域の中心となって、自然と労働力と人口を引きつける力を備えている。

その四。植民地型の都市として発展した。一八世紀中葉、産業革命が起こると、資本主義が発展しはじめ、たえず外に向かって侵略・拡張を行うようになり、植民地と半植民地を奪いとった。先進資本主義国は、植民地、半植民地の原材料を略奪し、商品ダンピング市場を開拓するため、一八世紀の終わりから二〇世紀の中頃にかけ、大規模な植民地争いを繰り広げた。植民地や半植民地で鉱山を開き、工場を建て、鉄道を敷いて、多くの植民地型都市を発展させた。アジアや南米、アフリカにはこうした都市が多く、なかにはインドのボンベイやカルカッタのような超大都市もある。資本主義の「冒険家の楽園」と呼ばれた上海も、だいたいこの類に属する。

現代では、人口の都市化は都市の伝統的な商工業の発展と結びついているだけでなく、新技術革命と密接に結びついている。新技術革命およびその関連産業の多くは、都市、とくに中心都市に集中しており、そこから教育、科学研究、文化事業の発展が促される。ただ、人口の都市化も他のあらゆることと同様、少なからぬ問題をもたらす。

主に次のような問題がある。都市のインフラの立ち遅れの問題――住宅、交通、水道、電気、ガスの供給不足は、多くの都市で長年未解決の難題となっている。深刻な汚染問題――廃ガス、廃水、固形廃棄物の排出量が増大し、騒音汚染が深刻となっており、都市の環境の質が低下している。失業問題――都市では失業率が高く、なかには「理由もなくことを起こす」人間もいるため、都市の犯罪率が高くなっている。

都市経済の客観的な発展法則と近代化の進展状況により、また上述の都市問題の時間（歴史段階）や空間（大、中、小都市）による現れ方の違いによって、世界の人口都市化の発展は三段階に分けることができる。第一段階では人口が農村から小都市を中心とする都市に流入し、小都市の人口がまず急速な増加を遂げる。第二段階では小都市の人口がしだいに大中都市に流れ込み、この段階の後期になると、主に大都市に集中するようになり、都市に規模の効果が現れる。第三段階になると、先進国の超大都市、ニューヨーク、ロンドン、東京、大阪などのように、都市中心部の人口が郊外に移転しはじめる。いわゆるインナーシティー問題の広がりである。しかし、全体的にみると、世界の人口都市化はいままさに進展の最中にあり、国連の中位推計は、表六・一に示すとおりである(1)。

第二次世界大戦後の世界の人口都市化の趨勢をみると、以下のいくつかの特徴がある。

第一の特徴は都市化スピードの加速である。

表6・1　世界における人口都市化の趨勢（1950年以降）

都市人口（%）

年	世　界	先進国	発展途上国
1950	29.2	53.8	17.0
1970	36.6	66.6	24.7
1990	45.2	72.6	37.1
1995	48.1	73.6	41.2
2000	51.1	74.9	45.1
2005	53.9	76.3	48.6
2010	56.5	77.9	51.8
2020	62.0	81.1	58.2
2025	64.6	82.5	61.2

産業革命が人口都市化の加速的進展の扉を開けた。まっさきに産業革命を推進し、終わらせたイギリスでは、一九世紀の中葉に都市人口が全人口の半数前後を占めるようになった。さらに一九世紀末には七五％前後を占めるにいたりこの時点で都市化を実現させた。次いで、米国などの国々でも工業化の過程で都市人口が空前の増加をみせはじめ、先進国は都市化への歩みを加速した。しかし、世界全体についてみると、第二次世界大戦終結前までは人口全体のなかで都市人口が占める割合はまだ低く、大戦終結時の都市人口割合も全人口の四分の一前後を占めるに過ぎなかった。一九五〇年にようやく七億三四〇〇万人に達し、割合が二九・二％まで上昇した。その後人口都市化の歩みは著しく加速した。

一九五〇―一九七五年の二五年間に、世界の都市人口は七億三四〇〇万人から八億七〇〇〇万人増えて、一五億四一〇〇万人になった。この間、年平均三二二八万人が増加し、年平均増加率は三・〇一％であった。これは同期の人口全体の年平均増加率一・九五％よりも一・〇六ポイントも高い数字である。都市人口の割合は二九・二％から、八・六ポイント上昇して三七・八％になり、この間、年平均〇・三四ポイントの上昇をみせた。

次の二五年間、すなわち一九七五―二〇〇〇年には、世界の都市人口が一五億四一〇〇万人から一六億五七〇〇万人増えて三一億九八〇〇万人になる。この間、年平均六六二八万人が増加し、年平均増加率は二・九六％である。同期の人口全体の年平均増加率一・七三％よりも二・二三ポイント高い。都市人口の割合も三七・八%から、一三・三ポイント上昇して、五一・一%となり、この間、年平均〇・五三ポイント上昇することになる。

さらに次の二五年間、すなわち二〇〇〇―二〇二五年には、世界の都市人口は三一億九八〇〇万人から二二億九五〇〇万人増えて五四億九三〇〇万人となり、年平均九一八〇万人が増加し、年平均増加率は二・一九%となることが見込まれる。これは、同期の人口全体の年平均増加率一・二三%よりも〇・九六ポイント高い。都市人口割合は五一・一%から、一三・五ポイント上昇し、六四・六%になり、この間、年平均〇・五二ポイント上昇する。

上述の三回の二五年を比較すると、都市化の歩みが加速する過程で、都市人口の増加率については、一九五〇―一九七五年が最も高く、次が一九七五―二〇〇〇年で、二〇〇〇―二〇二五年が最も低い。都市人口割合の上昇率は一九七五―二〇〇〇年が最も高く、二〇〇〇―二〇二五年がこれよりやや低く、一九五〇―一九七五年が最も低い。これは人口全体の増加率の影響を受けるためである。都市人口の絶対数については、多い方から順に二〇〇〇―二〇二五年、一九七五―二〇〇〇年、一九五〇―一九七五年となり、それぞれおよそ三〇〇〇万人の差がある。やはり「低い増加割合と高い増加量」のコントラストが存在する。

第二の特徴は発展途上国の都市化スピードはもっと速いということである。

やはり二五年ごとの比較を行うと、一九五〇―一九七五年に発展途上国の都市人口は二億八六〇〇万人から五億一〇〇万人増えて、七億八七〇〇万人となり、年平均増加率は四・一三%であった。これは、同期の世界の都市人口の平均増加率三・〇一%よりも一・一二ポイント高い。発展途上国の都市人口の割合は一七・〇%から九・四ポイント上昇して、二六・四%となり、年平均〇・三八ポイント上昇した。これは、世界の都市人口割合の年平均上昇率〇・三四ポイントよりも〇・〇四ポイント高い数字であった。

一九七五―二〇〇〇年には、発展途上国の都市人口が七億八七〇〇万人から一四億六四〇〇万人増えて二二億五一〇〇万人となり、年平均増加率は四・二九%となる。同期の世界の都市人口の年平均増加率二・九六%よりも一・三三ポイントも高い。都市人口の割合は二六・四％から一八・七ポイント上昇して四五・一％となり、年平均〇・七五ポイント上昇する。これは同期の世界の都市人口の年平均上昇率〇・五三ポイントよりも〇・二二ポイント高い数字である。

二〇〇〇—二〇二五年には、発展途上国の都市人口は二二億五一〇〇万人から四三億七六〇〇万人に増え、年平均増加率は二・六九％となる見込みである。同期の世界の都市人口の年平均増加率二・一九％よりも〇・五〇ポイント高い。都市人口の割合は四五・一％から一六・一ポイント上昇し、六一・二％となり、年平均上昇率は〇・六四ポイントで、同期の世界の都市人口の年平均上昇率〇・五二ポイントよりも〇・一二ポイント高い。

一九五〇年以来の発展途上国の人口都市化は、都市人口の増加率にしても、都市人口割合の上昇率にしても、全期間を通じ、世界の同期のレベルよりもかなり高いことがわかる。先進国と比べた場合には、増加率の高さがいっそう際だつ。しかし、発展途上国自身の都市人口の増加率について比較してみると、一九五〇—一九七五年と一九七五—二〇〇〇年はきわめて近く、年平均増加率は四％強である。二〇〇〇—二〇二五年には減速し、二％をわずかに上回る程度である。都市人口の割合については、一九五〇—一九七五年の上昇幅は小さく、一九七五—二〇〇〇年の上昇幅はその二倍となり、二〇〇〇—二〇二五年には再びわずかに低下する。

第三は超大都市の増加が目立つことである。

一九五〇年、世界には人口が二〇〇万を越える大都市が三〇あった。すなわち、ニューヨーク（米国）、ロンドン（イギリス）、東京（日本）、パリ（フランス）、モスクワ（ロシア）、上海（中国）、エッセン（ドイツ）、ブエノスアイレス（アルゼンチン）、シカゴ（米国）、カルカッタ（インド）、大阪（日本）、ロサンジェルス（米国）、北京（中国）、ミラノ（イタリア）、ベルリン（ドイツ）、メキシコシティー（メキシコ）、フィラデルフィア（米国）、サンクトペテルブルグ（ロシア）、ボンベイ（インド）、リオデジャネイロ（ブラジル）、デトロイト（米国）、ナポリ（イタリア）、マンチェスター（イギリス）、サンパウロ（ブラジル）、カイロ（エジプト）、天津（中国）、バーギンガム

（イギリス）、フランクフルト（ドイツ）、ボストン（米国）、ハンブルグ（ドイツ）である。人口が一〇〇〇万人を越えていたのはニューヨーク市だけで、ロンドンは八〇〇万人、東京は六〇〇万人を越えていたが、その他はいずれも二〇〇—六〇〇万人の間であった。

一九九〇年には上位三〇都市の人口はいずれも六〇〇万人以上に達し、そのなかで東京は二〇〇〇万人を越え、ニューヨークは一六〇〇万人を越えた。他にメキシコシティー、サンパウロ、上海、ボンベイ、ロサンジェルス、北京、カルカッタ、ブエノスアイレス、ソウル（韓国）、大阪等一四の都市で一〇〇〇万人を越えた。注目すべきことは、一九五〇年には世界の上位三〇都市のなかに先進国が二〇カ国含まれ、三分の二を占めていたが、一九九〇年には先進国はわずかに一〇カ国しか残っておらず、三分の一を占めるにすぎず、一方、発展途上国が三分の二を占めるにいたり、四〇年間に逆転が起こったことである。

新たに世界上位三〇都市の仲間入りしたのは、ソウル（韓国）、ジャカルタ（インドネシア）、デリー（インド）、マニラ（フィリピン）、カラチ（パキスタン）、ラゴス（ナイジェリア）、イスタンブール（トルコ）、リマ（ペルー）、テヘラン（イラン）、バンコク（タイ）、ダッカ（バングラディシュ）の一一都市である。ミラノ、ベルリン、フィラデルフィア、サンクトペテルブルグ、デトロイト、ナポリ、マンチェスター、バーミンガム、フランクフルト、ボストン、ハンブルグの先進一一カ国の大都市は圏外に押し出された。

二〇一五年までを予測すると、世界の上位三〇都市の構成はさらに激しく変化し、人口規模最低の都市が一〇〇〇万人に近づき、最大の東京は二八〇〇万人を越え、第二位のボンベイが二七〇〇万、第三位のラゴスが二四〇〇万、第四位の上海が二三〇〇万を越える。その他ジャカルタ、サンパウロ、カラチが二〇〇〇万を越え、二〇〇〇万人を越える超大都市のなかで先進国はわずかに一カ国となる。上位三〇都市のなかで先進国はさらに六カ国に減少し、一九九〇年の三分の一から五分の一に下がり、モスクワ、ロンドン、エッセン、シカゴは上位三〇都市の外にはじき出される。発展途上国が五分の四を占めるにいたり、ラホール（パキスタン）、ハイダラバード（インド）、キンシャサ

（コンゴ民主共和国）、マドラス（インド）といった発展途上国の四都市が上位三〇都市の仲間入りをする。(2)

第四は都市化の重層的推進である。

先進国と発展途上国とでは経済、科学技術、文化、社会の発展の格差が大きいため、人口都市化は異なる段階にあり、過去数十年と同様、今後も世界の人口都市化は重層的に推進される。

発展途上国のなかの低所得国は都市化の初期段階にあり、農村人口の都市への集中は主として小都市や田舎の町にみられ、一般的に都市化のレベルは高くない。発展途上国のなかで比較的所得の高い国では、ほとんどがこの初期段階を過ぎ、小都市から大都市への移動の過程に入っている。発展途上国の大都市は空前の増大をみせており、先進国の従来の大都市を凌ぐほどである。これについてはちょうど前の部分ですでに説明したとおりである。

一方で、先進国の都市人口の増加は緩慢であり、表六・一から次のことがわかる。一九五〇―一九七五年の間に先進国の都市人口は四億四八〇〇万人から三億六〇〇万人増えて七億五四〇〇万人になり、年平均増加率は二・一〇％であった。都市人口の割合は五三・八％から一五ポイント上昇して六八・八％となり、年平均〇・六〇ポイント上昇した。一九七五―二〇〇〇年の都市人口は七億五四〇〇万人から一億九二〇〇万人増えて九億四六〇〇万人となり、年平均増加率は〇・九一％である。都市人口の割合は六八・八％から六・一ポイント上昇して七四・九％となり、年平均〇・二四ポイントの上昇となる。二〇〇〇―二〇二五年には都市人口が九億四六〇〇万人から一億七一〇〇万人増えて一一億一七〇〇万人となり、年平均増加率は〇・六七％である。都市人口の割合は七四・九％から七・六ポイント上がって八二・五％となり、年平均〇・三〇ポイント上昇する。

発展途上国と比較すると、先進国では都市人口の増加率にしても、都市人口割合の上昇率にしても、かなり低い。また、一九五〇―一九七五年に比べ、一九七五―二〇〇〇年および二〇〇〇―二〇二五年には、都市化の速度がいっそう緩慢となり、強大な力も最後には衰えてしまうということを感じさせる。発展が緩慢な原因には、都市化がかなり高いレベルに達し、自然に勢いが鈍ることによる影響だけでなく、都市化の発展が第三段階に達し、大都市の中心部の住民が郊外に転出したり、故郷に帰ったりすることによる影響もある。とくに、環境保護を強調し、人々が健康と生活の質により注意を払い、持続可能な発展の目標を追求するようになっている状況の下では、こうした傾向が現れるのは当然である。しかし、先進国の人口都市化はまだ極点には達しておらず、今後三〇年間、増加が止まることはない。

古くからの文明国である中国には、紀元前七七〇―前二二一年の春秋戦国時代に、早くも一定の規模をもった都市が出現していた。その後の二〇〇〇年余りの封建社会には、東洋の都として名高い数々の文化都市が出現し、その時代における屈指の大都市であった。しかし、封建的な自給自足の自然経済の制約から、人口の都市化などというにはほど遠く、封建都市のいびつな繁栄がみられただけであった。近代になって、植民地主義が入ってくると半植民地、半封建経済が形成されたが、都市の発展は明らかに植民地的色彩をおびており、やはり人口都市化の構造が形成されることはなかった。一九四九年に中華人民共和国が成立した時、当時の都市人口は約五七六五万人、総人口に占める割合は一〇・六%で、農村人口が九〇%近くを占める典型的な農業国であった。中国の人口都市化はここからスタートした。およそ半世紀間の発展について、以下のいくつかの特徴にまとめることができる。

その一。人口都市化のスタートラインが低く、発展は不規則な段階性をおびていた。一九五〇年に世界の都市人口割合が二九・二%に達していたとき、中国の都市人口はわずかに一一・二%であった。非常に低いところから都市化がスタートしたといえる。その後三年間の国民経済回復と第一次五カ年計画の大規模な経済建設の実施に伴い、重工業を中心とする基礎産業が急速に発展し、五〇年代には人口都市化の急速な進展の趨勢が表れた。一九六〇年には都市人口の割合が一九・八%まで上昇し、世界の人口都市化レベルとの差を大幅に縮め、発展途上国全体のレベルより二・三ポイント低いだけとなった。

しかしながらその後の経済的困難の時期および回復後の「文化大革命」の破壊的な影響により、人口の都市化は大幅な低下と上昇を経て、小幅な増減を繰り返す停滞期に入った。国家統計局が発表したデータによると、一九六五

―一九七八年の間、都市人口の割合は一貫して一七・〇―一八・〇％という低レベルを維持していた。一九八〇年の初めに一九・四％まで回復して、一九六〇年のレベルに近づき、ようやく二〇年の不規則な都市化停滞の局面が終わった。

八〇年代以降、改革開放の深化と拡大、経済の持続的な高成長に伴い、人口の都市化は正常な発展の軌道に乗り、都市化の加速的進展がみられるようになった。一九九五年には都市人口の割合が二九・〇％にまで上昇し、都市と農村の人口はおよそ三対七となり、世界の人口都市化レベルとの差も縮小された。五〇年代の急速な発展、六〇年代から七〇年代にかけての二〇年間の停滞、八〇年代以来の加速的進展は、「高―低―高」の都市化構造を形成し、正常な状況の下での都市化の発展にはあまりみられない不規則な段階性を示した。(3)

その二。第一段階の人口都市化の特徴を主とし、第二、第三段階の性質をも合わせもつ。

中国は人口の都市化にあたり、小都市の発展を強調している。これは都市化レベルの向上をはかる際の自然な選択であり、四、五〇年来の都市化のプロセスにはこの特徴が表れている。しかし、一部の地域では小都市から大都市への人口の移動が、特定の大都市では人口の郊外区への移動が起こっており、人口都市化の重層的な推進の特徴が表れている。表六・二と六・三を見よ。(4)

表六・二と表六・三は次のことを示している。一九五三、一九六四、一九八二年を比較すると、人口一〇万人以下と一〇―三〇万人の小都市の人口の割合は下がっており、小都市化の傾向は発生していない。一〇〇万以上の大都市の人口の割合は大幅に上昇しており、大都市化の傾向が発生している。しかし、一九六四、一九八二、一九九〇年を比べると、一〇万以下と一〇―三〇万の小都市の人口の割合が倍増しており、一方一〇〇万以上の大都市の人口の割合がいくらか下がっており、小都市化の傾向が現れている。鎮を最小の都市と見た場合、市の人口との比に大きな変化はなく、市がわずかに上昇しているものの、基本的に一定のバランスを保っている。しかし、改革開放以来、国民経済や郷鎮企業の急速な発展に伴い、とくに九〇年代以降の県を市に改める風潮の影響で、人口の都市化は「大都市

表6・2　4回の人口センサスにみる都市の人口規模構造

(%)

都市	1953年	1964	1982	1990
計	100.0	100.0	100.0	100.0
10万人以下	8.1	1.5	1.0	5.3
10-30万人	22.8	14.6	11.5	25.5
30-50万人	7.6	13.2	12.7	15.2
50-100万人	21.5	27.8	22.9	12.6
100-200万人	13.4	14.4	21.8	18.7
200万人以上	26.6	28.5	30.1	22.9

表6・3　4回の人口センサスにみる市，鎮の人口構造

(万人)

年	市人口	鎮人口	鎮：市
1953	5,249	2,477	1：2.1
1964	6,839	2,952	1：2.3
1982	14,525	6,106	1：2.4
1990	21,122	8,492	1：2.5

表6・4　全国の市および市の人口構成（1995年）

(人)

	合計	200万以上	100-200万	50-100万	20-50万	20万以下
市の数	640	10	22	43	192	373
人口(%)	100.0	10.1	8.0	8.6	30.3	43.0

よりも小都市の発展が目覚ましい」という特徴が目立ってきている。表六・四をみよ。(5)

その三。地域により人口都市化の進展がアンバランスであり、東高西低の階段状の分布構造を形成している。中国の領土は広大であるため、三つの地域に分けて考える。北京、天津、上海、河北、遼寧、山東、江蘇、浙江、福建、広東、広西、海南など沿海地域に位置する一二の省、市、自治区を東部地域、山西、内蒙古、吉林、黒竜江、安徽、江西、河南、湖北、湖南の九つの省、自治区を中部地域、四川、貴州、雲南、チベット、陝西、甘粛、青海、寧夏、新疆、重慶の一〇の省、市、自治区を西部地域とする。全体的にみると、経済が発達し、人口密度の高い地域は、都市化の程度も高い。逆に経済の発達レベルと人口密度が低い地域は、都市化の程度も低い。したがって、全国の人口都市化のレベルは西から東に行くにしたがってしだいに高くなる階段状の分布がかなりはっきりとした構造になっている。こうした階段状の構造は大、中、小都市の構造の上にも表れている。すなわち、東部地域は大都市と比較的大きな都市の割合が高く、小都市の割合が低い。西部は大都市の割合が低く、小都市の割合が高い。中部は東部と西部地域の中間にあり、全国平均のレベルに近い。表六・五に示すとおりである。(6)

都市人口増減の原因を探る

中国の人口都市化は、急に加速したかと思うと、また急に減速した。とくに六、七〇年代の下降と停滞を経て、八〇年代の中期以降、積極的に小都市を発展させる方針がたちどころに効果をあらわしたことは、実際理解しがたく、国外の学者にとってはこの謎を説き明かすことはいっそう難しい。しかし、この謎を解くことができないと、中国の人口都市化の実状を理解することはできず、関連指標に対し現実にもとづいた評価を行うことも難しい。

これまでのところ、まだ都市人口を区分する国際的な統一基準はない。人口密度が各国で広く受け入れられている他、経済、行政管理、社会に関する原則などの基準の選択においては、各国の重点が大きく異なる。たとえば、米国

表6・5　都市構造別地域分布（1992年）

（%）

	全　国	東部地域	中部地域	西部地域
総　計	100.0	100.0	100.0	100.0
100万以上	6.2	7.0	5.0	7.0
50-100万	6.0	7.9	6.4	1.0
20-50万	27.3	27.9	29.2	22.0
20万以下	60.5	57.0	59.4	70.0

では都市人口を区分する基準を、人口が二五〇〇人以上の人口集中地区と定めている。「集中地区」とは、人口密度が一平方キロメートル当たり四〇〇人以上で、農地、鉄道の駅、大規模な公園、工場、飛行場、共同墓地、湖などは含まないこととなっている[7]。米国の都市人口に関するこの定義は比較的ゆるいものであり、米国の実状に合っている。現在米国は二億七二〇〇万の人口を抱えているが、国土が広く、資源が豊富で、人口密度が低く、その上農業に従事している人口が三％未満であり、すでに職業要素を考慮する必要がなくなっている。このため、人口の集中規模だけをみれば十分なのである。

中国の都市人口区分は、あきらかに米国のそれと大きな違いがある。第一に人口密度が高く、都市人口の集中の度合いも相対的に高い。第二に現在でも農村人口が全人口の七〇％を占め、大量の人口が依然として農村に滞留しているため、都市人口の基準を定めるにあたっては従事している職業を考慮する必要がある。第三に経済、社会の発展に一部の地域が特殊な役割を果たしているため、個別の規定がもうけられている。問題は中国の都市人口の基準を定める際の原則の選定にあるのではなく、これらの原則の下での具体的な基準の区分の仕方にある。時期により人為的に基準を上げたり下げたりしたため、都市人口の増減が激しく、不規則な都市化の変動が現れたのである。そのなかで影響が最も大きかったいくつかの規定について述べる[8]。

一九五五年九月に「国務院の市制・鎮制の設置に関する決定」が公布され、次のように規定された。市は省、自治区、自治州が指導する行政単位であって、人口一〇万人以上が集住している場合に設置することができる。また、一〇万人に満たなくても、重要な鉱工業基地、省レベルの地方国家機関の所在地、規模が比較的大きい物資集散地あるいは辺境地域の重要都市である場合も市を設置することができる。鎮は県、自治県が指導する行政単位であって、県レベルあるいは県レベル以上の地方国家機関の所在地である場合、あるいは県レベルあるいは県レベル以上の国家機関の所在地ではないが、人口二〇〇〇人以上が集住しており、相当数の商工業従事者がいる場合、および少数民族地域で人口は二〇〇〇人以下ではあるが、相当数の商工業が集まっている地区がある場合に設置することができる。

同年一一月に公布された「国務院の都市と農村の区分基準に関する規定」は都市部を次のように明確に規定している。市の人民委員会が設置されている地区と県（旗）以上の人民委員会の所在地、あるいは常住人口が二〇〇〇人以上で、五〇％以上が非農業人口の居住地区であり、それ以外はすべて農村である。ここでの「非農業人口」もまた一つの謎である。字義からすると、本来非農業労働に従事する人口を指すが、後に国の定量基準に基づき商品食糧の供給を受ける人口という意味へと変化した。たとえある人が非農業労働に従事していても、定量基準による商品食糧の供給待遇を受けていなければ、やはり農業人口である。逆に、定量基準による商品食糧の供給を受けていれば、実際には農業労働に従事していても、「非農業人口」とみなされた。

ここから二つの定義の都市人口が派生した。一つは都市管轄区のすべての人口であり、農業人口と非農業人口を含む。もう一つは都市のなかの非農業人口であり、農業人口は完全に都市人口から除外される。実際、この広義と狭義、二つの定義の都市人口の差は非常に大きい。このため、本来正確に測ることが難しい都市人口が、いっそう複雑でわかりにくいものになった。

しかし、一九五五年に確定された都市人口の区分基準は、人口の集中程度、従事する職業の性質と特殊な必要の三つの原則を具体的に示したという点では、正確なものだというべきである。五〇年代と六〇年代の最初の三年は、都市人口が基本的にこの方法にしたがって区分・統計され、当時の客観的な事実を反映していた。

一九六三年一二月に中国共産党中央、国務院は「市制・鎮制を調整し、都市の郊外区を縮小する指示」を出し、条件を満たしていない市を取り消し、都市郊外区の範囲を圧縮した。同時に鎮の設置基準を引き上げ、常住人口が三〇〇〇人以上で、かつ非農業人口が七〇％以上であるか、あるいは常住人口が二五〇〇―三〇〇〇人の間で、非農業人口が八五％以上であり、たしかに県レベルの国家機関が指導する必要がある場合は、鎮制を敷いてもよいこととし、条件に合わない鎮は一律に取り消した。

一九五五年の基準と比較してみると、条件を満たしていない市の取り消しが強調され、都市郊外区が全体的に圧縮された。また、鎮の常住人口が二〇〇〇人から三〇〇〇人に引き上げられ、非農業人口の割合が五〇％から七〇％に引き上げられた。その結果、六〇年代と七〇年代には、市、鎮人口の減少を招き、二〇年間若干の増減を繰り返しながら停滞し、それが八〇年代の初期まで続いた。

一九八四年一一月に国務院は「民政部の鎮建設基準の調整に関する報告」を認可し、下位部門に配布した。この規定によれば、およそ県レベルの地方国家機関の所在地には、すべて鎮制を敷くことができ、総人口二万人以下の郷では、郷政府所在地の非農業人口が二〇〇〇人を越えれば、鎮を設置してよく、総人口二万人以上の郷で、かつ郷政府所在地の非農業人口が総人口の一〇％以上を占める場合も、鎮を建設できることとなった。少数民族地域、人口が稀少な辺境地域、山間地帯や小規模鉱工業区、小規模港、観光地、国境港湾等の場所では、非農業人口が二〇〇〇人に満たなくても、たしかに必要があれば、鎮を建設することができるとされた。

一九八六年、国務院はさらに「民政部の市の基準と市が指導する県の条件の調整に関する報告」を認可し、このなかで次のように規定した。非農業人口が六万人以上で、国民総生産が年間二億元以上で、すでにその地域の経済の中心となっている鎮には、市制を敷いてもよい。少数民族地域と辺境地域の重要な都市と鎮、重要鉱工業科学研究基地、有名な景勝地、名勝、交通の中枢、国境の港では、非農業人口が六万人未満で、国民総生産が二億元に満たなくても、市制を敷いてよい。さらに、次のように規定した。総人口が五〇万人以下の県では、県政府所在地の鎮の非農業人口が一〇万人以上で、常住人口のうち農業人口が四〇％未満で、国民総生産が三億元以上であれば、県を廃止して市を設置してもよい。総人口が五〇万人以上の県では、県政府の所在地の非農業人口が一二万人以上で、国民総生産が年間四億元以上であれば、県を廃止して市を設置してもよい。自治州政府あるいは地区（盟）の行政機関の所在地の場合は、非農業人口が一〇万人に満たず、国民総生産が年間三億元に満たなくても、県を廃止して市を設置することができるとした。

この二回の調整は、鎮の建設についてみると、第一にあらゆる県レベルの国家機関の所在地に鎮を建設してもよいことになり、経済的な拘束がなくなった。第二に実際的に人口集中の度合いに対する要求が引き下げられ、非農業人口の割合も引き下げられた。第三に少数民族地域、人口の稀少な辺境地域などの特殊地域で鎮を建設する上での弾力性が大きくなり、「たしかに必要があり」さえすればよくなった。その結果、たちまち「鎮建設ブーム」が起こり、鎮の人口数は二倍以上になった。

市の設置についてみると、第一に鎮の基礎の上に市を設置する場合の人口数が緩和され、一九五五年に定められた一〇万人以上から六万人以上に緩和された。さらに非農業人口の割合についてもいくらか緩和された。第二に県を市に改める際の非農業人口の割合が引き下げられ、国民総生産の指標が加わったが、基準がそれほど高くない上、「上に政策があれば、下には対策がある」ことから、虚偽の報告をする風潮がはびこるようになった。第三に鎮の建設、市の設置に関する新しい規定は、ともに辺境地域、重要鉱工業基地などの特殊地域に対する弾力性が増した。その結果、「鎮建設ブーム」と同様、一九八六年以降、県の市への変更が盛んに行われるようになり、県レベルの市の数はかつてない速度で増加した。これによって都市人口が大量に増加したのみならず、大、中、小都市の構造が急激に変化し、小都市が絶対的多数を占める構造が出現した。

以上の論述から、市鎮の建設基準が何度も調整されたために、都市人口の統計数字に一定の誤差が生じ、九〇年代以前には常に「狭い定義」の非農業人口で、「広い定義」の市鎮管轄区の人口を説明していたことがわかる。しかし、「狭い定義」は狭すぎ、「広い定義」は広すぎて、いずれも中国の人口都市化の実状を正しく表しているとはいえない。一九九〇年の第四回人口センサスの時の都市部人口には、細目に非農業人口の項もあったが、これによって広い定義と狭い定義を区分しているわけではなかった。第一定義（広い定義）によれば、市の人口は管轄区域のすべての人口であり、鎮の人口は県が管轄する鎮（市の管轄する鎮を含まない）のすべての人口であるとしている。第二定義（狭い定義）によれば、市の人口は、区を設置している市が管轄する区の人口と区を設置していない市が管轄する街道の人口であり、鎮の人口は、区をもうけていない市が管轄する鎮の居民委員会の人口と県が管轄する鎮の居民委員会の人口であるとしている。上述の市、鎮以外の人口が、県の人口である。本書が用いる市、鎮の人口は、とくに説明がある場合を除き、いずれも第二定義の数字であり、非農業人口という「狭い定義」の意味の人口ではない。筆者は、この定義の市、鎮の人口が実際に近いと考えており、もしかするといくらか少ないかもしれない。また、国際的な区分にも大体接近しており、比較の上でもかつての区分に比べおおいに前進したと考える。

こうした区分に基づき、一九九五年の市鎮人口三億六三三六万を基準（一ポイント引き上げて三〇％）とし、将来の人口都市化の趨勢を、表六・六に示す。

表六・六の中位ケースの予測によれば、一九九五—二〇〇〇年に市鎮人口は年平均四・三％増加する。これは改革開放以来現在までの増加率に相当し、これが二〇世紀末まで続く可能性が高い。二〇〇〇—二〇一〇年の増加率はやや下がり、年平均四・〇％の増加となると予測している。二〇一〇—二〇二五年の増加率は引き続きやや下がり、年平均三・〇％の増加と予測している。このように考えた理由は、第一に中国の都市化レベルは低く、今後一定期間内の急速な増加は避けられず、とくに経済が急速かつ持続的に成長し、市場経済体制改革が深化している状況下においてはなおさらである。第二に都市人口の基数が増大した後、二一世紀に入ると増加率がいくらか下がるがこれも当然の趨勢である。低位ケースでは都市人口の増加率が少し低く、高位ケースでは少し高くなっているが、中位ケースの変動の弾力性の範囲内とみることができる。

この中位ケースに基づいて予測すると、次のようになる。現在中国の市鎮人口の割合は世界の五〇年代初期のレベルに相当し、三、四〇年遅れているが、二〇〇〇年には七〇年代初期のレベルに達し、三〇年弱の遅れとなる。二〇

表6・6　人口都市化予測

年	低位ケース		中位ケース		高位ケース	
	市鎮人口(万人)	%	市鎮人口(万人)	%	市鎮人口(万人)	%
1995	36,336	30.0	36,336	30.0	36,336	30.0
2000	43,785	34.2	44,850	35.0	45,489	35.5
2010	61,169	44.1	66,389	47.8	69,316	49.9
2025	92,561	60.9	103,432	68.1	111,181	73.2

一〇年には一九九五年のレベルに相当するようになり、遅れは一五年となる。二〇二〇年には世界の人口都市化レベルとほぼ同じになる。つまり、今後二〇年間に世界の人口都市化レベルとの三〇年から四〇年の格差を解消する。二〇二五年には世界よりも三・五ポイント、発展途上国より六・九ポイント高くなり、人口都市化が基本的に完了する。先進国とはまだ一四・四ポイントもの差があるが、国情が異なるため、中国の人口都市化はそれほど高いレベルに達することはありえず、またその必要もない(9)。

人口都市化戦略の選択

中国の人口都市化の過程にあらわれた主要な特徴は、経済、社会の発展との密接なつながりであり、人口都市化の方針との密接な関連でもある。最も重要なことは、こうした分析を通じ、人口都市化の戦略について科学的な選択を行うことである。

都市へと向かう農民の「流れをせき止め」「分散する」

中国の都市人口と農村人口の自然変動は一九六四年を境に、これより以前には、都市人口の出生率、自然増加率が農村より高かった。この年以降、農村人口の出生率、自然増加率が都市よりも高くなった。これは歴史的な転換点であり、これより以前の人口都市化には自然変動が大きく作用していたが、これ以後、自然変動はマイナスに作用するようになり、人口都市化が農村人口の都市流入という社会増加の結果へと変わったことを示している。改革開放以来、農村ではかつての閉鎖的、半閉鎖的状態が打ち破られ、人口の都市への移動ブームが起こり、近年では一億人にのぼる流動人口の大軍へと発展している。多くが都市戸籍をもたない事実上の都市人口となっているが、一部にはすでに都市戸籍を取得し、都市人口となったものもいる。

人口移動の「プッシュ-プル理論」によれば、流動人口の増大は都市と農村の格差拡大の結果であるが、流動人口の増大はまた都市と農村の経済発展にさまざまな影響を与える。このなかには有利な影響と不利な影響とがある。農民労働者の都市流入は、農業労働力の過剰という農村の現実を示しており、前述のとおり、現在余剰労働力は一億六〇〇〇万人前後、二〇〇〇年には二億人前後に達するものとみられ、農業余剰労働力の農村からの流出は農業の労働生産性の向上にとって有利である。

受け入れ地の都市に対しては、廉価な労働力を大量に提供し、都市経済の高成長のスタート段階における労働力需要を満たす。同時に都市の飲食、旅館などサービス業および一部のきつい、汚い仕事の労働力に対する需要を大幅に補強・改善し、都市の産業構造の合理化を促進する。

しかし、問題もたくさん出てくる。農村の送り出し地についていえば、一部の地域で不当な転貸が行われ、土地が荒れ果ててしまうといった状況があらわれ、農業生産の発展が妨げられる。都市の受け入れ地についていえば、大量の労働力が盲目的に流入することにより、都市の失業問題がいっそう深刻化する。また、都市の住宅、交通、水、電力の供給不足といった問題が激化し、都市のインフラ不足との矛盾が際立ってくる。さらに、都市には無職の遊民が増えて、犯罪を犯しやすい特殊な集団がつくられ、社会治安の問題が際立ってくる。

農業労働力を主体とする農村流動人口の都市への流入には、利益もあるが弊害もある。いかに利益を活かして弊害を取り除き、科学的な選択を行うかは、われわれの前に横たわる緊急課題である。農民労働者が気の向くままに都市に流入するのをだまってみていてよいのであろうか。事実が示すとおり、いかなる誘導も行わない自由な流動は、交通と都市サービス施設の飽和状態を招くのみならず、労働力の莫大な浪費を招く。したがって、しっかり管理する必要がある。

現在、管理を強化しているのは主に都市の側であるが、規範に合った労働力市場の設立を通じた管理が必要であることは、間違いない。しかし、「受け入れ」側の都市だけが管理を行っていたのでは十分とはいえない。「送り出す」側の農村でも対策を考えるべきである。すなわち農村において流動人口の供給量を効果的に調節し、「流れをせき止め」「分散する」ために必要な措置を実行する。具体的にいうと、現在農村の余剰労働力は主に栽培農業に集中しているという問題がある。これを解決するための戦略的な方向は栽培農業の余剰労働力に対し、「三三制」の分散措置を実施することである。すなわち、林業、牧畜業、漁業という広義の農業に三分の一を、郷鎮企業に三分の一を、都市の非農業に三分の一を移転する。

栽培農業以外の広義の農業に余剰労働力の三分の一を移転することには、源のところで「流れをせき止める」役割がある。中国の全農業資源のなかで、耕地面積は国土の一〇%に過ぎない。ほかは利用可能な草地が三二・六%、森林が一三・四%、内陸水域面積が一・八%を占め[10]、林業、牧畜業、漁業を発展させる上できわめて大きな潜在力を備えている。適切に利用し、開発することができれば、栽培農業の余剰労働力から三分の一を移転させることは、完全に可能である。われわれは広範な農業観をもち、農民の都市への移動というルートだけに目をやるのではなく、相当部分の農業余剰労働力を多角的な経営へと導くべきである。大量の流動人口の盲目的な都市への流入に対して、源流のところで一部の圧力を軽減することは、根本的な意義のある戦略的な選択である。

郷鎮企業に三分の一を移転することは、農業過剰人口が都市に過度に集中するのを防ぐための主要な「分散」戦略である。わが国は現代工業と伝統農業が併存する「二重経済」の国であるため、農村は正に「広々とした天地」である。改革開放以来、郷鎮企業の発展は、広範な農民に莫大な利益をもたらし、彼らが豊かになるためのてことなっただけでなく、大量の農業余剰労働力を吸収し、各地で農業余剰労働力移転の主要なルートとなった。現在、経済成長パターンの粗放型から集約型への転換という新たな情勢のもと、郷鎮企業の多くが高度化の試練にさらされている。技術構成が高まると、労働力が排除され、雇用吸収力が弱まるといった事態に直面し、農業余剰労働力の郷鎮企業への移転には新たな特徴が現れている。機会をとらえ、適切な経済技術構造を確立する必要がある。とくに、地元の資源のなかで原材料と労働力がもつ比較優位を引き出し、農業、林業、牧畜業、副業、漁業の加工工業を発展させ、付加価値を高めることに重点を置く必要がある。この点で、広大な農村にはかなり大きな潜在力がある。

都市部の商工業に三分の一を移転することは、都市労働力の需要と供給のバランスをはかることになる。ここでの重要問題は、いかに労働力の需要と供給双方に関する信頼できる情報を提供するか、いかに需要と供給を効果的に結びつけるかであり、主な方法は規範に合った労働力市場を設立し、完備することである。

現在全体的にみて、第一にこうした労働力市場の数が少なすぎ、都市で工場労働や商業に従事しようとする農民のニーズを満たすことができず、多くの農民労働者の都市流入が無秩序なものとなっている。一方「地下労働市場」の取り締まりが徹底できず、違法分子が機に乗じて中間搾取を行っている。

第二に労働力市場の管理が規範的でなく、多くが混乱状態にあり、需給双方が不便に感じている。農民労働者のなかには労働力市場の管理所での登録を望まない者がいるが、これは登録後に制限を受けることを恐れているからである。徴収費用が高すぎる管理所があることも一部の人が加入したがらない理由となっている。各地の運営がうまくいっている労働力市場では、管理が厳しく、農民労働者の登録と求職には身分証、出稼ぎ労働許可証、健康診断証明、計画出産証明などの提出が必要である。このように、出稼ぎ農民の基本的状況を全面的に把握することは、雇用部門にとって有益であるのみならず、治安管理、計画出産管理の上でも有益であり、農民の出稼ぎが都市の社会管理の規範に組み入れられることにもなる。

質的に管理レベルの高い、十分な数の労働力市場を育成することは、農業余剰労働力の都市部の商工業への移転を成功させるための柱であり、農民労働者の秩序ある流動を実現するための鍵である。

第7章　中西部開発

――人口分布アンバランスの懸念

中国の人口密度はおよそ西北から東南に向かってしだいに高くなる「等高線」をなしており、この「等高線」にそって経済、技術、文化の格差が形成されている。その相互作用こそが、二一世紀の発展に影響を与える要素であり、解決を要する全局面にかかわる問題である。「愛琿―騰沖」人口分布地理境界線、これは百年来変わらない人口分布枠組みである。

なぜ「孔雀は東南に飛ぶ」のか。それは中西部と東南部の経済発展に、すでに大きな影響を与えており、今後も影響を与え続けるであろう。

中西部の経済をしだいに発展させ、改革と開放をいっそう深め、人材重視の政策をとれば、一部の人材を引き留めることが可能である。さらに、一時流出した人材も再び引き寄せることができる。

本書の前半六章ではそれぞれ人口数の増大、資質の向上、年齢構造、都市・農村構造の変動の角度から、人口大国の希望と困難とを示した。これは、希望のなかに力をくみとり、比較優位を発揮し、困難に打ち勝ち、苦境を抜け出し、ある意味でわれわれのものである新しい世紀を迎え入れるためである。

二一世紀は誰のものか。間違いなく全人類のものであり、六二億を越える全人口のものである。しかし、広大な宇宙からみれば、やはり「無限の空間」に属する。科学者たちは常に地球、太陽系以外の空間はどうなっているのか、人類に似たあるいは人類よりももっと高等な動物が存在しているのかを知ろうとしている。そして空飛ぶ円盤についてのさまざまな噂が出現し、国際的にUFO協会が活躍しており、八〇年代前半には異星人を描いた大作映画『ET』が一大センセーションを巻き起こし、かなりの興行収入を上げた。

人類社会にとって、「誰のものか」という議論は、人と人、国と国の隷属関係の論争ではなく、経済、科学技術、文化などの発展の角度からみたものであり、とくに国民総生産の国家間、地域間のシェアの変化から、その実力の消長をみたものである。この意味で、二一世紀は中国文化圏の時代であるという人もいる。二一世紀にはすでに香港、マカオが中国に復帰している。これに台湾の国民総生産を加えると、米国を抜いて、世界第一位に躍り出るというのである。また、アジア太平洋の世紀であるという人もいる。アジア、太平洋地域が新たな経済成長スポットとなり、成長率においても生産量においても、ヨーロッパや米国、ましてアフリカは遠く及ばないというのが理由である。

いずれにせよ、発展の不均衡とこうした不均衡を改める努力は、古今以来の法則であり、この法則は中国国内にも存在している。人口の地域分布がアンバランスであり、人口密度がおよそ西北から東南に向かってしだいに高くなる「等高線」をなしており、この「等高線」にそって経済、技術、文化の格差が形成されている。その相互作用こそが、二一世紀の発展に影響を与える要素であり、解決を要する発展の全局面にかかわる問題である。政府はすでに「中西部への傾斜」の政策決定を行っているが、他の要素はともかく、人口要素の有利な条件と不利な条件とはいったい何なのか。長い間に形成された人口の地域分布を変えることができるのか。「中西部への傾斜」政策は人口にとって何を意味するのか。これもまた一つの希望と困難である。

百年変わっていない人口分布枠組み

一国の領域の範囲には、大陸棚と所属海域が含まれている。しかし、科学技術の発達した状況においても、これまでのところ海洋上で活動し、生活している人口は限られているため、本書で人口分布について議論する際にも、やはり大陸の面積を基本領域とする。

周知のとおり、人口地理学者の胡煥庸は数十年にわたって専心研究に打ち込み、有名な「愛琿—騰沖」人口分布地理境界線〔愛琿は黒竜江省の北端・現在の黒河、騰沖は雲南省の南端にある。この二カ所を結ぶラインを指す〕を提起した。このラインの西北は国土面積の五二％を占めるが、わずか五％の人口が住んでいるだけであった。このラインの東南は国土面積の四八％であるが、九五％の人口が居住していた。この基本的な分布枠組みは百年来ほとんど変わっておらず、現在でもほぼ同様である。

一九九五年のデータを少し詳しく分析してみると、西北部に位置する内蒙古、寧夏、甘粛、青海、新疆、チベットの六省および自治区の面積は約五〇八万平方キロメートルであり、九六〇万平方キロメートルの国土のうち五三％を占めている。しかし、人口は七六一七万で、一二億一一二一万の総人口のうち六・三％に過ぎず、人口密度は一平方キロメートル当たり一五人である。

東南の沿海部に位置する北京、天津、河北、遼寧、山東、江蘇、上海、浙江、福建、広東、広西、海南の一二の省、自治区、直轄市の面積は一三三万四〇〇〇平方キロメートル、全国の陸地面積の一四％にすぎないが、人口は四億九五九九万で、全国の人口の四〇・九％を占め、人口密度は一平方キロメートル当たり三七二人である。

残る中部地域の一三省の面積は三一九万平方キロメートル、全国の陸地面積の三三・二％を占める。人口は六億三九〇五万で、全国の人口の五二・八％を占め、人口密度は一平方キロメートル当たり二〇〇人である。(1) 人口密度で比較すると、西北部から中部、東南部へと「三段階」の分布となっており、人口比は一：一三：二五で、かなり大きな差がある。

ではこれほど大きな差のある人口地理分布はどのように形成されたのか。なぜ長い間変わっていないのか。具体的な分析が必要であり、環境、資源、経済と社会の発展について、歴史的かつ客観的な論証(2)を行うべきである。

その一。環境要素の影響。何が環境か。広義の環境は、人類以外のすべての事物と理解することができ、自然環境と社会環境を含む。狭義の環境は自然環境、すなわち人口再生産の前提となる特定の気候、地理環境を指す。ここでの環境要素とは自然環境を指す。社会がどこまで進歩しようと、自然環境は結局人類が子供を産み、生活する場所であり、人口再生産を行うことができる空間条件である。しかし、人類発展の歴史をさかのぼるにつれ、自然環境要素への依存度は高くなり、人類の誕生そのものが、自然環境の変動の特定段階における産物である。時代が下れば下るほど、自然環境要素の人口再生産に対する影響は弱まるが、依然として人口の再生産、とくに地域分布に影響を与える重要な要素であり、ある意味で決定的な要素である。そのなかで重要なものは以下のものである。

地質構造と地形要素。耕作に適した土地からなる平原と石英砂からなる荒漠、岩石構造の山地とでは、収容できる人口の数が明らかに大きく異なる。氷雪に覆われた高山は人類の居住には適さないが、山地の雪線以下であれば一般的に生存が可能である。人口の生存数と等高線は反比例する。一九五〇年の世界の状況をみると、海抜三五〇メートル以下の地域の人口密度は一平方キロメートル当たり二八人、三五〇―七五〇メートルでは一一・五人、七五〇―一二五〇メートルでは五・三人(3)であった。中国の九六〇万平方キロメートルの土地のうち山地は三三・三％、高原は二六・〇％を占め、両方を合わせると五九・三％である。西北、西南の大部分は高原と山地で、最も高いいくつかの山々、たとえばヒマラヤ山脈、崑崙山脈、天山山脈などはいずれも西北にそびえ、さらに横断山脈、祁連山脈、秦嶺山脈、大巴山脈などが東南に向かって延び、西高東低の自然の地形をなしている。北部にはアルタイ山、陰山、大小興安嶺などの山脈があり、高さは青海・チベット一帯の世界の屋根とは比較にならないものの、内モンゴル高原へと続き、北高南低の地形をなしている。人口の「等高線分布」理論によれば、こうした地形が、西北部の人口が少ない主な原因である。

気候要素。第一は日照時間や年間積算温度の差が大きいことである。華北平原の年平均積算温度は四〇〇〇―五〇〇〇度の間であり、長江流域以南の地域では五八〇〇度以上である。しかし、青海・チベット高原や黒竜江の北部では二〇〇〇―二五〇〇度しかない。年間積算温度が非常に低く、日照時間が足りず、無霜期間が短い。これは農作物の成長、人類の生活と活動にとって不利であるため、一般的に人口密度が低い。第二は降水量である。これは西北部の人口が少なくなっている、より重要な原因である。西北部の内陸の年平均降水量は一〇〇―二〇〇ミリメートルしかない。なかでも、人口分布の「等高線」によれば、本来もっと多くの人口の居住と生存が可能なタリム、ツァイダム盆地などは、年間降水量が二五ミリ以下で、積雪に頼って灌漑を行っているため、これが人口密度に影響している。中国は乾燥、半乾燥地域が全国土面積の五三％を占めるが、これは主に西北地域に分布しており、住民の生存を深刻に脅かし、人口密度が非常に低い状態を招いている。

その二。資源要素の影響。資源は大ざっぱに自然資源と社会資源に分けることができる。ここでは主に自然資源について議論する。

広大な西北地域には、耕地が少ない。あるいは耕作可能な土地があっても高山寒冷地帯であったり、水資源が乏しかったりする。さらに広い面積にわたり、高山寒冷地帯でかつ水資源も乏しい地域があり、人類の居住と生存には適していない。

東南部には東北平原と華北平原というわが国最大の二つの平原があり、淮河、長江、閩江、珠江などの流域に長い間に形成された沖積平原がある。これらの地域には、十分な雨量があり、農作物の生長に適しているため、人口が集中し、人口密集地域となっている。

中部地域には平原や河川流域地帯があり、人口はかなり密集している。一部は丘陵と山地であり、人口分布もまばらで、全体的には西北部と東南部の中間に位置する。

この他、森林、草地などの資源も少なくないが、雨量が不足し、草原の牧養力が低く、人口密度も低い。中国の川や湖、海の面積は広く、沿岸一帯は人口密集地域で、とくに大都市の多くが河川の要所と港に位置している。各種金属および非金属鉱物資源は、西北部地域に比較的豊富であるが、経済発展レベルと開発利用条件の制約から、少数の地域で鉱山、冶金工業が発達している他は、人口密度は一般に低い。

その三。経済、社会要素の影響。人口の地理分布は、長い歴史発展のなかで形成され、積み重なってきた結果である。同時にこうした蓄積は経済、社会の発展にも影響を与えており、一定地域内の人口―経済―社会の発展循環圏が形成されている。

中国では長い間封建社会が続き、近代には半植民地、半封建社会になり果てた。農業が一貫して国民経済の主体であり、農業資源がまず開発、利用された。したがって、人口密度の高低は農業の発展状況と密接に関係している。工業が未発達なため、西北部の豊富な金属および非金属鉱物資源が開発利用されていない。加えて交通も不便で、水資源も不足しており、歴史の変遷のなかで、人口の少ない地域となってしまった。五〇年代から工業化を推進しはじめたことにより、各種鉱物資源の需要量が増大し、西北部の一部地域は、石油都市、鉄鋼基地、大型露天掘り鉱山などの重工業都市へと発達し、人口が急速に増加した。ただ、規模の比較の上では割合があまりに小さく、人口の地理的分布の枠組みを根本的に変えることはできなかった。

経済発展の程度が人口の集中度に直接関係する他、科学と技術の発展、自然条件の改造への科学技術の応用の程度と効果が、人口分布にきわめて大きな潜在的意義をもっている。西北部の自然環境を変えることができなければ、人口を大量に増加させることは難しい。逆に、もし科学技術が進歩し、自然環境の改造に十分な影響を与えるほどに発展し、革命的な変革が起こり、たとえば砂漠を水田に変え、乾燥を根本的に解決することができたなら、人口のアンバランスな分布を改めることができるかもしれない。

社会発展の影響とは、主に政治、軍事、国の行政の中心およびその輻射力の強弱を指し、これも低く見積もることはできない。盛唐時代に長安に都が建設され、貿易の道であるだけでなく、文化の道、交流の道でもあるシルクロードが開かれたことにより、西部地域一帯に繁栄がもたらされ、人口が大幅に増加した。惜しいことによい状態は長く続かず、後の王朝の中心は東に移ってしまった。宋朝が開封、臨安（杭州）に遷都し、元以後は北京を都に定め、華北平原を拠点としたため、人口もこれに伴って移転し、しだいに現在の枠組みが形成された。

以上の分析から、西北部、中部、東南部の人口分布枠組みの形成は自然条件と社会条件の影響の結果であることがわかる。自然条件は基礎的なものであり、人類の誕生と生存環境を制約している。社会条件は調節のてこであり、自然条件と人口再生産の間で調整的な役割を果たしており、人口密度はこうした調整力の指標となっている。経済の発展、科学技術の進歩が一定レベルに達したら、あるいは自然条件を変え、技術的手段と人間を結びつけ、人口の居住と生存に合った環境を創り出すことができるかもしれない。あるいは、一定の資本を投入して自然資源を開発し、人口再生産の環境を変えることにより、西北部の人口増加（移民の吸収）を実現することができるかもしれない。

「孔雀東南飛」現象の背後

中学校で学ぶ古典文学の古詩一九首のなかに「孔雀東南飛」がある。当時は暗唱が強調されたので、始めから終わりまで一気に暗唱することができた。暗唱し終わるたびに詩のヒロインの不幸に同情を感じ、封建的な礼教に憎悪を募らせた。のちに古典詩の学習方法についての議論になると、私は暗唱の効用をおおいに強調し、暗唱と理解を対立させる考え方には極力反対するようにしている。暗記しながら理解を深め、詩の境地を会得した上で、心を込めて暗唱するのである。今ではこの詩は多くの人が口にし、「孔雀が東南の空に飛び、五里行ってひとしきりためらっている〔『玉台新詠』中の長編叙事詩。一七四五字に及ぶ。嫁と姑の悲劇が題材となっている〕」とすらすら暗唱できる人も少なくない。しかし、筆者が十数人にたずねてみたところ、さらにそのあとの第二句、第三句をいえる人はわずかに一人か二人で、全部暗唱できた人はひとりもいなかった。しかし自在に運用されており、たとえば、ある男性の家で嫁姑の仲が悪く、母親がいささか居丈高であるといったような場合、この男性の口の端にのぼる一句は「わが家の『孔雀は東南の空に飛んで』行ってしまった〔妻は出ていってしまった〕」である。

改革開放と農村経済の発展以後、農村の流動人口が大量に東南沿海に押し寄せるようになり、人々はよく「孔雀東南飛」という比喩を借りて説明する。筆者も新しい意味をおおいに感じている。農村からの大量の流動人口を孔雀にたとえる。これが新しい意味の一つめである。これらの人々は現状に不安を感じ、孔雀の大志を抱き、度胸と見識をもって、敢然とふるさとを離れる。これが新しい意味の二つめである。これらの人々は東南——改革開放の最前線へと向かって、古い因習にとらわれず、勇気をもって時代の潮流についていこうとする。これが新しい意味の三つめである。これらの人々は「飛ぶ」のであってゆっくりと歩いて東南に向かうのではない。彼らはすでに「時は金なり、効率は命なり」という考え方を抱き、急発進したのである。これが四つめの意味である。しかし、こうした「孔雀東南飛」現象に対してはさまざまな意見がある。賛成する者もいれば、反対する者もあり、ある時期から議論の的となっている。

筆者は孔雀が飛んできたかとおもうとまた飛び去ったり、満ち引きをくりかえすのを静観することには満足せず、実際に踏み込んで調査をしたことがある。「孔雀東南飛」現象の背後には研究に値する問題が少なくない。さらに、この問題をうまく解決することは、労働力の莫大な浪費を避け、沿海と西北部の経済発展と社会の安定を促進するためにも、また新たな人口分布枠組みの形成のためにも、現実的な意義をもっている。筆者の調査と分析の結果を以下に示す。

第一に、なぜ飛ばなければならないのか。中西部の農村の過剰人口が東南沿海の改革開放の最前線地帯へと大挙して飛んでいくようになったのは、八〇年代の中期からである。そのなかの目的はあるがあまり定かではないものは、あたかもオオカリが南へ飛ぶときのように、「一」あるいは「人」の字のなかに並んで、先頭を行くカリの飛翔が起こす気流を借りて、「大勢の赴く方向へ」と飛んでいく。あるものは半自覚状態のまま、運試しのつもりで、南に下り、東に向かう列車に乗り込む。もちろん、なかには強烈な「一攫千金の夢」を抱いて、黄土高原を離れ、巴山、蜀の水〔ふるさと〕を後にするものもいる。改革開放の大波が貧困と立ち遅れの困惑をすすぎ、幸運の女神が自らの頭上に下りてきてくれることを願って。いずれにせよ、ある一点についてははっきりしている。人々は貧困と立ち遅れに甘んじることなく、外へ出て自らの運命を変えようとする。この点は中西部と沿海地域の農村家庭の所得差を比較してみれば、一目瞭然である。表七・一[4]をみよ。

表七・一は、東南沿海部と中部、西北部との格差が広がったことを示している。この格差の拡大にはいくつかの意味がある。

一、純所得レベルが全国の農村家庭よりも高い省市は、改革開放以来、いっそう高くなった。一九七八年に最も高かった上海の農村家庭の純所得は全国平均の二一七・一%、北京では一六八・三%、浙江では一一四・六%（一九八〇年）、広東では一三六・五%であった。一九九五年になると上海は、五二ポイント増えて二六九・一%、北京は三六ポイント増えて二〇四・三%となった。浙江は七三・四ポイント増えて一八八・〇%、広東は三四・六ポイント増加して一七〇・一%となった。

二、全国平均レベルより低い中西部地域では、レベルがいっそう低くなった。一九七八年、四川の農村家庭の純所得は全国平均レベルの八七・四%、貴州では八〇・九%、寧夏は八六・八%であった。一九九五年になると四川では一四ポイント下がって全国平均レベルの七三・四%となり、貴州は一二・一ポイント下がって六八・八%となった。寧夏は二三・二ポイント下がって六三・六%となり、低下が最も激しい。

三、東南沿海部と中西部を比較してみると、もっと著しい違いがみられる。一九七八年に最も高い上海が、最も低

表7・1　沿海および中西部の一部地域の農村家庭純所得の比較

（元）

	1978年	1980	1985	1991	1995
全　　国	133.57	191.33	397.60	686.31	1,577.74
北　　京	224.80	290.46	775.08	1,297.05	3,223.65
上　　海	290.00	397.35	805.92	1,907.32	4,245.61
浙　　江		219.18	548.60	1,099.04	2,966.19
福　　建	134.90	171.34	396.45	764.41	2,048.59
広　　東	182.30	274.37	495.31	1,043.03	2,699.25
山　　東	101.20	194.33	408.12	680.18	1,715.09
四　　川	116.70	187.90	315.07	557.76	1,158.29
貴　　州	108.00	161.45	287.83	435.14	1,086.02
河　　南	101.40	160.78	329.37	526.95	1,231.97
内 蒙 古	100.30	181.32	360.41	607.15	1,208.38
青　　海			342.95	559.78	1,029.77
甘　　粛	98.40	153.33	255.32	430.98	880.34
寧　　夏	115.90	178.06	321.17	578.13	998.75
新　　疆	199.17	198.01	394.30	683.47	1,136.45
チベット			352.97	649.71	1,200.31

表7・2　90年代初めの農村からの「遷移」および流動人口の学歴構成

（%）

人口類別	非識字人口	小学校	中学校	高校以上
6歳以上人口	20.9	41.2	28.6	9.2
「遷移」人口	8.3	23.0	35.7	33.1
農村労働力	13.8	33.7	40.1	13.2
「民　　工」	0.8	15.6	71.2	12.4

い甘粛の二九四・七％、北京が内蒙古の二二四・一％、浙江が河南の一三六・三％（一九八〇年）であった。一九九五年になると上海は甘粛の四八二・三％となり、一八七・六ポイント増えた。北京は内蒙古の二六六・八％となり、四二・七ポイント増えた。浙江は河南の二四〇・八％となり、一〇四・五ポイント増加した。絶対金額で比較すると、東南沿海部と中西部の農村家庭の純所得増加額の差はさらに大きく、格差拡大の現実は誰もがはっきりと身にしみて感じることができる。人口移動の「プッシュ-プル理論」によれば、格差の拡大はすなわち受け入れ地のプル要因の拡大である。これは中西部の流動人口が東南に向かって飛び、「民工潮（農民労働者の出稼ぎブーム）」がわき起こった根本原因である。

第二に飛んでいったのは「孔雀」だったのだろうか。流動人口が東南沿海、とくに最初に開放を実施した都市に押し寄せ、「孔雀東南飛」がひとつの態勢となったが、飛んでいったのはほんとうに「孔雀」だったのだろうか。あるいはそのなかにどれくらい「孔雀」がいたのだろうか。もちろん全面的な統計資料はないが、個々の資料ならある。『光明日報』は一九九二年九月一八日、記者薛昌詞署名の「経済後進地域からの人材流出の懸念」という文章を掲載した。文中、一九九一年に安徽省の人事部門を通じて転出した知識人は九八〇人で、うち高級の肩書をもつ者八三人、中級の肩書をもつ者が二六三人であった。逆に安徽省に転入した人のなかで高級の肩書をもつ者は二四人、中級の肩書をもつ者は一一〇人で、深刻な人材「赤字」となったと伝えている。また一九九〇年の全国人口センサスの資料と山東省農業調整隊が編纂出版した『山東省農村統計年鑑一九九三』のデータによれば、農村余剰労働力の外部への「遷移（戸籍の変更を伴った移動）」と「流動（戸籍を変更しないままの移動）」の学歴構成は、表七・二に示すとおりである。[5]

表七・二の示すところによると、「遷移」人口には、中学校卒と高校卒以上の教育レベルの人が占める割合が最も高く、この二つの合計は六歳以上の人口に中学校卒、高校卒以上の人が占める割合より三一・〇ポイントも高い。小学校卒の教育レベルの人は少なく、六歳以上の人口のそれに比べ、一八・二ポイントも少ない。非識字人口もずっと

少なく、一二・六ポイント少ない。「民工〔流動人口のうち、労働を目的として都市に流入した人々。農民労働者の意。〕」と農村労働力の学歴構成を比較すると、違いが最も著しいのは、「民工」は中学校卒の割合が最も高く、七一・二％に達しており、農村労働力のそれよりも三一・一ポイントも高いことである。その他はいずれも農村労働力より低いが、高校卒の学歴の差が最も小さく、〇・八ポイント低いだけである。非識字人口は「民工」に占める割合が最も低く、農村労働力より一三・〇ポイントも低い。小学校卒も大幅に低く、一八・一ポイントも低くなっている。

全体的にみて、「遷移」人口、「民工」には中学校卒、高校卒およびそれ以上の教育レベルの人口が最も多く、七〇％以上を占める。相対的に人口の文化的資質が低い農村からみれば、外に出ている流動人口の文化的資質は比較的高く、地元農村の「孔雀」である。しかし、すべてが「孔雀」というわけではなく、筆者が四川、青海で調査した際の村民の出稼ぎに対する評価はさまざまであった。たしかに「孔雀」という人もあり、これが大部分を占めた。しかし、なかには「麻雀〔すずめ〕」だという人もあった。出稼ぎを「流行」とみて、その隊列に加わるだけだという。またあるものは孔雀でもすずめでもないが、出稼ぎ熱に冒されている地域があり、こうした地域では一種の世論の圧力が形成されており、青年男子が外へ出て一回り遍歴してこないことには、能なしであるかのように言われ、結婚相手も見つからないほどだという。そこで不安を抱きつつも、思い切って、「運試し」のつもりで飛んでいくしかないのだという。したがって、われわれは東南へと飛んでいく農村の余剰労働力が「孔雀」を主体としていることを認めると同時に、「孔雀」ではないものが混じっている現実、そこから若干の問題が生まれることにも向き合わなければならない。

第三に飛んでいき方の違い。中西部の農村余剰労働力が飛んでいきたい動機、個人の資質、社会関係などがそれぞれ異なるため、農村から飛び立つ方式もさまざまである。おおよそ以下の六つの類型に分けられる。

事業開拓型。この類型の多くは、農村から流出する労働力のなかで文化的資質が高く、頭脳明晰であったり、一芸に秀でていたり、改革開放、市場経済についてよく理解していたりする人々である。志を立て、市場経済の大波のなかに飛び込んでいき、自分の才能を発揮し、夢を実現しようとする。彼らは「下海〔転職〕」の前にある程度の目標をもっており、「下海」したのちは一旗あげようと志を立てている。なかには市場経済の成功者となる者もいる。彼らは数百元、数千元の資本から起業し、東南沿海の改革開放の最前線に根を下ろし、辛苦に堪えて、研鑽を積み、進取の気性をもって、新時代の農民企業家となり、さらに国際市場へと進出する者さえいる。

都市・農村結合型。これもまた出稼ぎ農民労働者のなかでIQの高い人々であり、彼らは地元の農産品、副産品を出稼ぎ先に持ち込み、そこで市場を開拓する。また都市の工業製品を農村に持ち帰り、都市と農村の物流の懸け橋の役割を果たす。注意すべきことは、こうした都市・農村結合型取引に携わる流動人口は、物物交換という原始的な形式の他に、契約、先物および現代的情報手段を応用しはじめており、一部はすでに新時代の商業経営者となっていることである。

単独飛び込み型。沿海の開放都市は賃金が高いと聞いて、ためらうことなく、布団を丸めて南下し、自分の能力を頼みに、競争に加わり、出稼ぎで世の中をわたろうとする。これは八〇年代中後期の「民工潮」の初期にはよくみられた。貧困地域でその日暮らしをすることを潔しとしない農民が、まず最初に外へ出てきたのであった。

同郷団体型。一人あるいは数人で出稼ぎにやってきて、異郷でしっかりと足場を築く。会社の経営者の信用を得たり、あるいは本人が企業の責任者となったりして、故郷に帰って労働者を募集し、しだいに同郷団体型へと発展する。これは建設業界によくみられ、たとえば北京の建築部隊には、四川省のある県のある郷の農民労働者がかなりの部分を占めていたり、安徽省のある県のある郷が大きな部分を占めているなど、地方色に富んでいる。

親戚・友人依存型。親戚や友人関係を利用し、そこに身を寄せ、親戚や友人がさらに彼らの関係を利用し、彼らのために職業を紹介する。また親戚友人を頼って職につき、親戚友人に直接雇われる者もいる。

地域専業型。一つの県あるいは郷の「民工」がある土地で働くにあたり特色を打ち出し、しだいにある種の専業的な性質を形成し、地域による専業型流動人口へと発展する。たとえば安徽省無為県は北京で家政婦の仕事についている女子が数万人あり、しだいに一定の組織を形成し、家政婦市場に大きなシェアを占めている。浙江省出身者の衣料や靴の製造にも特色がある。しだいに多くの人が集まって半専業的生産に従事するようになっており、「浙江村」が生まれている。新疆はシシカバブを焼いて成功し、「新疆村」へと発展し、専業的生産の性質を帯びるようになった。

注目すべきことは、これまで中西部の農村の流動人口が東南沿海地域に根を張る際には、主として都市に流入していたが、近年来一部が都市の郊外あるいは純農村に流入する現象が起こっていることである。東南沿海地域の農民のなかにも退屈に甘んじることなく、職を求めて都市や他の省市に出かけている者がいるため、空いてしまっている責任田がある。中西部から来た農民のなかには条件がよく、農業生産に従事しても同じように金持ちになれるのをみて、責任田を請け負い、その土地の「外来人口」となる者もいる。こうした現象は浙江省温州、台州地区、広東省珠江デルタの一部の市や県などではかなり一般的であり、国内の「洋挿隊〔海外出稼ぎ部隊〕」と呼ばれ、農産品の専業的生産に携わっている。

東南沿海部と中西部の経済発展の格差が拡大し、人口の「遷移」や流動のプッシュ要因とプル要因が強まるなかで、農村から多様な人々が利用可能な各種の方法で東南沿海へと向かっている。このため、「民工潮」の大波は長い間衰えず、いったん引いてもより高い波となって押し返してくる。ここでは市場志向が基本であり、「民工潮」は労働力市場が栄え、賃金が高いところへと向かっていく。東南沿海部の都市、とくに大都市や超大都市が最初に選ばれる標的である。労働力のこうした空前の規模の大流動は、中西部にも、また東南部の地域経済の発展にも、すでに大きな影響を与えており、これからも大きな影響を及ぼし続けることが予想される。地域の経済発展と人口の数、質、構造の合理的分布を含む人口全体の合理的分布は、真剣に検討し、科学的に誘導し、解決を図らねばならない問題である。

人材を引き留め、引き寄せるもの

中西部の人口と労働力の「孔雀東南飛」は、東南沿海地域の経済発展と人口変動に大きな影響を与えた。経済発展への影響は、単に労働力市場を充実させ、経済建設を加速するために必要な労働力の数と質を満たしたことだけではない。就業構造にも大きな変化をもたらし、一部の地域の出稼ぎ労働者はすでに不足を補う存在から、建築、道路建設、仕立て、飲食、環境衛生、食料・野菜生産などの主力集団、自由市場、個人販売の新鋭集団となり、肉体労働と専門技術が結びついた専業的生産集団となっている。この集団はすでに一部地域、とりわけ大都市では不可欠の力となっており、東南沿海地域の産業別就業構造に変化をもたらしつつある。これらの人々のうち相当数がすでに従来の短期の臨時的滞在から長期的な滞在へと切り替え、多くが半年以上滞在し、事実上の常住人口となっている。

九〇年代以来、同郷団体型の流入人口が急激に増加し、相対的に集中した「浙江村」「安徽村」「河南村」などが急速に発展している。また就業が比較的安定し、資本の蓄積増加が大幅に増えることから、家族を引き連れた出稼ぎがしだいに増えており、流動人口の家族化の傾向があらわれてきている。つまりこれらの人々は事実上、すでに東南沿海地域の人口となっており、外からきたという色彩はすっかり薄くなっている。現在、東南沿海地域に流入している流動人口の数を正確に答えられる人は誰もいない。しかし一九九四年の北京市の調査では三二九万五〇〇〇人であった。この年の全市の人口一一二五万人のうち二九・三%を占め、数の多さと、比率の高さから一端をうかがい知ることができる。

受け入れ地のプラス、マイナス両面の影響については、前の部分ですでにいくらか言及し、社会的にもこれに言及した論著が少なくない。国の社会治安指導部門も流動人口の管理の強化に関する規定を何度も出しており、広く注目を集め、力を入れて取り組むべき問題となっているが、ここではこれ以上詳しくは述べない。本書で重点的に議論したいのは、中西部の送り出し地への影響、とくにいかに人材を引き留め、引き寄せるかである。

筆者が末端組織に調査にいくと、よく地元の指導者が孔雀が東南の空に飛び去ってしまうが、条件があまりに劣っていて人材を引き留めることができないと嘆くのを耳にする。一部の農村では基本的に「三八、六一部隊（三八は女子を指し、六一は未成年労働力を指す）」だけとなり、農業生産に不利な影響をもたらしており、東部と西部の格差を縮小し、消滅させることは、机上の空論となっている。「中西部への傾斜」に対する反応は弱く、一種の「精神的慰め」と考えているほどである。立ち遅れ、劣悪な環境を目の当たりにして、誰がすすんで投資し、企業を興すであろうか。人材は来たがらず、来たとしてもどんな成果を上げられるというのか。たとえ投入の上で中西部にいくらか傾斜したとしても、このような傾斜は一般に投入―産出効果の低さを代償としなければならず、傾斜の難易度は高い。その上、たとえ投資の上で傾斜できたとしても、人材がいなければ無駄である。したがって、ある意味でいえば、中西部が東南沿海部との格差を縮小し、消滅させたいと思えば、ただお金や物ばかりをみていたのではだめである。もっと人材を重視し、人口の資質の向上を重視し、より多くの「孔雀」を引き留め、引き寄せる必要がある。

上述の認識に基づき、人口と人材の東南沿海部への流動を制限することを主張する意見もある。どのように制限するのか。行政的な手段の助けを借りるしかなく、地方によってはすでに流動人口が土地を転貸請負することに対し、厳しい条件を実施しているところもあるが、「孔雀」が飛んでいくのを食い止めるにはいたっていない。今では人民公社体制はとっくに存在せず、都市の食糧の定量供給ももはや存在しない。身分証明書が戸籍の役割にとってかわりつつあり、「制限」を施そうにも施しようがない状況に陥っている。

もっと重要なことは、われわれはいま市場経済体制への改革を加速しているところだということである。人口や労働力に対する流動制限は改革に逆行しており、かつての計画経済時代の古い考え方を反映したものである。したがってそのような方法をとることはできない。筆者は、市場経済の下での人口流動制限が効果をあげるのは難しく、説得と利益による誘導の方法をとるしかないと考える。

まず、強い人材意識を確立するべきである。中西部の経済発展は、資本不足、技術不足、物資不足、人材不足などさまざまな困難に直面している。しかし一番不足しているのは人材である。人材とは相対的なものであり、抽象的な意味においてはある種の専門的知識をもつ人を指す。科学の分野で、人材とは科学者、専門家、教授を指し、学問分野の指導者、中堅の科学研究者を指す。一方農村の郷や村では、その土地でなんらかの専門知識をもつ人を指す。すなわち農業、林業、牧畜業、副業、漁業の生産技術、また経営や管理の専門的知識をもつ人、さらには組織・指導に長けた人を含み、一言でいえば、郷や村のやり手である。

農村経済の発展は第一に政策に、第二に科学技術にかかっていることは無数の事実が証明している。安定した政策のもとで、科学的に田畑をつくり、科学的に植樹を行い、科学的に多角経営を展開した家が、先に豊かになる。科学的な法則に基づいて仕事をする才徳兼備の指導者がいる村が、裕福な村となることができる。「大金を得ることはたやすいが、一人の将軍を得ることは難しい」というが、農村経済の発展についても同様である。これを押し広げてみると、工業生産、商業経営、都市管理においても同様であり、人材の役割には他のいかなる要素もとってかわることができない。

私は、改革開放から二〇年の間に起こった中西部の未発達地域から東南沿海地域への人材の流失は非常に深刻であり、おおいに注意を喚起するべきだと思う。「木桶理論」を借り、中西部の経済発展を人材、資本、物資の三要素で囲まれた「木桶」にたとえてみると、最も短い木片は人材である。人材という木片が短いと、木桶のなかに注ぐことができる水の量は制限される。しかし筆者が訪問先で受けた感想は逆である。指導者たちは、ほぼ例外なくその地域の経済発展を制約する決定的要因は資金不足であるといっていた。いったい、こうした指導者がどうして人材を最優先し、人材を引きつけるに足る政策を打ち出すことができよう。

次に、人材を引きつける政策とメカニズムが必要である。近年、知識の尊重、人材の尊重が強調され、経済、科学技術、社会の発展に人材が果たす役割が強調されていることから、各地で人材重視の政策が次々に打ち出されている。沿海の開発地帯と中西部との人材重視政策の違いを比較してみると、沿海の方がより重視しており、専門的人材の賃金が一般の従業員に比べずっと高く、発明・創造への奨励金が数十万元に達することもめずらしくない。内陸地域では十分に重視されておらず、賃金が一ランクか二ランク上がり、本人が労働者から幹部に転じ、妻子が農業戸籍から非農業戸籍に変更できるといった程度に限られ、たいした魅力はない。また、なかには重視は口先だけで、いざとなると引っ込めてしまうところもあり、失望させられる。このため、人材を引き留め、引きつけるには政策が必要であるのみならず、昇給メカニズム、専門職への昇進メカニズム、住宅生活保障メカニズムなどを含む、適切なメカニズムによる保障が必要である。政策が実行され、保障が整えば、人材を引きつけられないなどという心配はない。

さらに、人材を吸収する外部環境をつくることである。これには二つの意味がある。一つは、社会環境であり、主に改革の深化、開放の拡大をはかり、民主的で科学を尊重する雰囲気をつくり、各分野の人材に彼らが才能を発揮できる社会環境を与える。二つめは自然環境であり、主に経済建設を中心とする各事業の発展を加速することにより、人材が力をふるう場所があると感じられるようにする。同時に人材重視の度合いを強めるために手段と保障を与え、重視が足りない現状を改める。重視は人材を引きつける上で重要な方法であるが、唯一の方法ではない。まして最も重要な方法ではない。一般的にいって、ある程度の専門知識をもつ人材は、やはり地元のため、故郷のために貢献したいと願っている。問題は力をふるう場所があるかどうかである。これは不断の創造にかかっている。力をふるう環境があってこそ、才能を発揮することができる。

『中国改革報』は一九九四年一二月六日、次のように報道した。財産権制度を柱とする企業改革がますます進展しつつあり、中西部の改革のペースが加速している。郷鎮企業の対外開放が内陸へと延び、沿海、国境沿線、長江沿岸の全方位的な開放の枠組みが形成されている。国が中西部開発の加速を奨励し、東部と西部の協力およびニーズに合わせた支援を積極的に推進したことなどにより、中西部の郷鎮企業の年間成長率が東部よりも高くなるという、喜ばしい変化が起こった。これより以前の五月一七日の『中国改革報』には中国共産党安徽省阜陽地方委員会書記秦徳文の文章が掲載され、阜陽の「民工」たちの帰郷の流れが紹介された。この文章によれば、全国の人口の一％を占める阜陽地区で、農村余剰労働力が一〇〇万人余りに達し、多くが長期間流動人口の隊列に加わっていた。しかし一九九三年からUターン現象が現れはじめ、外で学んだ技術、蓄積した経験と築き上げた関係を活かし、ふるさとでリーダーとなって郷鎮企業を興すようになった。前後して七〇〇社余りの郷鎮企業が設立され、多くが農村の中堅企業に成長し、阜陽地区の郷鎮企業の発展のなかで新たな成長スポットとなった。記事によれば、こうしたUターン組は一般に五―一〇年の出稼ぎ経験があり、基本的に一種類から数種類の技術を身につけている。六〇％前後がUターンする前に勤めていた企業で中堅として活躍し、うち二〇％前後が中間管理職を兼ねていた。彼らは帰郷時には、市場に対する鋭い洞察力、鋭意進歩を求める競争意識、危機意識を身につけている。また彼らは相対的に安定した家族構造と伝統的な血縁関係、地縁的なつながりなどの特徴をそなえている。彼らが市場経済を故郷に持ち帰れば、内外でこれまでに発生した農民の大流動に比べ、明らかにプラスの効果を引き出すことができる。出稼ぎはまさに「学校のいらない教育、投資の必要がない工場、貸し付けのいらない銀行」である。

農村余剰労働力は、地域を越えた大流動のなかで、新しい技術を習得し、かなりの経済所得を獲得し、大量の経済情報を手に入れ、考え方を変え、商品経済活動の手腕を身につけ、リスク意識を強めた。「流動が彼らの目的ではなく、帰郷して創業することこそが彼らの最終的な目標なのである」(6)。阜陽の民工のUターンと起業の現象は、少なくとも都市に入り、商工業に従事する一部の農民の心理を反映しており、中西部が人材を引き留め、引き寄せるためにヒントを与えてくれる。中西部の経済をしだいに発展させ、改革と開放をさらに深め、人材を重視する政策をとり、メカニズムをつくれば、一部の人材を引き留めることは可能であり、一時流出していった人材も再び引き寄せることができる。

この他、中西部において経済を発展させ、改革を加速し、人材を引き寄せるには、東南部との経済の相互補完、双方向の協力を積極的に展開し、農業、工業、商業および科学・工業・貿易を一体化した経済実体の発展をはかる必要がある。これは、試してみる価値のある行為である。中西部は資金、技術、設備が不足しているが、一般的に資源は比較的豊富で、大きな潜在力をそなえており、おおいに開発する価値がある。東南沿海の経済が発達している地域では設備、技術力が豊富であるが、技術の刷新と産業移転の問題に直面しているところが多い。その上、原材料が不足しており、また労働力を適度に増やす必要もある。こうした状況下で、東南部の企業が中西部に投資し、ニーズに合った国内相互補完取引を展開するよう促すことは、双方にとっておおいに利益がある。とくに中西部は東南沿海部からの産業移転の理想的な場所であり、強い生命力と発展の潜在力をもっており、前途は明るい。

こうした産業移転は遠く計画経済時代にもすでに起こっていた。中西部にある大規模な製鉄工場、製油工場、工作機械工場などの多くは、東南沿海部の大企業が「文藁〔枝分かれすること〕」してできたものである。ただ、これらは政府の意思に基づき、経済的利益にあまり配慮することなく行われたものである。現在、市場経済の下で、経済法則に基づいて行われる「文藁」——産業移転にはより大きな活力がある。改革初期、東南沿海部の経済の発展している地域に、海外企業が工場をつくったのと同様に、中西部に投資し、工場をつくったり、商売を行ったり、経済連合体を組織したりすれば、中西部には当時の沿海地域と同様の優位性がある。豊富な鉱物資源、農産品資源、とくに廉価な労働力資源は、開放当時の沿海部に勝るとも劣らない。これは中西部開発にとっておおいに希望のもてるプロジェクトであり、生産力を合理的に配置し、格差を縮小するプロジェクトである。また人材を引き留め、引き寄せるための前途あるプロジェクトであり、おおいに奨励し、組織的に実施するべきである。

第8章　有限と無限の比較

――人口と資源の持続可能な発展

人口が中国にもたらす困難と希望は、さらに持続可能な発展に関連づけ、帰結させる必要がある。持続可能な発展とは何か。現在の世代のニーズを満たし、かつ将来の世代のニーズを満たす能力を損なわない発展である。

全面的な資源発展観は、自然資源の発展観、社会資源の発展観および自然資源の発展観と社会資源の発展観が特定の社会条件のもとで結びついた発展観でなければならない。

中国は資源大国であり、また資源小国でもある。このため、伝統的消費モデルから現代的消費モデルへの転換をじっくり観察し、一人当たりの消費量の増大による「加速効果」に適応し、合理的な消費を実現する持続可能な発展の道を歩む必要がある。

現実に立脚し、将来に目を向け、人口が中国にもたらす困難と希望について詳細な研究を行うには、さらに持続可能な発展に関連づけ、帰結させせなければならず、各種の分析をこのレベルまで高める必要がある。持続可能な発展の範囲は広いが、本書では人口と資源、環境、社会の持続可能な発展について重点的に議論する。これが残りの三章の主な内容である。

人口そのものにかかわる発展の問題については、本書の第1、3、5、6、7章ですでに論述し、さまざまな角度から議論を展開した。これは、抑制、向上、調整、つまり人口数の抑制、人口の資質の向上、そして年齢、性別、都市・農村、地域分布を含む構造の調整を結びつける方針を説明するためであった。このなかで、現在、最も重要なのは人口数の抑制である。この数の抑制を重点とし、「抑制」、「向上」、「調整」を結びつける方針は、人口そのものの持続可能な発展を追求する上での基本的な考え方である。

人口と経済の持続可能な発展については、第2、4、5、6、7章ですでに述べたが、持続可能な発展の角度から前の部分の論述をみると、人口全体と生活資源、生産年齢人口と生産資源、人口の質と経済技術の進歩、年齢構造の高齢化と養老保障、人口の都市化と産業構造、人口の地域分布と生産力分布の持続可能な発展である。この意味からいうと、本書は人口と持続可能な発展に関する論著でもある。ただ問題の深刻さと二一世紀の運命への影響という視点を際立たせるために、「持続可能」の範疇には限定せず、前の七章には持続可能な発展という字句を使わなかっただけである。

何が持続可能な発展か

歴史の概略的考察

持続可能な発展（Sustainable Development）には、他のあらゆる科学的概念と同様、歴史的な形成の過程がある。人口学と人口変動に関することだけをみても、前述のとおり、中国ではすでに、紀元前五〇〇年頃の春秋戦国時代の諸子百家の論争に、人口は多い方がよいという主張と少ない方がよいという主張とがあった。その後、封建王朝時代を通じ、人口増加主義が支配的地位を占め、こうした支配的地位は封建地主階級の支配的地位と密接に結びついていた。しかし、これに反対する者も少なくなかった。多くの思想家が人口の数は適度であるべきで、多すぎも少なすぎもしないのがよいという考えを示した。

一九二〇、三〇年代、社会学派の人口抑制主義が興った。彼らの理論の柱は「適度人口」理論であった。五〇年代の馬寅初の『新人口論』の中心テーマは、人口増加と経済成長とは互いにバランスを保つべきで、増加スピードが速すぎてはいけないというものだった。七〇年代から展開された「二つの生産」の議論においても、中国の具体的な国情にもとづき「適度人口」についての研究を行った学者がいた。この時、暗黙の前提となっていたのは、長期的発展の趨勢からみて、最適な人口数を探ることであり、持続可能な発展という考え方の萌芽ともいえる。

国外では、ギリシャのプラトン（Platon）、アリストテレス（Aristoteles）の「理想国家」が、まさに人口が多くも少なくもない国であった。一九世紀の中葉、イギリスの経済学者キャナン（E. Cannan）が「適度人口」理論を提起し、その後ダルトン（H. Dalton）らが詳しく論述し、公式化を行ったことにより、「適度」に多くの解釈が与えられた。ドイツの人口学者ソーヴィー（A. Sauvy）は『人口の一般理論』のなかでさまざまな角度から適度人口を考証し、当時、適度人口理論が欧米の人口学の世界でおおいに流行したが、定義、基準、適度を実現するためのコントロール手段などは千差万別であった。キャナンは、産業の最大生産力をもたらす人口数が、適度人口であるとした。ダルトンは、それを次のように公式化した。Oは適度人口を示し、Aは現在の人口、Mは人口の不均衡の度合いを表す。

$$M=\frac{A-O}{O}$$

もしMがプラスであれば、人口数が過剰であり、Mがマイナスであれば、人口数は不足していることになる。Mがゼロであれば、適度な人口数である。ソーヴィーは、適度人口を経済力の適度人口、つまり最大の経済的利益と福祉が得られる人口、および国力の適度人口、つまり国が最大の実力を得られる人口とに分けた。彼は人口の数、平均余命、教育レベル、健康状況、就職、個人の福祉、社会の富の増加、国力などの指標から適度人口を導き、適度人口理論のモデルを確立し、さらに形態と動態の両面から分析を展開した。

ソーヴィーのこうした分析は、実際、人口と持続可能な発展の内容をかなり含んでいるが、ただ彼はそれをすべて適度人口という概念にまとめた。適度人口の研究は一般的に安定人口、静止人口を出発点あるいは帰結点としており、適度な人口増加と静止人口あるいはゼロ成長との関係に論争が生じる。一方、客観的には、第二次世界大戦後、世界を席巻したベビーブームおよびその後、発展途上国の出生率が高いまま推移したことが、世界人口の急激な増加を招き、人口ゼロ成長理論が発展してきた。

七〇年代に米国の人口経済学者スペングラー（J. J. Spengler）が人口ゼロ成長と国民所得、国民一人当たりの生産量との関係を考察し、人口のゼロ成長が経済先進国と発展途上国に与える影響の違いを具体的に分析した。しかし、持続可能な発展に最も接近したのは、メドウズらがローマクラブに提出した報告『成長の限界』である。この報告は世界の人口、工業化、汚染、食糧生産、資源の消費に変化がないと仮定した場合、一〇〇年以内に地球全体の成長は限界に達し、人口、工業生産などに破壊的な衰退が起こるだろうと予測した。実際、この時すでに現在の発展は持続不可能なものであるという問題を提起した。また、『成長の限界』が発表された年に、「持続可能な発展」が初めて国際会議でとりあげられた。

持続可能な発展の概念

一九七二年に国連人間環境会議がスウェーデンのストックホルムで開催され、会議は「生態的発展」、「環境の要求にあった発展」、「破壊のない発展」、「連続的かつ持続可能な発展」などの概念を提起し、「持続可能な発展」が初めて人々の前に提起された。ストックホルムでの環境会議の中心議題は、発展が環境を破壊するものであってはならず、経済発展と環境保護とのバランスをはかり、調和的な関係を模索するべきだというものであった。

一九八七年にノルウェーの首相ブルントラント女史が主宰する環境と開発に関する世界委員会が、『我ら共有の未来』と題する報告書のなかで「持続可能な発展」という表現を用い、一つの概念として次のような解釈を行った。「持続可能な発展とは、現在の世代のニーズを満たし、かつ将来の世代がそのニーズを満たす能力を損なわない発展である」。しかし、国連開発計画理事会の先進国と発展途上国のメンバーの間には、持続可能な発展の解釈に大きなずれと論争が存在していた。協議の結果、国連環境理事会に広く受け入れ可能な説明の起草を委託した。一九九二年に国連環境開発会議（地球サミット）がブラジルのリオデジャネイロで開催され、会議は『リオ宣言』と『アジェンダ21』を採択し、締約各国はそれぞれ自国の『アジェンダ21』を制定することになった。これは持続可能な発展に対する認識がおおいに深まったことを示している。

一九九四年九月、カイロで国際人口開発会議が開催され、会議は国際人口開発『行動計画』を採択した。このなかで、「持続可能な発展問題の中心は人間である」という考え方が提起され、持続可能な発展に新しい意味が与えられた。後に相次いで開かれた国際社会開発会議、第四回世界女性会議などでは、いずれも持続可能な発展を重要議題に位置づけ、議論した。議論と理解を深めたことにより、多くの面で共通認識が生まれた。同時に互いに譲らない問題もあり、統一的な結論を導くことは困難であった。筆者は、現在までのところ、持続可能な発展についての定義と解釈は、だいたい以下のいくつかの種類に分けることができると考える(1)。

その一。環境に重きを置く定義。最初に持続可能な発展が持ちだされたのは、環境の悪化、発展がもたらす深刻な汚染、生態バランスの破壊が原因であった。持続可能な発展は、まず環境をめぐって問題になったのであり、定義もまたこの点にかかわっている。九〇年代の初め、国際生態学連合と国際生物学連合は討論を経て、持続可能な発展を

「環境システムの生産および更新の能力を保護し、強化すること」と定義した。環境システムに着眼したもので、中心は生態バランスの保護であった。持続可能な発展であるか、持続不可能な発展であるかを判断するには、その発展が正常な生産システムを損なっているか否か、生態バランスを破壊しているか否か、あるいは潜在的に破壊する可能性があるか否かをみなければならないとした。

その二。人口に重きを置く定義。ノルウェーの首相ブルントラント女史が主宰する環境と開発に関する世界委員会が『我ら共有の未来』と題する報告書のなかで下した定義は、人間を基本とし、世代を境界線とする概念である。「現在の世代のニーズを満たす」とは、持続可能な発展が他でもない、人間のためのもので、人間のニーズを満たすためのものであることを示している。これは持続可能な発展の目的でもあり、持続可能な発展の中心的内容でもある。また持続可能な発展であるか否かをはかる第一の基準は、本当に現在の世代のニーズを満たしているか否かである。

「将来の世代のニーズを満たす能力を損なわない発展」という言葉には、いくつかの意味がある。

第一に、現在の世代と将来の世代、つまり二世代の人々、多世代の人々という概念を提起している。つまり現在の世代の発展だけを考えるのは持続可能な発展ではなく、持続可能な発展は多世代間の発展の継続的プロセスである。

第二に、将来の世代も現在の世代と同様に彼らのニーズを満たさなければならず、これが持続可能な発展の基本的要求である。

第三に、将来の世代のニーズを満たすのは将来のことであるが、現在の世代の発展が、将来の世代のニーズを満たす能力を損なうものであってはならない。また現在の世代の発展を、将来の世代の発展を損なった上に確立することはできない。

一九九四年のカイロ世界会議が打ち出した「持続可能な発展問題の中心は人間である」という観点は、まさにこの人間を基本とし、世代と発展を結びつけた画龍点睛の注釈である。人口に重きを置いた持続可能な発展の定義は、持続可能な発展に影響を及ぼす人口、資源、環境、経済、社会の諸要素を説明する上で、中心的な要素をおさえており、簡潔明瞭な定義である。

その三。経済発展に重きを置く定義。この定義のさまざまな表現形式には共通点がある。ここでいう経済発展は環境の質を代償とする経済発展ではなく、環境を保護し、自然資源の基礎を破壊しない経済発展である。バービア（E. B. Barbier）は、持続可能な発展を「自然資源の質とそれがもたらすサービスの維持を前提として、経済発展の純利益を最大限まで増加させることである」と解釈している。経済発展は、常に経済的利益の極大化を原則としており、この一点がなければ、経済発展も意味を失ってしまう。ただし持続可能な発展の経済観には、一つの前提条件が加わっており、それは資源と環境の持続性を損なわないことを原則とし、現在の経済発展のために将来の経済的利益を損なってはならないということである。

その四。資源に重きを置く定義。この定義は環境に重点を置く定義と重複するところが多く、資源の合理的利用と環境保護とが同時に定義に盛り込まれている。しかし、くわしく分析してみると、やはり違いがある。環境保護は、資源型の持続可能な発展の定義においては一つの条件である。たとえば、トルバは『持続的発展――制約と機会を論ずる』で次のように強調している。発展は資源の制約を考慮し、自然資源の範囲内ではかるべきであり、自力更正的な発展を堅持しなければならない。彼はまた人間を資源の一部とみて、人間を中心とする自主的な行動という概念を確立した。資源の制約に重点を置くこうした解釈は、資源の稀少性と有限性を重視し、資源の枯渇が成長にもたらす限界をできるだけ遅らせようとするものである。資源を重視する持続可能な発展の定義は、これまでの経済発展の致命的弱点である資源の大量消費を厳しく戒め、エネルギーや原材料の消費を減らしても、同様に経済や社会の発展を実現できるという意識を確立するものである。

その五。社会に重きを置く持続可能な発展。公平、貧困撲滅、公民の効果的な政治参加のシステム、政策決定への参加を強調する。国連国際経済社会理事会統計委員会主任ピーター・バタムスは『持続的発展の概念』という文章のなかで、「公平で環境において健全な持続的発展」をあげ、社会の公平、経済の公平な分配を持続可能な発展に組み入れただけでなく、社会の持続的発展のために指標システムを与えた。バタムスの持続可能な発展は、経済の持続的発展と環境の健全な発展を同時に強調した。

この他、さらに科学技術面の意義を重視するものがある。持続可能な発展の鍵は先進技術を用い、廃ガス、廃水、固形廃棄物、騒音汚染を効果的に処理し、環境を効果的に保護することにあるとして、「ゼロエミッション」「クローズドシステム」技術を提案するものもある。同時に先進技術を応用し、資源をより効果的に開発、利用し、利用率を高め、浪費を減らし、さらに再生型資源を迅速に更新し、品質を高めることが提案されている。これらすべての定義は、さまざまな角度、さまざまな側面から、持続可能な発展の目的、目標、手段、メカニズム、前提、システムなどを述べたもので、持続可能な発展を実現するために欠くことのできないものである。ただし、ある意味ではいずれも不十分な点があり、他の要素を軽視しているという問題がある。

さらに重要なことは、持続可能な発展は長い間、主として政府の行為、一種の国際間の政府行為を体現するものであったため、国家間の利益問題に影響しており、関連国際会議でとめどなく議論が続いているということである。とくに、一九八八年の国連開発計画理事会の会議期間中は、発展途上国と先進国の間に激しい論争が展開され、最終的に国連環境理事会が、持続可能な発展に関する解釈を起草した。そして翌年の国連環境計画理事会の会議で再度討論が行われ、ようやく『持続可能な発展に関する声明』が採択され、各国が受け入れられる定義となった。

この声明で特筆すべきことは、国家の主権を侵害する内容を含まないことを明確にし、逆に、国際間の平等の確立、支援型の国際環境の創造を主張したことである。資源については、自然資源の基礎を保護し、合理的に使用し、向上させることを強調し、援助あるいは発展の付帯条件をつけなかった。したがって、ブルントラントの定義から発展途上国の発展を制限する含みを取りはらい、発展途上国も受け入れられる解釈とした。問題は、発展途上国は経済力が十分でないため、統一的な要求にもとづいて、先進国と同じ環境品質基準をつくることは非常に難しいという点にあった。そこに事実上の不平等が隠されていた。しかし、発展途上国が持続可能な発展の環境意識を確立し、一部の先進国が歩んだような汚染してから処理するという道を回避できれば、自らにとってもプラスである。したがって、こうした不平等は必ずしも発展途上国の不利益にはならず、持続可能な発展の道を拒むことなどあり得ないのである。

ブルントラントの「将来の世代がそのニーズを満たす能力を損なうことなく、現在の世代のニーズを満たす」という持続可能な発展の定義は、かなり全面的かつ簡潔に持続可能な発展の主要内容と基本的要求を表しており、筆者もこの定義に賛成する。この定義の基本精神にもとづき、さらに現在の発展の実状を結びつけてみると、持続可能な発展は以下の基本点に要約される。

A　人間を主体とする。ある国あるいは地域の発展が持続可能な発展であるか否かをはかるには、経済成長率や資源、環境の開発や保護の程度をみるのではなく、たしかにこれらも重要であるが、発展が人間を主体としているか否かをみることがより重要である。いわゆる人間主体とは、まず、生存、享楽、発展のための各レベルの需要を含む、現代人の要求を満たすことである。ある社会が住民全体のこの三つのレベルの需要を満たすことができれば、人間自身が社会の発展のなかで必然的に発展を遂げ、自らの資質を高め、発展のなかで貢献する力を強化することができる。これは、社会を安定させ、調和させる主要な要素である。人間主体には、また人間の生産者としての役割、人材の資源としての役割が効果的に発揮されるという意味が含まれている。この点を実現するには、相応の労働力を開発、管理する良好な社会的メカニズムが必要である。人間主体には、また人口、資源、環境、経済、社会の発展という諸要素のなかでの人口要素の地位と役割を適切に処理することも含まれている。ある意味で、人口が最も重要な位置を占めており、その他の諸要素が、発展のなかで持続可能な発展の役割を果たすことができるか否かの鍵は人間にあり、人間の全面的な発展および発展のなかでの人口とその他の要素との関係の調和にある。

B　人間の世代間関係。ブルントラントの定義は、現在の世代に立脚し、現在の世代の要求を満たすべきだとしている。同時に次の世代にも着目し、現在の世代のニーズを満たすことが、次の世代、さらにその次の世代のニーズを満たす能力を損なってはならず、現在の世代と次の世代、さらにその先の世代の関係を調和させるべきだとしている。この持続可能な発展の定義は、時間的なスパンにおいて他の指標、たとえば、経済成長の連続性の指標、環境の質の安定や改善についての指標、資源の枯渇の回避に関する指標などを選択していない。こうした指標ではなく、人口学の世代間の指標を選択し、各世代のニーズを満たすということおよび満たす能力を指標とし、人間を主体とする主導理念を際だたせている。

C　貧困からの脱却と根絶。人間のニーズを満たすとは、人々の生活が保障され、貧困のために苦しまなくてもよいということを意味する。将来の世代が貧困から脱却する能力をもつことを保障し、貧困を根絶するという意味が含まれる。持続可能な発展の目標は、人々がしだいに豊かになれるようにすることであり、持続可能な発展の最終目標は、人類の生活をよりよくすることである。現在、世界には貧困人口が一〇億人以上もおり、一部の地域ではさらに増加している。中国には貧困人口がまだ五八〇〇万人もおり、貧困の撲滅はすでに第九次五カ年計画の発展任務の一つとなっている。貧困は人間を主体とする持続的な発展にふさわしくないだけでなく、持続可能な発展を直接破壊するものである。貧困や生産手段の立ち遅れという条件の下で、人々が生き残るためにとる直接的な手段は大自然からの収奪であった。このため、森林を伐採して開墾し、牧草地を農地に変え、大量の薪を得てきた。その結果、森林面積が減少し、生存環境が破壊され、発展は持続不可能なものとなってしまったのである。

D　経済の調和的発展。どうすれば現在の世代のニーズを満たすことができるのか。経済を発展させなければならないことは間違いない。どうすれば将来の世代がそのニーズを満たす能力を保障することができるのか。やはり経済を発展させ、社会的ニーズを満たすための富を蓄積し、十分な富を生産する能力をもつ必要がある。持続可能な発展は発展を前提としなければならず、発展がなければ持続可能な発展を語ることなどできない。発展は経済発展とイコールではなく、経済発展は経済成長とイコールではないが、人口が増加を続け、人々が生活の質の向上を求めるようになるなかで、経済成長が依然として必要条件であることは間違いない。したがって、持続可能な発展は、発展しなくてよいということではなく、発展はぜひともしなければならず、これには必要な経済成長が含まれ、発展途上国においてはより速い経済成長が必要である。また、経済発展は、人間のニーズを満たす物質を直接提供するのみならず、自然資源を効果的に開発、利用し、環境の基礎を改善し、整備し、人間のニーズを満たすために相応の手段を提供するものでもある。ただ、経済の発展は、これまでのような高エネルギー消費、低効率、高汚染の道をたどるべきではなく、集約的な経営の道、構造の合理化と調和的発展の道を歩むべきである。

E　自然資源の合理的開発と利用。現在の世代と将来の世代のニーズを満たし、経済の発展と経済構造の合理化をはかる上で、われわれは非再生資源の絶対的な不足と再生可能資源の相対的な不足に直面している。こうした事態に直面し、いかに科学的、合理的に自然資源を開発・利用するかという問題が世界の人々の前につきつけられている。つまり人々はもはや資源に対して無制限な収奪を行うことはできず、できるかぎり資源のライフサイクルをのばし、資源の総合利用効果を高めるとともに、新たな資源を開拓しなければならない。

F　技術の進歩の促進。経済を発展させ、現在の世代と将来の世代のニーズを満たすためには、科学と技術のたゆまぬ進歩が必要となる。可能な限り資源のライフサイクルを延長し、資源の総合開発と合理的利用、「三廃〔廃液、廃ガス、廃棄物〕」対策、騒音の処理、環境の質の向上をはかるための最も主要な手段も科学と技術の進歩である。科学の発展がもたらす技術の進歩を通じ、エネルギーと原材料の消費を減らし、労働生産性を高めることは、持続可能な発展を前進させる鍵である。とくに将来のコンピューター時代には、知能を物質の形に変えることにおいてより速く進歩したものが、持続可能な発展のなかで新たな飛躍を遂げることができ、持続可能な発展の先頭に立つことができる。

G　生態バランスの保護。これは持続可能な発展が提起された根源的な動機であり、ブルントラントが定義した多世代のニーズを満たす持続可能性を実現する上で、生態バランスの保護は隠れた前提である。地球上に生物が存在するようになってからすでに二三億年の歴史があるが、ほとんどの期間は生態バランスになんら問題はなく、相対的に安定した生物圏が形成されていた。しかし、人類の誕生、とくに三回の社会的分業の後、生態バランスに局部的な破壊が起こった。さらに産業革命以来、陸地から空の上まで、高山から海洋まで、地表から地下まで、さまざまな汚染が広がり、環境の破壊が生態バランスの破壊を招くにいたった。これまで人類が自然環境を破壊し、自然環境が同様の手段で人類に報復するといった悪い結果がいたるところでみられ、現在の世代と将来の世代のニーズを満たすことが脅かされてきた。持続可能な発展は、こうした脅威を取り除き、人類を含む、そして人間を主体とする生態バランスを保護するべきである。持続可能な発展を「汚染のない発展」「公害のない発展」と解釈することは、むろんいささか狭隘であるが、相対的に安定した生物圏を守り、人類がその生存を頼っている環境を確実に守ることが、持続可能な発展の基本的な要求である。

資源の物質変換と発展

持続可能な発展の前提は発展である。では何が発展か。中国社会科学院言語研究所の辞典編集室が編集した『現代漢語辞典』(改訂本)は、「事物の小から大へ、単純から複雑へ、下等から高等への変化、組織あるいは規模の拡大」と解釈している。私は発展について次の一言でまとめることができると思う。すなわち、事物の質の向上または量の拡大である。事物の単一的な質の向上、単一的な量の拡大および質の向上と量の拡大が結合したものを含む。また、物理と化学の意味からみると、発展とは資源の物質変換過程であると概括することができる。ある意味で、自然界と人類社会が行う物質変換こそが、具体的な発展である。

資源に関する解釈

何が資源か。中国語についていうと、資と源にはそれぞれ独立した意味がある。「資」は「次」と「貝」の二つの部分に分けることができ、「又一次〔もう一度の〕」富の意味であり、すなわち金銭・財物である。源は「氵（水）」と「原」の二つの部分からなり、すなわち河川の源流である。「資源」が一つに組み合わさると、金銭・財物の源と理解することができる。英語のRESOURCEも合成語であり、REはもう一度の意であり、源を意味するSOURCEと二つの部分からなっており、やはりもう一度の富という意味がある。

イギリスの経済学者ウィリアム・ペティ（W. Petty）の名言は「土地は富の母、労働は富の父」であるが、これは土地と労働をともに資源とみなし、結びつけて富としたものである。マルクスは、「自然界は労働のために対象と材料を提供し、労働は材料を富に変える。労働と自然界が一つに結びついてこそ富の源泉である」と明確に述べている。では何が資源か。国連環境計画（UNEP）の定義は、「いわゆる資源、とくに自然資源とは、一定の時間的、空間的条件の下で経済的価値を生み出し、人類の現在と将来の福祉を向上させることのできる自然環境要素と条件を指す」となっている。学術界と実務部門とでは、学問分野と現場との性質の違いのために、資源に対して数十種類もの定義が下されているが、いずれも一定の制約がある。筆者は基本的にはUNEPのこの定義に賛成であるが、第一に煩瑣で、表現が冗長であり、第二にすべての資源を含んでいないため、もう一歩推敲する必要があると考える。

筆者は、学問分野や部門による偏見を排除し、抽象的な方法で「資源」の質的な規定性および固有の内包と外延を示すべきであり、またできるだけ簡明に要点をおさえ、高度な概括を行うべきであると思う。

こうした考えに基づき、筆者は、自然界と人類社会のすべての価値ある物質がすなわち資源であるという定義を提案する。この定義には三つの意味が含まれている。第一に、資源は自然界に存在しているだけでなく、人類社会にも存在しており、すなわち自然資源と社会資源に分けられる。自然資源は地球の表面や内部に存在する。さらに地球に直接資源を供給したり、地球の資源に影響を与えたりする太陽、月などの天体も自然資源に含まれる。たとえば、太陽は直接地球に太陽エネルギーを供給し、人類はエネルギーとエネルギーの転化形態を獲得している。月は地球の周りを運行し、引力の影響を受けて、潮の満ち引きを形成する。これが潮力発電所などのエネルギーである。地球の周りには大気が、地表には平原、山地、砂漠、丘陵地、盆地、河や湖、海洋があり、地球の内部には金属や非金属などの各種鉱物があり、資源でないものなどひとつもない。資源は人類社会にも存在する。人的資源、技術資源、管理資源、情報資源などを含む社会資源は軽視することのできない資源の重要な構成部分である。

第二は資源の価値属性である。これは資源そのものの固有の属性であり、人間の利用の程度によって変わるものではない。たとえば、一部の貧鉱は、同類の富鉱が豊富であったり、採掘、製錬技術が低い状況の下では、往々にして資源とはみなされない。しかし富鉱が枯渇したり、採掘や製錬技術が高くなると、資源として視野に入り、採掘・利用される。しかし、どのような状況であれ、富鉱が資源であるのと同様、貧鉱も資源である。ただ一ランク劣る資源であり、価値が相対的に少し低い資源である。

第三は資源の物質的属性である。資源そのものは物質であり、自然資源には固定的な物質形態があり、人材などの社会資源の物質属性も一目ですぐにわかる。この他一部の資源、主に技術、管理、情報資源などのように、物質でない形で存在しているものもある。あるいは、米国のミクロ人口経済学者、ライベンスタインが提起した「目に見えない資源」にも、物質的属性があるのであろうか。やはりある。こうした「目に見えない資源」は人の頭のなかに保存されていたり、コンピューターのデータバンクや書籍資料など知能が物質化したもののなかに保存されていたりする。「目に見えない資源」は、目に見える物質キャリヤーの存在を条件としなければならないが、資源の物質的属性を離れたものではない。

資源の物質変換と発展について

A　発展は資源の物質変換である。この命題は前の部分ですでに述べたが、ある意味で、発展は資源の物質変換のプロセスである。これは経済の発展、社会の発展のさまざまな類型から、分析、検討することができる。

経済発展についてみると、すでに述べたとおり、経済的増大は経済発展とイコールではない。たとえばある市場ですでに飽和状態にある製品を引き続き大量に生産しても、生産が増えれば増えるほど在庫が増え、無駄がますます深刻になる。このような増大は発展にとって無益で、むしろ有害である。

筆者はかつて硫黄を旧式の方法で製錬している山村に行ったことがある。遠くから「黄龍〔敵の都のたとえ。金の都〝黄龍府〟に由来〕」が谷間に盤踞しているのが目に入った。「黄龍」のある奥地に深く分け入ってみると、村のいたるところに煙が上っていた。当時、農民が旧式の方法で硫黄を焼き、製錬する大作戦が盛り上がった結果、所得が増加した。しかし、空気、水の汚染が深刻となり、製錬によって一般の岩石の表面の層も柔らかくなってしまい、硫黄粉塵などのために木の葉という木の葉に穴が開き、多くの草木が枯れ、人々の健康も大きな被害を受けた。硫黄鉱もでたらめな管理ややたらな採掘が行われたために、満山創痍の状態となり、資源がきわめて大きな破壊を受けた。われわれがいう経済発展は、市場経済のニーズに合致し、正常な方法で生産と経営にとりくみ、構造の合理化と価値を実現することができる経済成長でなければならない。こうした経済成長あるいは経済発展は、資源の直接的な物質変換といえる。

われわれが種をまき、温度や水分などの条件を適度に保つと、種は土から芽を出し、さらに太陽の光の作用で、水と二酸化炭素から葉緑素が有機物を合成し、最終的に食糧を収穫できる。春の種まきから秋の収穫までのサイクルは、土壌および大気中で行われる水、太陽の光、空気、有機肥料、化学肥料などの資源の物質変換である。

われわれは鉄鉱石を採掘し、高炉、転炉で鉄や鋼に精錬し、さらに機械に加工するが、この際行っているのは鉄鉱石、コークス、石灰石、酸素などの置換反応と物質変換であり、直接使用することのできない資源を役に立つ道具に変えているのである。

栽培業、林業、牧畜業、漁業などの農業生産にしても、採鉱、冶金、機械製造、交通運輸、郵便電信通信、建築などの工業生産にしても、飲食、商業、サービス業でさえも、すべては資源に対する開発、加工、再構成、改造、製造のプロセスとしてまとめることができ、資源の物質変換とみることができる。経済成長と経済発展は、資源の物質変換のプロセスおよび結果として表れ、直接的な物質変換である。

社会の発展についてみると、なかには資源の直接の物質変換として表れるものもあるが、直接的な物質変換としては表れないものが多い。しかし、資源の物質変換を前提としなければならない。たとえば、教育を発展させ、人口の文化的資質を高めるには、教育の労働生産性が一定であるという条件の下で、学校を建てるためのセメント、レンガ、瓦などの生産という資源の物質変換、コンピューター、図書、実験室の器具、視聴覚教育設備などの生産という資源の物質変換、充分な数と質の教師という人的資源の物質交換などを行わなければならない。資源の直接的な物質変換に属さない社会発展は、抽象的な社会科学の発展であるが、これも実践と切り離すことはできず、実践からきており、抽象的な思惟を通じて理論が実践を指導することへと高められる。

実践とは何か。人々が自然や社会を改造する実際の活動であり、毛沢東同志はそれを生産闘争、階級闘争、科学実験にまとめた。いずれにせよ、実践は物質の運動や変換と切り離すことができず、物質の運動や変換は資源と切り離すことができない。結局、社会科学を含む科学の発展は、自然科学および一部の社会科学のように、直接資源の物質変換として表れたり、実践に依拠して、資源の物質変換の実践を前提としたりする。

B　資源は発展と持続可能な発展の条件である。発展は資源の物質変換であることから、資源は発展の条件であるという推論が成り立つ。同時に持続可能な発展の前提は発展であることから、資源は持続可能な発展の条件であるという推論もきわめて自然に成り立つ。このような推論は形式、論理の上で成り立つのみならず、持続可能な発展の諸関係においても、法則に合うものとして具体的に表れている。

一般的に、持続可能な発展は人口、資源、環境、経済、社会の発展の五大要素にかかわりがあると考えられている。人口の角度から持続可能な発展について研究し、人口変動と資源、環境、経済、社会の発展との関係を追求した結果、筆者は、数年前に次のような考えを打ち出し、現在も堅持している。

人口と経済との持続可能な発展は基礎である。なぜなら、人口一人当たりの国民経済の発展レベルおよび供給可能な技術設備が、自然資源に対する測定、開発、利用の能力、社会の発展のために提供しうる物質的基礎および環境保護や「三廃一騒」処理のレベルを示しているからである。

人口と社会との持続可能な発展は目的である。すなわち、貧困をなくし、技術の進歩と経済の発展を推進し、平等と人々が進歩と文明の成果を享受できる調和的な社会を確立することを含め、現在の世代のニーズを満たし、かつ将来の世代がそのニーズを満たす能力を損なわない社会システムを確立することが、持続可能な発展が追求する目標である。

また、人口と環境との持続可能な発展は前提である。経済成長と経済発展は、環境を損なうことを代価としてはならず、環境の質を犠牲にすることを代価とする発展を選択することはできない。持続可能な発展は、環境の絶えざる改善により、固有の生態系バランスを維持することを前提とすべきである。

しかしながら、人口と経済、社会、環境の持続可能な発展は、最終的にはやはり人口と資源との調和、相互のバランスを視野に入れなければならず、資源の物質変換能力とそのレベルが決定する。人口と資源の持続可能な発展は、すべての持続可能な発展の条件であり、持続可能な発展を制約する究極的な要素である。

いうまでもないことであるが、これは個別の国や地域についていっているのではなく、全人類と人類が擁する資源全体についていっているのである。実際、あらゆる資源はもともと人類全体の共有に属し、人類はすべての資源がもたらす利益を享受するはずである。しかし、経済が発達し、社会が進歩したことにより、私有制、家族、国家など人為的に分割されたグループや地域の境界が生まれ、既存の資源を各国や各地域の間で分割する局面を招いている。これが資源の合理的開発・利用の障碍となり、国際間の輸出入貿易に頼って解決せざるを得なくなっている。

そこで資源と発展の間にいくつかの状況が生まれる。一つは、資源と発展が正比例をなす場合で、資源が豊富な国や地域の発展が速く、資源が乏しい国や地域の発展が遅れるという状況である。こうした例は枚挙にいとまがない。もう一つは資源と発展が反比例する場合で、資源が豊富な国や地域の発展が逆に遅れるという状況である。現在、発展途上の国や地域の多くがこうした状況にある。これらの国は資本、技術および専門分野の人材を欠き、資源は豊富であるが、資源の利用価値を開発し、高めることができない。自然資源の輸出に頼って品不足の商品と交換しており、資源輸出型の発展の道を歩んでいる国や地域が多い。

この類型のもう一つの表れは、資源の乏しい国や地域の発展がかえって速く、到達レベルもきわめて高いという状況である。たとえば世界第二の経済大国として知られる日本は、自然資源の乏しい国であるが、石油、コークス、鉄鉱石、銅、アルミニウム、タングステン、マンガンなどの金属・非金属鉱物を大量に輸入し、製錬と製造を経て有用な生産資源と生活資源をつくりだすことにより、その付加価値を大きく高めた上で再輸出し、より多くの原材料に変えている。日本が歩んでいるのは「貿易発展の道」であり、先進国の多くがこの道を歩んでいる。筆者は、一概に日本は資源の乏しい国だということには賛成しない。不足しているのは明らかに自然資源である。社会資源についてみると、日本は不足していないばかりか、むしろ名実ともに資源大国である。日本は正に豊富な労働力資源、科学・技術資源、情報資源、管理資源などに依拠し、これら社会資源のメリットをいかし、自然資源を輸入して豊富な社会資源と結びつけ、それによって付加価値を大きく高め、より効果的な物質変換を行うことができた。だからこそ第二次世界大戦後、急速に頭角を現し、屈指の超経済大国になったのである。

日本の発展の例が次のことを示している。われわれは資源が発展と持続可能な発展の条件であり、人口と資源の持続可能な発展の前提条件であることを認めるにあたり、自然資源だけに眼を向けていてはいけない。社会資源にも十分に注意を払うべきである。とりわけ重要なのは、人的資源および人的資源の基本的資質が決定する技術、管理、情報資源である。全面的な資源発展観は、自然資源の発展観、社会資源の発展観および自然資源の発展観と社会資源の発展観が特定の社会条件によって結びついた発展観でなければならない。

資源大国と資源小国

自然資源と社会資源には一定の相互補完性があること、弁証法的な分析を用い具体的な資源に対処するべきであることを日本の例が示している。自然資源と社会資源の分析においてこのことが必要であるのみならず、自然資源そのもの、社会資源そのものの分析においても同様に必要である。ある国は資源小国にみえても、総合的にみると、実際は資源大国である。ある国はたしかに資源大国である。しかし詳しく分析してみるとそれほど大きいわけではなく、資源小国的な要素も多く含んでいる。中国はおそらくこの類型に属する。

中国の資源の「大」と「小」

筆者がこの原稿を書いているとき、ちょうど香港復帰の宣伝が盛りあがり、カウントダウンも最終段階に入り、気分もアヘン戦争当時の砲煙に包まれたかのようになり、「大」と「小」という問題が想起された。アヘン戦争は道光二〇年前後のことである。当時清朝はとっくに「乾隆盛世」を過ぎて、後期に入り、坂道を転げ落ちているところだった。しかし、愚昧な皇帝や官僚たちは、依然として「大王朝」の「唯我独大」、「唯我独尊」の無知の境地に耽溺していた。その重要な原因の一つは、自国だけが物が豊かで、人口が多く、本書の言葉を用いるなら、自然資源、人的資源が豊富であり、西洋の国々など比べものにならないと考えていたことにある。その結果、アヘン戦争が終わってみると、賠償金を支払い、香港を割譲するはめになった。封建支配階級は西洋の「卓越した軍事力」をみて恐れおののき、一挙に自らを「小さい」と感じ、領地を割譲し、賠償金を払い、不平等条約に調印したのである。

もし最初からそれほど自らが「大きいこと」にうぬぼれていないで、国の扉を開けて、より大きな外の世界を見、自らが「小さいこと」を認めて、「改革開放」を実行していたなら、あれほど大きな損害を被ることはなく、少なくとも他国に自国の扉をこじ開けられ、開放を迫られるようなことにはならなかった。今日香港を取り戻しても、国土については、さほど増えるわけではない。自然資源は減少こそすれ、増えはしない。

その他の要素は別にして、資源観に基づいていえば、中国は一八三〇、四〇年代に自然資源が豊富だったといえ、人的資源のうち数については世界でも第一位であった。しかし、社会資源はどうだったであろうか。人的資源のうち数は優位を占めていたが、質は低く、科学技術資源、情報資源は乏しく、腐敗した封建制度――社会管理資源はすでに枯渇し、少しも活力がなくなっており、社会資源全体が欠乏し、立ち遅れた状態にあった。こうした社会資源の貧困と立ち遅れにより、自然資源のうちかなりの部分が眠ったままの状態にあり、しかるべき開発・利用がされておらず、国力の貧弱さは否定できなかった。こうした状況で、戦いに敗れないわけがあろうか。

われわれは今なお発展途上国であるが、改革開放以来の成果は世界の注目を集めており、もはや中国は昔日の比ではない。資源観に基づいていえば、社会資源が開発・利用され、自然資源の開発・利用と結びつき、国力はかつてない増大をみせている。香港を取り戻し、香港の繁栄を保証する力を身につけた。同じ中国においても、歴史的時期によって資源観は異なり、発展し、変化してきたのである。

中国の資源に対する認識あるいは資源観には、かつて二つの偏った見方が現れた。一つの見方は、中国は土地が広く、物が豊富で、人口が多いという考え方であった。他の国は一顧だにする値打ちもないかのように、門を閉じて自画自賛し、尊大ぶっていた。その結果、閉ざしていた国の扉はこじ開けられ、半植民地、半封建社会になり果てた。実際、産業革命以後というもの、中国の経済、社会の発展は立ち遅れ、人的資源などの社会資源は、しかるべき開発・利用がなされず、他の科学技術、管理、情報などは極端に立ち遅れた状態にあった。こうした立ち遅れは自然資源の開発・利用に影響を与え、資源利用効率を大幅に低下させた。また、自然資源の総量についてみると、いわゆる中国が世界で一番だという認識も盲目的で偏ったものであった。中国の重要資源の主要国との比較、ランキングは以下のとおりである。(2)

耕地面積：一九七五年に第一位はソ連で二億三二二一万ヘクタール、第二位は米国で二億九二四万ヘクタール。第三位はインドで一億六七二〇万ヘクタール、第四位が中国で九六八五万ヘクタール、第五位がオーストラリアで四五八七万ヘクタール、第六位はカナダで四三七七万ヘクタールであった。

利用可能な草原面積：一九七五年に第一位はオーストラリアで四億五五〇〇万ヘクタール、第二位はソ連で三億七二〇〇万ヘクタール、第三位が中国で二億二四六七万ヘクタール、第四位は米国で二億一五〇〇万ヘクタール、第五位はブラジルで一億七〇〇〇万ヘクタール、第六位はアルゼンチンで一億四三七〇万ヘクタールであった。

森林面積：一九七五年に第一位はソ連で九億二〇〇〇万ヘクタール、第二位はブラジルで五億一〇〇〇万ヘクタール、第三位はカナダで三億二二二七万ヘクタール、第四位は米国で二億一五〇〇万ヘクタール、第五位はオーストラリアで一億三七七〇万ヘクタール、第六位はインドネシアで一億二一四〇万ヘクタールであった。中国は第七位にランクされ、一億一五三三万ヘクタールであった。

鉄鉱石の調査および埋蔵量：一九七五年に第一位はソ連で一一四〇億トン、第二位はブラジルで八〇〇億トン、第三位は中国で四九六億トン、第四位がカナダで三九七億トン、第五位はオーストラリアで三五〇億トン、第六位はインドで二二〇億トンであった。

リン鉱石の埋蔵量：一九七五年に第一位はモロッコで五五四億三二〇〇万トン、第二位が中国で一三三億五〇〇〇万トン、第三位が米国で六三億五〇〇〇万トン、第四位がソ連で三六億二九〇〇万トン、第五位が西サハラで三三億五六〇〇万トン、第六位がオーストラリアで二七億二一〇〇万トンであった。

上述の重要資源であり、中国に比較的豊富にある資源のなかで、リン鉱石の埋蔵量が世界第二位にランクされる他は、いずれも第三位以下であり、森林資源は第七位で、上位六カ国にも入っていない。淡水、石油、天然ガス、銅など工業・農業生産にとって重要な資源に至っては、わが国の順位はもっと低く、世界で最も資源が豊富な国であるなどとはけっしていえない。こうした冷静さを欠いた認識は頭のなかから一掃するべきである。

近年、とりわけ七〇年代に計画出産を強化し、人口増加を適切に抑制するようになってから、単純に頭割りで各種資源を計算するため、また一部の無責任な偏った宣伝が影響し、中国は資源に乏しく、経済の高成長を長期的に維持することは難しいという一つの偏った見方が生まれた。こうした考え方にも問題があり、実際に合致していない。

客観的にみて、中国は資源が比較的豊富な国である。いわゆる比較的豊富とは、第一に資源の総量が比較的豊富だということである。中国の国土面積は第三位にランクされているが、資源の総量もだいたい同じぐらいか少し下の順位であり、資源大国の名に少しも恥じない。第二に、比較的埋蔵量が豊富な資源の品目がそろっており、種類も多い。現在一六〇種類余りの鉱産物資源のうち、中国で基本的に埋蔵を確認されているものが一五〇種類近くあり、埋蔵が確認されていないものも埋蔵されている可能性が高い。中国は南から北へ、熱帯、亜熱帯、温帯、寒帯とすべての気候帯に跨っており、海面より低いところから八八四八メートルの世界最高峰までさまざまな気候がみられ、農業・工業の生産を発展させる条件を備えており、基本的に自国の資源に頼って独立した経済システムを確立できる。こうしたことが可能な国は世界でもごく少数である。

中国の自然資源を全面的にみると、「土地が広く、物産が豊かである」という言葉は依然として間違いではない。中国の自然資源は比較的豊富であり、総量は世界各国のなかで上位にランクされ、品目別、部門別にみてもあるべきものはなんでもそろっており、世界に数少ない「資源大国」の一つといえよう。しかし同時に「資源小国」でもあり、自然資源の絶対的な不足と相対的な不足が存在している。

いわゆる絶対的不足とは、当然ながら総供給と総需要の矛盾を指し、供給が需要を満たすことができないということを指す。たとえばわが国の耕地面積は世界の七％前後しかないが、世界の二一％の人口の食糧、工業品の生産原料などを供給しており、明らかに絶対的な量の不足が存在している。

絶対的な量の不足の他、構造的な不足も絶対的不足のもう一つの表れである。次のように分けることができる。

まず、資源全体の構造的不足、つまり資源全体のなかの一部重要資源の不足である。たとえば、重要金属・非金属鉱物のうち石油、天然ガス、銅、金などの埋蔵量が不足しており、国民経済発展の需要を満たすことができない。

次に、同類資源の構造的不足、すなわち強い代替性をもつ資源のうち、優良品質のものと粗悪品質のものとの品質構造の問題である。たとえばわが国の化石エネルギーのなかで、石油、天然ガスなど優良エネルギーの割合は低く、石炭などの粗悪エネルギーの割合が高い。これはエネルギー利用率を高め、経済効率を高め、環境汚染を減らす上で、きわめて不利である。

さらに開発条件とコストの構造的不足、つまり資源の開発と利用の難易度、採掘と利用にかかるコストの構造の問題である。たとえばわが国の草原面積は広大で、世界第三位にランクされる。しかし、北西部の乾燥・半乾燥地域では、草の生長が大きな影響を受けている。また、青海・チベット高原の高山牧場や寒冷地帯では、草が育ちにくく、草原の単位面積当たりの牧養力は低い。「風に吹かれて草が低くなびくと、牛や羊の姿が見える」というのは草が生い茂る内蒙古フルンボイル草原の描写であり、中国の大部分の牧草地では、わずか数センチの草が地面に貼り付いて生えているだけで、草が風になびかなくても、牛の全貌を見ることができる。また一部の鉱物資源は、地中深くに埋蔵されていたり、不純物が混じっていたりして、採掘や製錬が非常に難しく、技術的要求が高く、コストもかなり高くつく。

中国の自然資源の実状を出発点とするとき、自然資源の絶対的な量の不足を重視するとともに、上述の三つのパターンの相対的不足も重視する必要があり、これは持続可能な発展に大きな影響を与える。

この他もう一つすでに広く注目されている問題に、絶対的不足に属し、かつ相対的不足にも属する一人当たりの資源の不足がある。絶対的不足に属するのは、それらの相対的に不足している自然資源に対して、人口が多く、一人当たりの量が少ないために、人口一人当たりで計算した資源の量が絶対的に低いレベルとなるからである。たとえば一人当たりの森林面積は世界平均の六分の一に満たない。一人当たりの水資源は三分の一に満たない。相対的不足に属するのは、いわゆる世界の上位にランクされている資源について、一人当たりの量を計算すると一気に順位が下がり、トップクラスから下位の方へと転落するからである。したがって、中国の自然資源と発展、持続可能な発展を研究する際には、人口と関連づけ、一人当たりの資源の意識を確立する必要がある。

一人当たりの消費量の増大による「加速効果」

人口の資源、持続可能な発展への影響は、単に数の上での増加だけからくるのではなく、一人一人が消費する資源の増加からもくる。一人当たりの資源の減少過程で強い加速効果が表れる。再生産の基本原理に照らしてみると、生産は、生産、交換、分配、消費の全過程において、主導的かつ決定的な役割を担っている。しかし他の要素もまったく消極的なものというわけではなく、生産と消費は一対の矛盾する統一体である。生産すなわち消費であり、物的財の生産過程がすなわち労働力と生産資源の消費過程である。一方、消費は生産でもあり、個人の生活資源は交換と分配を経て生産者が消費し、労働者の消耗を補う。すなわち労働力の再生産過程である。生産と消費は互いに条件であり、相互に依存する。生産は消費のために対象を提供し、生産がなければ消費もない。消費は生産を最終的に完成させ、さらに生産のために新たな需要と原動力をつくりだし、消費がなければ生産は意義を失う。再生産の角度からみると、人類社会は生産と消費の矛盾統一運動のなかで変化・発展し、生産の拡大と消費水準の向上をもたらしてきた。人類社会の前期発展段階には、社会生産力の発展レベルが低かったため、生産分野の拡大は大幅に制限され、消費財の量、種類、質も一定の制限を受け、消費構造も立ち遅れたものであった。しかし、人々が高い生活の質を求める欲望には限りがなく、正にこうした限りない追求こそが、たえず社会生産に新たな需要のシグナルを出し、新たな原動力を提供し、社会生産をさらに発展させてきた。

人類社会が産業革命に象徴される後期高度段階に入ってから、社会生産力は未曾有の大発展を遂げ、労働生産性は空前の向上をみせ、消費財が種類、量、質の上で飛躍を遂げた。とりわけ、自動車、住宅、通信機器など大量の耐久消費財の出現により、人口増加が資源消費の増加をもたらす際の「加速効果」がかなり目立って現れてきた。国連の『人口年鑑』の資料によると、一九六〇年から一九八五年までの間に世界の人口は三〇億から四八億に増え、六〇％の増加を示した。同時期に世界のエネルギー消費は一三〇％増加し、人口増加の二倍以上であった。これは、同時期の一人当たりのエネルギー消費が四五％増加したためである。(3) 前述のとおり、消費の拡大と消費レベルの向上が生産の発展に原動力を提供し、生産発展の究極的な目的を具体的に示していることから、社会生産力の発展、新技術革命が提供する新技術手段の強化、さまざまな種類の消費財の急速な拡大に伴い、現在では人口の増加とともに一人一人が示す「加速効果」も急激に強まっている。

中国は消費レベルのそれほど高くない発展途上国である。同時にここ二〇年来消費レベルが最も急速に向上している国の一つである。このため、消費における「人口の加速効果」が強く表れており、資源の消費量が増加している。これは以下いくつかの統計数字から見てとることができる。(4)

第一は家計の純所得と消費の増加である。人口の「加速効果」はより多くの消費を追求するようになることが原因であり、消費の増加は家計所得の増加によって決まる。一九七八年と一九九五年を比較すると、名目価格で計算した農村世帯の一人当たりの純所得は一三三・六元から一五七七・七元に増え、不変価格で計算すると三七五・四％増加した。都市部世帯の一人当たりの生活費所得は、名目価格で、三一六元から三八九三元に増加し、不変価格で計算すると二八七・二％増えた。

所得の増加に伴い、都市世帯と農村世帯の消費は大幅に増加した。農民の消費は一三八元から一四七九元に増え、不変価格で計算すると三〇一・〇％増加した。非農業世帯では四〇五元から五〇四四元に増加し、不変価格で計算すると三四九・七％増加した。家計全体では一八四元から二三一一元に増加し、不変価格で計算すると、三五二・七％増加した。

家計全体についても、都市と農村の家計を別々にみても、所得と消費が急速に増加している。不変価格で計算すると、農村世帯の一人当たりの純所得は年平均八・一％増え、消費は年平均六・七％増加した。都市部世帯の一人当たりの生活費所得は年平均六・四％伸び、消費は年平均七・六％伸びた。家計全体の消費は年平均七・七％伸び、急速な伸びを示した。農村世帯の一人当たりの純所得の伸び率は消費の伸び率よりも高いのに対し、都市では逆であり、一人当たりの消費の伸び率が生活費の伸び率を上回っており、これは消費における先取りと立ち遅れという都市と農村の違いを示している。しかし、全体的にみて、六・四％から八・一％の伸び率というのは、所得についても消費についても、かなり高いものである。

第二は人口都市化の影響である。都市部の人口の消費レベルの伸びは速く、農村は相対的に遅い。これにより都市世帯と農村世帯の消費の比に変化が起こっている。一九七八年の二・九：一・〇から、一九九五年には三・四：一・〇となった。この間、全国の人口は九億六二五九万人から一二億一一二一万人に増え、二五・八％の伸びを示した。都市部の人口は一億七二四五万から三億五一七四万人に増加し、一〇四・〇％の伸びを示し、農村人口は七億九〇一四万から八億五九四七万人に増え、八・八％増加した。都市人口の増加幅が最も大きく、人口全体よりも七八・二ポイント、農村人口よりも九五・二ポイントも高い。この時期、人口都市化の進展が異常に速く、都市人口が急速に増加した。ちょうどこの時期に都市部人口の消費の伸び率が農村人口のそれを大きく上回り、都市部の人口にとって、一人当たりの消費量の増大による「加速効果」は二重の意味をもっていた。

第三は消費構造の変化である。これには二つの意味がある。ひとつは、消費構造全体の変化であり、この間最も目立ったのは家庭耐久消費財の増加、とくに家庭電化製品の消費の伸びである。一九八五年と一九九五年を比較すると、一〇〇世帯あたりの洗濯機の保有台数が、都市部では四八・三台から四〇・七台増えて八九・〇台となり、八四・三％の伸びを示した。農村では一・九台から一五台増えて、一六・九台となり、七八九・五％の伸びを示した。電気冷蔵庫の保有台数は、都市部で六・六台から五九・六台増えて、六六・二台となり、九〇三・〇％増え、農村で〇・一台から五・二台に増え、五一〇〇・〇％の伸びを示した。テレビの保有台数は、都市部で（カラーテレビが）

一七・二台から七二・六台増えて八九・八台となり、四二二・一％伸び、農村では一一・七台から六九台増えて、八〇・七台となり、五八九・七％の伸びを示した。この結果、家庭電化製品など耐久消費財の家計消費に占める割合が急速に高まり、消費構造の変化がもたらされた。

二つめは同類の消費財の代替による消費構造の変化である。たとえば現在都市部の家計消費のなかで、食品消費に穀物が占める割合が下がり、豚肉、牛肉、羊肉、卵、水産品が占める割合が上昇し、量的にも大幅に増加している。一定の穀物換算率で換算すると、一人当たりの穀物消費量は明らかに増加している。農村でも穀物の消費量が少し増加するとともに、肉、卵、水産品の消費も急速に増え、食品消費構造に変化が生じている。全体的な消費構造の変化も、代替による消費構造の変化も、後進的消費モデルから現代的消費モデルへの転換を示しており、経済発展と生活レベル向上の必然的結果である。

以上家計所得レベルの向上、人口都市化の推進、家計消費構造の変化は、このなかのどれをとっても消費の増加をもたらすに充分である。しかし、事実上は三者が一つに混じり合い、相互に作用し、三者がつくりだした結合力が消費市場を引っ張り、人口の「加速効果」を生んでいる。この「加速効果」が力強く市場の需要を促し、国民経済の拡大再生産を刺激し、関連消費財の生産量が激増している。

テレビを例にとると、中国の生産量は一九七八年の八位から一九九〇年には一位に躍り出た。一九九四年には韓国と米国の生産量の和に相当し、日本の三・四倍にあたる年間三〇三三万台を生産した。生産財の生産とエネルギー、原材料などの資源消費もこれに伴って増え、鉄鋼生産量は一九七八年の世界ランキング第五位から一九九三年以降、第二位となり、一九九六年には第一位となった。石炭の生産量は第三位から一九九〇年以降、第一位となった。発電量は第七位から一九九四年以降第二位となった。セメントは第四位から一九八五年以降一位となった。石油は第八位から一九九〇年以降第五位となった。穀物、肉類、綿花などは九〇年代初めに第一位を占めるようになった。

第九次五カ年計画と二〇一〇年の長期目標綱領は二〇世紀末に国民生活をまずまずのレベルにし、二〇一〇年にはまずまずの生活にさらにゆとりがあるようにする目標を定めた。われわれはこのために奮闘し、発展目標の実現を保証しなければならない。しかし、生活レベルの向上の裏には一人当たりの資源消費の上昇、人口と資源の稀少性の矛盾の激化があるということを忘れてはならない。したがって伝統的消費モデルから現代的消費モデルへの転換をよく観察し、一人当たりの消費量の増大による「加速効果」に適応し、合理的な消費を実行する持続可能な発展の道を歩む必要がある。

第9章　「緑の通路」の選択

――人口と環境の持続可能な発展

環境の悪化には先進国が主な責任を負うべきであるが、けっしてすべての責任を負うべきだというのではない。また発展途上国が責任を負わなくてよいということではない。発展途上国では人口が急速に増加し、世界人口に占める割合がしだいに高くなっており、環境にもたらす圧力も増大している。

中国は環境への取り組みを強化しつつある。現在中国に存在する環境問題は、五つの類型に分けることができる。歴史の変遷と理論分析の角度から環境問題を分析し、変動の経緯と将来の発展趨勢を探る。

広く現代的な環境意識を確立し、環境戦略と具体的な環境計画を実施し、市場志向の環境保護改革を強化する。

人口と発展の問題を議論する際、環境にますます関心が集まるようになった。われわれの目の前には「赤の通路」と「緑の通路」という将来へと通じる二本の道があり、われわれはどちらか一方の道しか選べないからである。なかには朦朧とした状態のなかで、まだ自分がどちらの道を歩いてるのか意識していない人もいる。筆者の観察によれば、およそこうした無自覚な人たちの多くはすでに「赤の通路」を歩き出しており、「緑の通路」を選択するようにと警告を発する必要がある。

人口そのものが増殖した「疎外」

「疎外」という言葉は、ある時期から一種微妙な意味合いを帯びるようになった。しかしもとの意味に忠実でさえあれば、まだ使用できる。「疎外」とは、自らの力や本質が自らに対立し、自らを支配するものに転化するという意味である。人口の問題に当てはめていえば、人類の環境への支配力が強くなってくると、支配の結果が自らと対立する面へと向かい、ある意味で人類が環境の支配を受けざるを得なくなるということである。まったくどうしようもない。このどうしようもなさは人を悩ませる。しかし、こうしたどうしようもなさは広く存在し、広がっている。

人口増加と環境破壊

環境はある主体に対応するものとして存在し、変化しつつある要素の総和である。人口主体にとって、環境とは、人口再生産をめぐって直接あるいは間接の関係を生じる自然および社会の要素の総和を指す。自然要素の総和は自然環境を構成し、社会要素の総和は社会環境を構成する。二つの環境はいずれも人口主体と密接な関係をもっているが、本章では自然環境と人口変動との関係、すなわち人口と自然環境との持続可能な発展について重点的に考察する。

人口の変動は自然環境の変化に大きな影響を与えている。人口数の変動という点からみると、こうした影響は直接的影響と間接的影響の二つの面に分けられる。いわゆる直接的影響とは、人口数の増加による影響、人間の生理活動によってもたらされる影響を指す。前の部分で述べたとおり、人類が動物界から離れ、独立して生存するようになってからの二三〇万年余りのうち、ほとんどの期間は数の増加がきわめて遅く、高出生率、高死亡率、低増加率の状態にあった。こうした状態の下での人口と環境との関係は比較的調和がとれており、人類は大自然のなかの一つの家族であったといえ、良好な生態バランスが保たれ、長い間かかってできた生物圏が基本的に安定を保っていた。

しかし原始社会の末期や奴隷制社会の初期になると、生産手段が新石器から銅器に変わり、戦争のためにも新たな武器を提供するようになった。また家族、私有財産、国家が誕生してその機能が強まり、大自然に戦いを挑むようになった。同時に、部族、国家間の戦争も頻発するようになり、人類の環境に対する「騒乱」が始まった。しかし一六五〇年までは世界の人口がわずか五億人であったため、「騒乱」の程度は限られていた。人口が密集している地域、戦争が多い地域、自然災害が多発する地域など一部の地域では環境破壊が多少深刻だったかもしれない。しかし全体的にいえば、比較的安定した生物圏が保たれ、環境破壊はそれほど進んでいなかった。

その後人口増加のスピードが加速し、一六五〇年の五億から一九九七年の五八億五〇〇〇万人まで急激に増加し、三四七年間でおよそ一二倍になった。このことが環境に影響を及ぼさないはずはなかった。

単純に倍数計算しても、世界の人口が吸う酸素、吐き出す二酸化炭素、飲用、入浴用の水の量、糞尿排泄などの量も一二倍になり、さまざまな廃棄物として失われるものが一二倍になったのであり、環境はその分だけ破壊されたことになる。都市は人口が集中しているため、こうした破壊が著しい。空気は汚れ、淡水の質は低下し、緑地は家屋などの建築物に奪われ、人口数の急激な増加が直接環境を脅かしており、環境の全体的な質が低下している。

しかし、人口数の増加のような直接的影響は主なものではなく、むしろとるに足らないものだといってもよい。主なものは、間接的な影響であり、人口増加の生理作用以外の影響である。主に次のものがある。

第一に、農業社会における人口増加と森林、牧草地の破壊である。これまで、原始遊牧部落の段階を除き、農業社会がかなり長い間続いてきた。また、現代でも、多くの発展途上国が依然として農業社会にあるか、農業社会から工業社会への移行段階にある。したがって、人口増加が環境に与える影響をみる際には、まずこの点に注目する必要がある。

人口が増加すると、食糧などの食物をそれに応じて増加させなければならない。これは誰もが知っている常識である。どのように増加させるのか。第一は農業の労働生産性を高め、機械による耕作を行い、新技術を採用し、農業の集約化を実行することであるが、これは一般的に工業社会においてのみ実現できることである。第二は大規模に耕地面積を拡大し、粗放農業により、穀物とその他の食物の供給を増やすことであるが、これは農業社会における当然の選択である。

推計によれば、一九世紀の初めに世界の耕地は四億五〇〇〇万ヘクタールであったが、一九八七年には一三億七〇〇〇万ヘクタールへと拡大し、三倍余りになった。これら新たに増加した耕地はどこからきたのか。大部分は山林を伐採して開墾したり、牧草地を農地に変えた結果である。これにより森林と牧草地には深刻な破壊がもたらされた。

国連環境計画の資料によれば、一九八一—一九八五年に密林が毎年七五〇万ヘクタールのペースで伐採され、疎林地も三八九万ヘクタールのペースで伐採された。両者を合わせると一一三九万ヘクタールに達し、中国の現在の森林面積の十分の一近くに相当し、数字の大きさは実に驚異的である。人々はこの深刻な情勢に十分気がついており、造林の叫び声が日増しに高くなっているが、現在でも世界で毎年新たに造林される面積は、開墾伐採される面積の十分の一前後[1]にすぎず、世界の森林「赤字」は日増しに深刻になっている。

牧草地の破壊も同様である。その上、牧草地を農地に変えることは比較的容易であるため、結果もより深刻である。

周知のとおり、森林、牧草地は自己生産機能をもっている他、環境を保護するさまざまな価値と機能をもっている。降水、輻射、風力を和らげ、吸収し、流れをよくし、分散する作用。土壌を保護し、人類を含む動植物の良好な生存空間を保護する価値と機能、二酸化炭素や大気中の浮遊物質の吸収、貯蔵を通じ、空気を浄化し、酸素を出し、空気を改善し、調整する価値と機能。水分を吸収、貯蔵、放出し、位置エネルギーや放射エネルギーを吸収、転化することにより、大気の湿度や温度を調整する機能などである。

全世界で毎年中国の十分の一に相当する森林と広い牧草地が失われているが、これは土壌の水分、大気の温度、湿度、透明度、清潔度などの調節機能のきわめて大きな喪失を意味している。一年ごとに、多くの地域で、気候が乾燥し、劣悪となり、水害、干ばつなどの自然災害が頻発し、ますます深刻化し、土壌の劣化や砂漠化、大気条件の悪化が進んでいる。

統計によれば、地球全体で毎年六〇〇万ヘクタールの土地が砂漠に変わっており、二一〇〇万ヘクタールの肥沃な土地が経済価値を喪失している。(2) それと同時に、大量の動植物が森や牧草地の破壊のなかで死んでゆき、すでに絶滅したものもある。今注目されている熱帯雨林には全世界のおよそ半分の種が生存しているが、現在の乱伐は非常に心配である。雨林が大量に消失した後にもたらされる深刻な結果について、専門家たちは現在のわれわれの予想を大きく上回るだろうとみている。

第二に、さまざまな形のエネルギー消費が人口増加に伴って急速に増えている。現在の世界には高度に発達した工業国がある一方、基本的に農業を主とする農業社会があり、さらにさまざまな類型の過渡的な経済があって、多元的な経済構造の世界となっている。したがって、エネルギー消費の主導類型もさまざまである。農業型の国や地域では、多くがまだ木や農作物の殻などの薪を主要なエネルギーとしており、一部に薪と木炭、石炭の混合型もある。しかし、工業国や地域では、石油、天然ガス、電力エネルギーの消費を主とし、これらの良質なエネルギーと石炭など低品質のエネルギーとの混合型もある。

科学技術の絶えざる進歩に伴い、原子力エネルギーの開発と利用が、広く重視されるようになり、エネルギー消費に占める割合がしだいに高くなっている。世界人口が増加するなかで、エネルギー消費を含む人口一人当たりの消費が、だんだん増加しており、環境にますます大きな影響を与えるようになっている。

統計によれば、石炭、石油、オイル・シェール、天然ガス、発電量（薪と木炭を含まない）を含む世界の一人当たりのエネルギー消費量は、一九六〇年の三八×10^{9}ジュール／人から、一九八四年には五五×10^{9}ジュール／人へと増加し、四四・七％の伸びを示した。この間の人口の絶対数の増加を考慮すると、世界のエネルギー消費量は一一万五〇〇九×10^{15}ジュールから二五万六五四二×10^{15}ジュール[3]へと増加し、二・三倍になったことになる。エネルギー消費のかくも急速な増加、とりわけ石炭、石油、薪などの燃焼性のエネルギー消費の急速な増加は、大量の廃ガス、固形廃棄物などの廃棄物の放出、大気と地表の汚染を招き、火力発電などは水源や河川を汚染し、環境全体の質を低下させている。

第三に、工業化と人口都市化による環境破壊が最も深刻である。産業革命が起こってから、工業化発展の労働力に対するニーズに適応し、人口の都市化が加速し、工業化と都市化が互いに促進しあい、ともに進展するという局面が現れた。その結果、環境にかつてない大きな破壊がもたらされた。工業化は大量の廃ガス、廃水、固形廃棄物を生み出し、都市化は人口の高度の集中をもたらし、人間の生理活動の環境への影響がまた集中効果をもたらす。より重要なことは、農業社会と違い、人口がエネルギー消費、生活資源の消費において、一人当たりの消費量の増大による「加速効果」をもっていることである。

現在、少数の「緑化都市」の環境の質が比較的よい状態を保っている他は、「三廃」と騒音が深刻なところが多い。都市と工業地区では、大気汚染、水質汚染、地表、地下の汚染がかなり広がっており、地表に点在するさまざまなレベルの汚染ポイント、汚染源、汚染の発生、排出箇所となっている。

二酸化炭素を例にとると、産業革命以前には空気中の二酸化炭素の濃度は約二六〇―二八〇㏙の間であったが、現在ではすでに三四〇㏙を越え、確実に上昇しつつある。主に暖房、発電、輸送の過程で化石燃料を燃やすことにより発生する二酸化炭素の排出量が、地球全体で一九五〇年の一六億三九〇〇万トン（標準炭換算）から、一九八四年の五三億三〇〇〇万トンへと増加し、三四年間に三・三倍になった。

二酸化硫黄の人為的排出量はさらに驚異的である。全世界で一九六〇年の二五〇〇万トン（標準硫黄換算）から一九八五年の九〇〇〇万トンへと増加し、三六倍になった。(4) またメタン、塩化フッ化水素、空気中の懸濁微粒子などの増加も同様に著しく、大気は「新たな家族」を迎え入れるための応対にてんてこ舞いである。

二酸化炭素などの気体は、太陽が地球の岩石にあたり、跳ね返ってくる長波の輻射を遮る力があり、それが大量に増加し、厚くなると、「温室効果」が生まれ、地球が温暖化する。これが続くと北極と南極の氷雪が溶けはじめ、海面が上昇し、気候に重大な異変が起こる恐れがある。

塩化フッ化水素の大量増加は「温室効果」をあおる作用があるだけではなく、等温層中のオゾンを損耗させ、しだいにオゾンホールを形成する。すると太陽の紫外線が遮断されずに地球を直射し、人々の生存条件を変え、皮膚ガンなどの発病率の上昇を招く。さらなる影響については観察が待たれるが、現在南極でこのようなオゾンホールがすでに米大陸二つ分の面積に達している。

二酸化硫黄などの硫化物、一酸化窒素などの窒素酸化物の増加が、大気環境に複雑に作用し、酸性降下物、乾性降下物が形成される。

工業化が生んだ大量の固形廃棄物、廃液は、直接表土を汚染したり、河川、湖、海などに流れ込んで汚染を招いたりし、魚類、鳥類、水生動物、植物を死滅させる。有毒な液体が地下にしみこみ、水源を汚染し、直接人類の健康と生存を脅かすこともある。

核実験、放射能漏れなどの放射能汚染の被害はさらに大きい。その潜在的被害はいかに高く見積もっても高すぎるということはない。報道によれば七〇年代以来全地球で毎年三六〇種余りの生物が絶滅しており、五八〇億立方メートルの水が汚染され、九〇〇万人余りが汚染された水を飲んだことによる疾病と水不足のために死亡し、一〇〇万ヘクタール余りの森林が地球上から姿を消している。また六〇〇億トンの表土が浸食されて河川や湖、海に流れ込んでおり[5]、この地球規模の環境破壊に対し、もはや見て見ぬふりをしていることはできない。

今日まで、人類は大自然に勇敢に戦いを挑み、比類なき大きな勝利をおさめてきた。人類は大自然の前に立ち上がり、ある程度まで、自然の主宰者となった。しかし、一〇〇年余り前にエンゲルスが発した警告を忘れてはならない。「われわれは自然界に対するわれわれの勝利に陶酔しすぎてはいけない。勝利の度に自然はわれわれに報復してきた[6]」。違うだろうか。開墾伐採し、牧草地を農地に変え、鉱山を開き、鉄道を敷き、工場を建て、魔術を使って空を飛び、荒波を蹴って船で海を渡り……。これらはすべて工業化の偉大な功績、人類の「自然征服」の神秘的な力を示すものである。しかし、「征服」の結果、「疎外」が生じ、大自然は土壌の砂漠化、流失、大気汚染、気候の乾燥、劣悪化、工業の「三廃一騒」、水質汚染の深刻化等によってわれわれに報復した。今では人類そのものの生存と発展を脅かすところまできており、人口増加と環境破壊の問題には真剣に対処しなければならない。

先進国が主に責任を負うべきである

世界的な環境の破壊は長い間に蓄積された結果であり、短期間に起こったのではない。すでに述べたとおり、人口増加は環境に直接的な破壊をもたらす。そして世界人口が大幅に増加したのは主として産業革命後のことであり、人口転換からみると、死亡率の低下が招いたことであるが、これはまず先進国から始まった。今、先進国の出生率と人口増加率は非常に低いレベルまで下がっているが、環境の悪化に決定的な影響力をもつ高消費を追求することによる「加速効果」と人口の都市化レベルが、先進国では発展途上国よりはるかに高い。表九・一[7]を参照せよ。

表九・一の一一カ国のうち、発展途上国は四カ国で、基本的に発展途上国の平均的なレベルを代表している。先進国は七カ国で、現在最も主要な国々である。それぞれ中間レベルをとって、エジプトとフランスを代表とし、比較してみると、以下のことがわかる。

表9・1　各国の人口，１人当たりのＧＤＰとエネルギーの比較

	都市人口（%）	1人当たりGDP（ドル）	1人当たりエネルギー消費（kg／人）
中国	30	361	632
インド	27	279	243
エジプト	45	697	576
ブラジル	78	3,242	666
米国	76	24,279	7,918
イギリス	90	16,555	3,718
フランス	73	21,779	4,031
ドイツ	87	23,679	4,170
日本	78	33,667	3,642
ロシア	76	2,214	4,411
オーストラリア	85	16,444	5,316

先進国の一人当たりの国内総生産（ＧＤＰ）は、発展途上国に比べかなり高い。フランスはエジプトの三一・二倍であり、最も高い日本はエジプトの四八・三倍、最も低いロシアでも三・二倍である。国内総生産は一つの国が一年間につくりだした商品と労働価値量の和であり、一国の生産力および経済発展をはかる主要な指標であり、家計所得と分配、消費の基礎である。先進国では一人当たりの国内総生産がこれほど高いのであるから、家計消費も当然発展途上国よりはるかに高い。人口一人当たりのエネルギー消費量は、フランスがエジプトの七・〇倍、米国は一三・七倍、ロシアは七・七倍である。

先進国の都市化レベルは高く、都市人口の割合が七六％に達しているが、発展途上国はわずかに三八％である。つまり先進国は発展途上国の二倍である。都市はエネルギー、原材料を多量に消費する空間であり、先進国の一人当たりのエネルギー消費量が発展途上国の数倍になるのも当然である。また都市は汚染が集中している空間であり、廃ガス、廃水、固形廃棄物の排出が最も集中し、騒音汚染が最も深刻なところでもある。

日本の七〇％以上の工場は都市に集中しているが、都市の面積は国土面積の二％を占めるにすぎない。現在世界の都市が年間に排出する廃水は数千万トン以上に達しており、固形廃棄物は一〇〇億トン、硫化物、窒素酸化物も数千万トン以上に達しており、主な汚染源であり、海洋や

河川の汚染や酸性雨の主な発生地でもある。

世界の環境悪化に対しては先進国が主な責任を負うべきであるが、これには次のような論拠がある。現在先進国の人口数の和は世界人口の二一％であり、四分の一に満たない。しかしエネルギーの消費量は世界全体のおよそ八〇％で、四分の三を越えている。そのうち、米国一国で全世界の四分の一前後のエネルギーを消費しており、これはすべての発展途上国のエネルギー消費量に相当する。つまり人口が世界の五％に満たない国が、世界人口の八〇％近くを占めるすべての発展途上国のエネルギー消費量の和に相当するエネルギーを消費しているのである。この格差はなんと大きいことか。

国際会議で論争を重ねた結果、先進国はこの事実を認め、一九九二年の国連環境開発会議で各工業国が毎年国内総生産の〇・七％を拠出して海外援助基金とし、発展途上国の貧困からの脱却を支援することを決めた。これは一種の補償でもある。しかしながら北欧などのいくつかの国が基本的に実行しているほか、多くの国が約束を履行しておらず、従来のレベルよりもさらに下げているほどである。

環境悪化に対しては先進国が主な責任を負うべきであるが、けっしてすべての責任を負うべきだというのではない。また、発展途上国が責任を負わなくてよいということではない。発展途上国では人口が急速に増加し、世界の人口に占める割合もしだいに高くなっており、環境にもたらす圧力も増大している。経済成長が緩慢で、負債が累積し、採掘と資源の販売に頼って維持するしかない国が多く、環境を大きく破壊している。別の一部の発展途上国では、環境意識の不足、資金不足、環境整備の技術の不足などが原因で、あるいはこの三つがともに重なり、工業化の過程で「三廃」を効果的に処理することができず、まず汚染が進んだ後で処置するという一部の先進国が歩んだのと同じ道をたどっており、環境の悪化が激しくなっている。

現在注目すべきことは、先進国のなかには従来の汚染型の発展の苦しみをなめつくした後、人口の出生率が大幅に低下し、置き換え水準以下に下がってきている国が多いということである。これが長く続けば総人口の減少傾向が起こる。そこで広く環境整備と環境保護の取り組みが強化され、さまざまな「行動計画」が次々に発表されている。一九九一年に日本は先進七カ国首脳会議に二〇〇〇年の「地球復興計画」を提出するとともに、一九九一—二〇一〇年の地球温暖化防止計画を自ら制定した。EUは一九九二年に全地球的な環境問題の解決に「模範的な役割を果たす」方案を採択し、二酸化炭素の排出制限などに関する具体的な指標を定めた。米国はオゾン層を守り、酸性雨を防ぐ計画を制定した。このように、先進国は現在汚染の除去、環境保護のために努力しており、すでに著しい成果をあげているところもあり、人口と環境の持続可能な発展を探る道が正に開かれようとしている。

一部の発展途上国は環境の整備に大きな進歩を遂げているが、全体についてみると進歩はごくわずかであり、悪化傾向がまだ続いているところが多い。世界の環境悪化には先進国が主な責任を負うべきであり、発展途上国の貧困からの脱却と環境の改善を援助するという約束を履行するべきであるが、これは問題の一方の面にすぎない。もう一方では、発展途上国としてもこれを理由に自らの責任を放棄するべきではなく、人口と環境の持続可能な発展意識を確立し、着実に一つ一つの条件を整え、地球全体の環境の質を改善し、向上させるために努力するべきである。

中国の環境問題

人口、環境、発展の三つはひとつに入り交じり、互いに影響しあっている。ここに環境問題の本質がある。中国は古くからの文明国であり、急速に現代化に向かって歩んでいる国でもある。このため、三者の関係と環境問題の処理において、成功した例もあれば、失敗も経験している。

環境科学者の曲格平、李金昌らは、歴史的にみると、先秦の人口と環境の黄金時代、秦から西漢にかけての第一次悪化、東漢から隋朝にかけての回復、唐から元朝にかけての第二次悪化を経験し、明、清以来、深刻な悪化が続いているとしている。歴史的な考察から、環境は、封建支配階級の経済、政治、軍事などの政策、国家の管理とおおいに関係があり、とくに戦争による破壊が環境の悪化を招いたことがわかる。また、辺境の屯田、自然災害も大きく影響し、農業社会における環境の特徴をもっていた。

一九四九年の中華人民共和国成立後は、戦争の傷跡を癒し、農業国から工業国への転換を実現する任務に直面し、生産を発展させ、人々の生活を改善することがまず第一であり、環境問題を議事日程に乗せるにはいたらなかった。これは推察できることである。一九五八年に大規模な鉄鋼生産、「大躍進」がはじまると、すぐに国民経済が困難に陥り、森林、牧草地、鉱産物資源、農地建設などが破壊にあい、その後、「文化大革命」の一〇年間が続いた。この二〇年余りにわたる深刻な環境破壊は、多くの悪い結果を残した。

七〇年代以来しだいに状況に変化が現れた。人口増加の抑制と環境保護が同時に行われるようになり、後にこれが二つの「基本国策」へと格上げされ、世界の注目を集める成果をあげた。人口抑制についてはすでに述べたが、七〇年代はじめのレベルで増え続けたと仮定すると、現在よりも三億人余り人口が多かったはずである。この意味では世界の人口が五〇億人に達する日の到来を遅らせたといえる。さらに今後、人口が六〇億、七〇億となる日の到来を遅らせることにも貢献できるであろう。

中国で人口が国民経済発展計画に組み入れられたのは一九七三年からであり、環境保護をおおいに強調するようになったのも一九七三年からである。「三廃」処理に力を入れることから、環境を国民経済と社会発展計画に組み入れることへ、汚染を出したものが汚染を処理する政策から、環境立法と全国的な環境保護ネットワークの確立へと、環境への取り組みをしだいに強化し、著しい成果をおさめてきた。とくに改革開放以来、経済の急速かつ持続的な成長のなかで基本的に大幅な環境の悪化を招いていない。あるいは全体的に悪化が深刻でないといえ、時期や地方によっては著しい改善がみられる。これは環境システムが本来かなり脆弱な国にとって、高く評価されるべきことである。

第八次五カ年計画を例にとると、工業廃水の排出量が一九九〇年の二四八億六八六一万トンから一九九五年には二二一億八九四三万トンとなり、二六億七九一八万トン減少し、工業廃水の処理排出基準到達量は四六億三八七三万トンから四八億一四二八万トンとなり、一億七五五五万トン増加した。排ガス中の粉塵排出量は七八一万トンから六三九万トンとなり、一四二万トン減少し、工業粉塵の回収量は一九七八万トンから二八九五万トンとなり、九一七万トン増加した。廃棄物のなかで工業固形廃棄物の排出量は四七六七万トンから二二四二万トンとなり、二五二五万トン減少し、工業固形廃棄物の総合利用量は一億六九四三万トンから二億八五一一万トンとなり、一億一五六八万トン増加した。また汚染処理に用いられた資金は、四五億四四六五万元から九八億七四五一万元となり、五三億二九八六万元増加し、不変価格で二六・七%増加した。(8)

工業廃水の排出量、粉塵の排出量、固形廃棄物の排出量が減少し、工業廃水の処理排出基準到達量、工業粉塵の回収量、工業固形廃棄物の総合利用量が増加した。この減少と増加は、第八次五カ年計画期間の工業「三廃」処理に著しい実効があったことを示しており、容易なことではない。第八次五カ年計画の工業の増加幅は大きく、鉱工業生産高は一九九〇年の二兆三九二四億四〇〇〇万元から一九九五年には九兆一八九三億八〇〇〇万元となり、六兆七九六九億四〇〇〇万元増加し、不変価格で計算すると一二四・〇%の伸びを示した。(9)工業生産がかくも急速に増加するなかで「三廃」処理が著しい成果をあげたことになる。また、汚染処理の資金総投入はわずか二六・七%の増加にとどまっており、「三廃」処理の投入・産出も理想的である。こういった例が多いということは、環境保護が基本国策として、中国でより重視されるようになっており、また実践のなかですでに喜ばしい成果を収めていることを示している。

しかし、中国の環境破壊には長い歴史的経緯がある。とくに大規模な経済建設を展開するようになってからは、対策が不十分であったため、新旧の問題が一つに入り交じり、環境をめぐる情勢はかなり厳しい。近年こうした現状を示す資料が増えており、専門の著述により自説を立証する者もあれば、典型的な調査資料もあり、マスコミがショッキングな資料として発表する場合もあって、これらを目にしてはらはらさせられることも多い。本書は角度と考え方を変えてこの問題について詳しく述べるつもりである。つまり歴史の変遷と理論分析の角度から中国の現在の環境問題を分析し、さらにこうした分析を通じて変動の経緯、将来の発展趨勢を探り、解決のための基本的な方策を的確に提案できるようにしたい。

こうした考えに基づき、筆者は現在の中国の環境問題をいくつかの類型に分け、各類型が発生した原因、発展・変動の状況、実相、将来の方向などについて具体的に分析した。こうすることが現在の中国の環境問題の深刻さや問題の本質を認識し、解決のための基本的な方向を検討する上で役立つかもしれないからである。筆者は現在の中国の環境問題は、次の五つの類型にまとめることができると考える。

農業型環境問題

伝統農業型環境問題と現代農業型環境問題の二種類に分けることができる。伝統農業型環境問題は、産業革命以前の農業社会における環境問題の特徴をもち、自然資源に対する後の結果を考えない開発と利用およびこうした開発・利用が環境にもたらす破壊に象徴される。前述のとおり、農業社会では、生産手段が立ち遅れ、労働生産性が低いため、人々が食物などの基本的生活手段の需要を満たすには、直接「自然に戦いを挑む」しかない。焼き畑農業を行い、山林を伐採して開墾し、荒野を開墾し、「土を深くおこして収穫を増やす」方法で大自然からの収奪を繰り返した。中国の農民はこうした方法を数千年にわたって続けてきた。地域によっては山の頂まで開墾が進んだところもあり、森林や草木がもつ水土の保持、気候の調節、空気の浄化などの機能が奪われ、砂漠に変わってしまった地域もあれば、水土が大量に流失し、不毛の地へと変わってしまった地域もある。気候が乾燥し、劣悪化したことも同様の現象である。

今では、このように直接資源を破壊することによる環境問題は大幅に減っているが、辺境の山間地域、経済の立ち遅れた貧困地域ではまだ時々発生しており、後の結果を考えない開墾や耕作、木や牧草を薪にする行為により、大地の植生が破壊にあっている。

中央電視台が次のようなニュースを報道した。四川省成都市郊外の農民が、畑で麦の刈り株や麦わらを燃やした。草木灰からカリ肥料を得るとともに、耕作・播種をしやすくすることが目的である。このため、成都双流空港の上空には煙が立ちのぼり、視界が非常に悪くなって、飛行機は空中で旋回を繰り返し、降下できなくなり、空港は閉鎖に追い込まれ、大きな損害を受けた。

筆者は最近持続可能な発展について研究するに当たり、環境と農業の専門家と話しあった。このとき、チベットの広い範囲でトウモロコシが栽培されていることに話が及んだ。チベットは世界で最も高い草原であり、ヤクなどの畜産品が盛んに生産されている。牧畜業を発展させる上で最も不足しているのは飼料である。もし広い範囲でのトウモロコシの栽培に成功すれば、願ってもないことであり、チベットの発展にも重大な意味をもつはずである。

ところが、この専門家は一つの問題を提起した。高原の土壌、土質、構造を真剣に調査し、降水量、風力、風と砂ぼこり、気温などの状況を結びつけ、トウモロコシの栽培が成功した後の結果を研究する必要がある。つまりトウモロコシは水分吸収力がきわめて強く、もし地層が薄く、土質が悪く、雨水が少なく、風が強い土地に、トウモロコシを栽培すると、土壌の砂漠化の問題を招くのではないかというのである。

彼は砂漠に変わってしまうと断定したわけではないが、たしかに砂漠化の可能性がないということが調査により証明されてはじめて、広い面積での栽培が可能になると考えており、こうした科学的な態度は提唱すべきである。さもないと、広い範囲でトウモロコシを栽培したために本当に土壌の砂漠化を招き、世界の屋根を砂の屋根に変えてしまう可能性があり、結果と影響は計り知れない。

今日の伝統農業型の環境問題は貧困からきており、伝統農業型の環境問題の解決の根本は貧困の撲滅にある。また、科学の普及をはかり、結果を考えない大自然からの収奪による被害をはっきりさせ、科学に基づいて資源の開発・利用を行うことが、有益であり、必要であることは明らかである。

現代農業型の環境問題とは、主に農業生産における科学の成果と技術の応用がもたらす環境破壊、環境の質の低下

表9・2　化学肥料使用量の増加状況（1978-1995年）

（万トン）

年	合計	窒素肥料	リン肥料	カリ肥料	複合肥料
1978	884.0				
1980	1,269.4	934.2	273.3	34.6	27.3
1985	1,775.8	1,204.9	310.9	80.4	179.6
1990	2,590.3	1,638.4	462.4	147.9	341.6
1995	3,593.7	2,021.9	632.4	268.5	670.8

の問題、人間の健康と全面的な発展に与える危害の問題を指す。わが国の現実に結びつけてみると、現在、主に化学肥料、農薬、マルチフィルムなどの大量使用が問題となっており、これが汚染の激化を招いている。周知のとおり、窒素、リン、カリ等の化学肥料は、純度が高く、作物の吸収が速いため、従来農家で使用されていた有機肥料に比べて増産効果がはるかに高く、化学肥料の大量使用が農作物の生産量を急速に増加させるための最も重要な方法となった。中国の一九七八年以来の化学肥料使用量の増加状況は、表九・二に示すとおりである。(10)

表九・二から、一九七八―一九九五年の間に化学肥料の総使用量は四・一倍となり、年平均八・六％というかなり速いスピードで増加したことがわかる。各種化学肥料のなかで、窒素肥料がやはり最も多く、その割合は一九八〇年の七三・六％から一九九五年には五六・三％へと下がったものの、各種化学肥料の使用量のなかで依然としてトップの座を占めており、リン肥料の三一九・七％、カリ肥料の七五三・〇％、複合肥料の三〇一・四％である。増加率について、一九九五年と一九八〇年を比較してみると、リン肥料が二・三倍、カリ肥料が七・八倍、複合肥料が二四・六倍に増えている。複合肥料が年平均二〇・七％と最も急激な増加を示した。窒素肥料の増加は、年平均四・六％と緩やかで、その差はきわめて大きい。しかし、化学肥料の総使用量からみても、項目別にみても、その増加率は穀物などの農産品の増加率を上回っており、このことから農産品の増加が主として高投入と引き替えに得たものであることがわかる。

高投入の結果、第一に農産品のコストが高くなり、それにより穀物価格などが上昇し、ついには国際市場価格よりも高くなってしまった。第二に高投入のかなりの部分が化学肥料の使用量の増加に用いられ、土壌が固くなり、土壌の質が低下するなど、化学肥料使用によるマイナスの影響が目立ってきた。さらに重要なことは水質汚染を招いたことである。大量に化学肥料を使用した農業用水、とくに水田用水が河川や湖に流れ込んだため、魚、エビ、カニなどの水生動物が減少し、絶滅にいたったものもある。

一九九五年の状況をみると、化学肥料の年間総使用量が三〇〇万トンを越えたのは、山東、河南の両省、二〇〇万トンを越えたのは、江蘇、四川、湖北、河北、安徽の五省、一〇〇万トンを越えたのは広東、湖南、広西、江西、陝西、福建、黒竜江、遼寧、吉林の九つの省と自治区であった。化学肥料の使用量が最も多い省は、黄河、淮河、長江流域および海河、珠江、遼河—松花江流域に集中しており、このことがこれらの水系の水質を低下させ、汚染を深刻化させる直接的かつ重要な原因となっている。

中国は農薬の生産大国であり、農薬汚染は一貫して深刻である。五〇年代のはじめには、全国の農薬生産量は年間一万トンに満たなかったが、七〇年代末から八〇年代のはじめにかけては五〇万トンを越えた。八〇年代末から九〇年代のはじめにかけ、著しい減少がみられたが、近年再び五〇万トン近くまで増えてきており、このことから農薬がまだ大量に使用されていることがわかる。

数年前、筆者は華北平原の綿花生産地に赴き、そこの綿花栽培農家が依然として「一六〇五」、「ロゴール」を大量に使用し、「DDVP〔ディクロルヴォス〕」などの劇毒農薬さえ使用しているのをみた。散布時には、マスクをつけ、顔、耳、手などをきちんと保護してはいるものの、やはり身体に少量が吸収されてしまい、散布を行うと全身に不調を感じるという。わが国の農薬は主に殺虫剤であり、畑に大量に散布するほか、野菜、果物への使用量もますます増えており、危害が深刻である。

野菜市場で人々はもっぱら虫の食った野菜を選んで買っている。これもまた一種の「疎外」である。本来農薬を散布する目的は、虫害をなくすためであり、野菜が虫に食われないようにするためである。しかし、散布する農薬の量が限度を越えており、野菜のなかに多量に残留するため、長い間食べ続けると慢性中毒になる。そこで、表面に傷がなくて大きく、なかに大量の農薬が含まれている野菜よりは、虫にかじられ、穴のあいた野菜（農薬を散布しなかったことを示す）を食べた方がましだということになる。

原因を追究してみると、野菜農家や果物農家のなかには、国の関連規定を顧みず、生産量を増やすため、効き目があると聞けばどんな農薬でも使い、明文をもって禁止されている毒性の強い農薬さえ使い続けているものがいる。別の野菜、果物農家のなかには、農薬使用について知識が乏しく、長い間多量に使用し続け、そのことで害虫に強い薬物耐性が生まれ、さらなる農薬の使用を招いている場合もある。その上、一部の不法業者が質の悪い農薬を製造し、ニセ薬で農民をだまし、薬の量を増やすことで「薬効の低さ」を補うようなことがしばしば行われているが、農村と市場には何の監視メカニズムもない。農薬の濫用はすでにわれわれが関心をもち、解決をはかるべき大問題となっている。

伝統型農業の環境に対する破壊と現代型農業の環境に対する破壊を比べると、現代型農業の破壊の方をより重視すべきである。

第一に、現実的にみて、伝統型の破壊は主に貧困地域で発生しているが、現在こうした地域の割合は少なく、こうした地域の人々の環境意識も高くなってきている。現代型破壊は化学肥料にしても農薬にしても、すでに相当深刻なレベルに達しており、被害は甚大である。ここでマルチフィルムで覆う方法や温室生産の問題についてもとりあげる必要がある。これは現代農業発展の一大進歩であり、野菜、果物の単位面積当たりの生産量を効果的に高め、季節性、地域性といった生産の制限をとりはらい、人々に大きな利益をもたらしたことは間違いなく、発展をはかるべきである。

しかし、他のさまざまなよいことと同様、へたをするとマイナスの影響がもたらされる。科学者の考証によれば、現在使用しているＰＥＴフィルムは土壌中に二〇〇年埋めておいても腐ることはなく、ビニールハウス等の急速な発展と規範的でない廃品処理は、新たな「白色汚染（プラスチック公害――発泡スチロール、ビニールなどによる汚染）」を生んでおり、農地建設と社会にとって大きな公害となっている。

第二に、発展の点からみると、伝統農業型の破壊は二〇世紀末までに貧困を撲滅するという問題が解決し、人々の環境意識が高まるにつれ、破壊の程度はしだいに低下しており、少し楽観的な予測によれば、根本的な解決の可能性がある。現代農業型の破壊は深刻な状況にあり、適切かつ実行可能な管理監督の方法とメカニズムがない上、多くの面で引き続き進展する傾向にある。したがって、農業型環境破壊の問題の解決にあたっては、現代農業の発展によってもたらされるマイナスの影響、とくに化学肥料の生産と使用、農薬の生産と使用、PETフィルムなどの「白色汚染」の問題へと、その重点を移すべきである。科学の普及という面の仕事を含め、宣伝教育を強化し、生産と使用の「入り口」で問題を解決するだけでなく、健全な立法監督メカニズムを確立し、管理を強化し、産出と市場への「出口」のところでも問題の解決をはかる。

「重要な問題は農民を教育することにある」。この言葉は市場経済に向かう中国において、経済を発展させるとともに環境保護に注意を払うことが、革命戦争の時と同様、重要な意義をもっていることを示している。

工業型環境問題

いわゆる工業型の環境問題とは、文字通り、工業の生産と消費によって、環境にもたらされる破壊と影響、環境の質の変化の問題を指す。中国はすでに経済建設を中心とし、工業の現代化のプロセスを加速する方針を確立しており、われわれが環境問題について検討するための大きなバックグラウンドが生まれている。

しかし、現実に目をやると、工業はエネルギーや原材料の最大の生産者であり、消費者であるため、「三廃」の最大の製造者でもある。したがって状況がどうであれ、国の環境保護に決定的な影響を与えている。一九九四年に全国のエネルギーの総消費量は一二億二七三七万トンであったが、物的生産部門が一〇億一七八一万トンで、総消費量の八二・九％を占めた。工業が八億七八五五万トンで、物的生産部門の消費量の八六・三％を占め、エネルギー総消費量の七一・六％を占めた。[11]四〇年余りにわたり、工業のエネルギー消費量は終始この比率を維持し、年によってはこの割合よりも少し高い年もあった。

今の事実に即して中国の環境問題を評価するにしても、将来の発展に立脚して環境問題の進展の趨勢を議論するにしても、工業型環境問題は主要な位置を占め、決定的な影響力をもっている。したがってより真剣に検討し、明らかにする必要がある。

中国の実状を立脚点とした場合、工業型の環境問題は伝統工業型、現代工業型、郷鎮企業型の三つの基本類型、および環境に対する影響の違いによって分けることができる。本来、郷鎮企業の主体は伝統工業ではなく、現代工業であり、単独にとりあげる必要はないようにみえる。しかし中国の郷鎮企業の状況は特殊で、環境の変化に大きな影響があるため、やはり単独にとりあげて、分析と論述を加える。

その一。伝統工業型の環境問題。何が伝統工業かについて、たしかな定義や厳格な境界はないが、一般的には産業革命後の比較的早い時期に誕生し、工業の発展過程で一定の役割を果たした工業と理解される。金属や非金属の採掘業、鉄鋼の製錬、一般機械や食品の製造業、紡織、製紙、煙草、木材などの加工業および火力発電などである。

これら伝統工業のエネルギーは多くが石炭である。一九九四年の石炭の総消費量一二億八五三二万二〇〇〇トンのうち、末端消費が六億三九〇〇万三〇〇〇トンで、四九・七％を占め、このうち、工業が四億二八八五万八〇〇〇トンで、六七・一％を占めた。中間（加工転換に用いられる）消費が六億三二一万六〇〇〇トンで、四六・九％を占め、このうち発電が四億五三万一〇〇〇トンで、六六・四％を占め、コークス製造が一億三九四七万九〇〇〇トンで、二三・一％を占めた。[12]伝統工業は石炭の主要なユーザーであり、火力発電所、コークス工場はいずれも石炭を大量に消費している。

中国の石炭の埋蔵量と生産量は世界第一位であるが、分布は不均衡で、多くが華北と西北にあり、東南部に到着するまでには長距離輸送を経なければならない。石炭生産地の土地復旧率、原炭洗浄率、坑水の利用率は低く、一般的にいずれも二〇%を越えていない。石炭のエネルギー利用率も低く、生産およびユーザーの技術が立ち遅れており、生産地、輸送経由地から、消費地まで粉塵汚染が深刻である。生産地の石炭鉱石、坑井の陥没が環境に大きな破壊をもたらしている。また、工業用石炭の消費地では煙塵、二酸化炭素および石炭の集積による空気、水、土の汚染被害が甚大である。

中国は世界第一の石炭大国であり、石炭がエネルギーの生産と消費の主体である。このため、伝統工業がもたらす汚染、ひいては汚染全体の問題を認識する上で、石炭の役割を理解することはきわめて重要である。表九・三と九・四を参照せよ。[13]

表九・三と九・四から、中国のエネルギーの生産・消費構造の変動のなかで、五〇年代には石炭の生産と消費がいずれも九〇%以上を占めていたが、六〇年代には九〇%以下に下がり、七〇年代と八〇年代の下降と変動を経て、九〇年代に入ってからは再びいくらか上昇し、基本的に七四%—七五%の間を保っていることがわかる。石炭以外では石油の割合がかなり上昇しているが、八〇年代以来一七—二〇%の間での変動が続いている。

今後長江三峡水力発電所の完成および西南二灘などの大型水力発電所の竣工、陝北などの天然ガスの開発に伴い、水力発電と天然ガスの生産と消費が増え、エネルギーの消費構造にもある程度変化が起こることが見込まれる。しかし、石炭主導型のエネルギーの生産・消費構造を根本的に改めることは難しく、伝統工業型の汚染が動力部分からきている状況をすぐに解決することは不可能である。

また、伝統工業のなかでも状況が少しずつ異なる。一部はかつての植民地型の伝統工業であるが、当時、帝国主義列強は略奪型の採掘や粗雑な製錬を行い、労働者の生死などには構わなかったため、浄化設備などはまったくない。中華人民共和国成立後、革命的な改造と再建が行われたが、環境意識が足りなかったため、また資本や技術の制約があったために、環境保護は片隅に追いやられた。

こうした状況は、瀋陽およびその周辺の撫順、本渓、鞍山でみられ、最も典型的である。太子河の中流に位置する

表9・3　中国のエネルギー生産構成

(%)

年	原炭	原油	天然ガス	水力発電
1957	94.9	2.1	0.1	2.9
1965	88.0	8.6	0.8	2.6
1970	81.6	14.1	1.2	3.1
1975	70.6	22.6	2.4	4.4
1980	69.4	23.8	3.0	3.8
1985	72.8	20.9	2.0	4.3
1990	74.2	19.0	2.0	4.8
1995	75.5	16.7	1.8	6.0

表9・4　中国のエネルギー消費構成

(%)

年	原炭	原油	天然ガス	水力発電
1957	92.3	4.6	0.1	3.0
1965	86.5	10.3	0.9	2.7
1970	80.9	14.7	0.9	3.5
1975	71.9	21.1	2.5	4.6
1980	72.2	20.7	3.1	4.0
1985	75.8	17.1	2.2	4.9
1990	76.2	16.6	2.1	5.1
1995	75.0	17.3	1.8	5.9

本渓市は、面積八四二〇平方キロメートル、人口一五五万、日本の傀儡政府時代に石炭、鉄鋼などの工業が確立し、第一次五カ年計画の時期には重点的な改造と建設が行われた。本渓鋼鉄公司は当時、鞍山鋼鉄に次ぐ大型鉄鋼コンビナートとなった。耐火材料、建材、化学工業、紡織などの工業も発展しはじめ、四三平方キロメートル余りの土地に四〇〇社余りの工場がひしめくようになった。利用できる空間はすべて利用して、多くの工場が立てられたため、もともと混乱していた工業配置がますます雑然としたものになり、エリアの機能がはっきり区別できない。加えて地形が盆地であるため、大気中の煙塵、二酸化炭素、二酸化硫黄などの有害ガスが外へ逃げずに立ちこめる。太子河も選炭、焼結工場、発電所、セメント工場、高炉、製鋼所などが出す廃水と廃棄物で汚れがひどく、国連の環境機関から「衛星から見えない都市」と呼ばれたことさえある。整備に努めた結果、ようやくいくらか改善がみられるようになった。[14] わが国では現在、伝統工業そのものがある意味で汚染型産業になっており、高汚染地区となる可能性が大きい。

その二。新興工業型の環境問題。新興工業とは後から出現したもので、とくに第二次世界大戦後急速に発展してきた工業である。たとえば、新興機械製造業(飛行機、自動車など)、新興化学工業、家電工業、原子力工業、航空宇宙工業、海洋工業などである。これらの新興工業は、一般的に、伝統工業ほど莫大なエネルギーを消費しない。しかし品質に対する要求は高い。原材料についても同様で、新材料そのものが新興工業の一つである。技術に対する要求が高く、廃棄物の排出に対してはある程度の処理が施されているため、「三廃一騒」汚染は大幅に低下している。

しかし、新興工業には新興工業型の環境汚染問題がある。たとえば、自動車、飛行機、精密機器などの製造は要求基準が高く、技術が複雑であり、つや出し、電気メッキ、焼き付け塗装などが新たな汚染をもたらす。新興化学工業の技術は大きく進歩しているが、どんなに有効な浄化も、炭素、硫黄、炭素酸化物などの排出を一〇〇%解決することはできない。原子力の開発と応用は石炭、石油といった燃料の汚染を回避できるが、放射能汚染の可能性が加わり、ロシア、インドなどでかつて発生した放射能漏れの被害は、いまだに解消されていない。新興工業の汚染を低いレベルにおさえ、新興工業がもたらす大きな汚染の危険を取り除くことは、長期的な戦略任務である。

その三。郷鎮企業型の環境問題。改革開放はまず農村から始まり、成功をおさめた。このことにより、代々「顔は黄土に向け、背は天に向けて」いた農民の思想が開放され、彼らは「生き方を変えてみよう」、生産から生活まで一切を変えてみようと考えるようになった。しかし、当時、人民公社の公共財産の一部がまだ処理されていなかった。そのなかには、建物、設備などの資産が含まれていた。一方、都市の改革は八〇年代の前期にはまだ大規模に展開されておらず、従来の国有企業を中心とする計画経済体制が発展の足枷となっていた。こうした状況のもと、公社時代の幹部を含む農民たちのなかに、一部の商工業、とくに経済の発展と人民の生活にとって必要な供給不足の商品に大きな市場があるのをみて、試験的に郷鎮企業を興すものが現れた。

わが国に「二重経済」および都市と農村の格差が客観的に存在している状況の下で、郷鎮企業はその製品が消費者のニーズに合ったこと、粗末だが利用できる設備と十分な原材料、廉価な労働力があったことから、少ない投資で、短期間に高い利潤をあげ、農村の広範な農民が勤勉に働いて豊かになるために方向を指し示すこととなった。

また、農業労働力過剰の問題を効果的に、あるいは部分的に解決することができ、農業の労働生産性の向上にも条件を整えた。そこで、経済が比較的発達している東南沿海の農村から、郷鎮企業が急速に勃興し、すぐに工業生産の新鋭集団となり、その発展の速さは実に驚くべきものであった。表九・五を参照せよ。[15]

郷鎮企業はこのように急速に発展し、莫大な収益をもたらしたが、環境の角度からみると、否定できないのは汚染の深刻さの問題である。郷鎮企業の主体は工業であるが、一般的に投資額が少なく、設備が古く、技術が立ち遅れている。生産過程で発生する有害ガス、液体、固形廃棄物を処理することは非常に難しく、多くの企業にとって考えも及ばないことである。考えてみればそれももっともなことである。昨日まで「泥にまみれていた」農民が、今日工場に入って機械を動かしはじめ、汚染したのしないのなどということに構っていられようか。しかし郷鎮企業の数は一七年間で一四倍余りに、従業員の数は四倍余りに増え、不変価格で計算すると、総生産額は三八倍となった。環境へ

表9・5　郷鎮企業の発展（1978年以降）

年	企業数（万社）	従業員数（万人）	総生産額（億元）
1978	152.4	2,826.6	493.1
1980	142.5	2,999.7	656.9
1985	1,222.5	6,979.0	2,728.4
1990	1,850.4	9,264.8	8,461.6
1995	2,202.7	12,862.1	68,915.2

の影響が非常に大きくなり、壊滅的な被害となっている例もある。

一九九四年に淮河流域で発生した深刻な汚染事件は、その一例である。[16] 淮河およびその支流は、江蘇、山東、安徽、河南の四省一八二県・市に分布し、わが国の七大水系のなかでも人口や耕地が比較的多い水系である。五〇年代に国は「必ず淮河の治水工事を行わなければならない」という重大な政策決定を行った。かつて黄河が氾濫し、「淮河を突き破って海に入った」ことにより発生したさまざまな被害を防止し、この地域の人々が安心して暮らすことができ、経済が発展をとげ、人口も大幅に増えるようにしようとした。

しかし長年の間に発展してきた大小の都市には、汚水処理設備や固形廃棄物の処理設備などはなく、このため、淮河の主流および支流の水質はかなり低下している。郷鎮企業ブームが起こるや、上述の四省では郷鎮企業が急速に発展し、一九九五年には郷鎮企業の総生産額のランキングで、山東が全国第一位、江蘇が第二位、河南が第六位、安徽が第九位となった。この四省で全国三〇省・市・区の郷鎮企業の総生産高の三五・五％を占めたことからも、その発展の速さがわかる。[17] 郷鎮企業はこのように凄まじい発展をみせ、とくに製紙、皮革、化学工業、食品などの小規模工場が雨後の竹の子のように設立された。とりわけ注目すべきことは、一九九四年までに九〇〇社余りの小規模製紙工場が設立され、生産を開始したことである。一八二の県や市の一〇〇〇社近い企業が、毎日七〇〇万トンの工場排水、生活排水を淮河の主流、支流に流したため、ついには水質汚染の主な指標が一〇倍から一〇〇倍に達し、癌等の発病率が急激に上昇した。淮河流域の人々は河を望み、「水は飲むことができず、灌漑用水としても不適格である」といって嘆く。こうした状況から全流域で汚染事故や紛争事件が発生し、深刻な結果を招いた。

淮河の汚染事故は大規模な事故であるが、他にも規模は小さいものの、似たような性質の事件がたびたび発生しており、多くの場合、郷鎮企業が汚染の加害者である。現在、深刻な汚染問題は、郷鎮企業が引き続き生き残り、発展していくことができるか否かの鍵となっており、郷鎮企業の汚染問題の解決は、一刻の猶予も許されない問題として議事日程に上がっている。

都市型環境問題

これは工業型環境問題とある程度関係がある。工業は一般的に都市に集中しているからである。しかし、少し違うところもある。第一に都市がすべて工業の集中している地域というわけではなく、商業型、文化型、民族型の都市もある。また工業によっては、とくに新興工業は都市に集っているとは限らない。第二に都市汚染の環境への影響は工業生産によるものだけではない。住民の生活、交通など多方面の要素があり、都市には都市特有の環境問題がある。また、中国の経済発展や人口の都市化と結びついて、都市の環境問題はますます際だってきており、工業汚染の他、生活消費型の汚染が全面的に現れてきている。

大気汚染。現在わが国ではエネルギー消費のなかで石炭がまだ七五%を占めており、人口が集中している都市の炊事、入浴、暖房および飲食サービス業などを含む消費型のエネルギーは、ほとんど石炭を燃料としている。このため、空気中の煤煙、粉塵、二酸化炭素、一酸化炭素などの有害ガスが大量に増加している。都市の多くの貯炭所の集積、豆炭、練炭などの加工のために建てられた石炭工場の生産は、付近の住民の生活にいっそう黒い色を添えている。屋根には一面に黒い粉塵が積もり、空気中の石炭灰の成分量は高く、ひとたび大雨が降れば町中に黒い水が流れ、石炭工場の騒音汚染もひどく、基準を大きくオーバーしている。

都市における自動車の排ガス汚染もますます深刻になっており、これも重視を喚起すべき問題である。中国の都市交通にいったいこれ以上小型自動車を増やすべきか否かについては、現在まだ論争が続いている。一つには次のような意見がある。わが国は人口が多く、生産力が未発達であり、小型自動車を増やす道を歩もうにも、第一に製造と販売の点で何億台もの小型乗用車というのは現実的ではない。第二に車があっても、中国はそんなに多くのガソリンを生産できず、都市の道路がいっそう混雑することになりかねない。したがって、公共交通、とくに地下鉄を発展させるべきだと主張する。

一方、次のような反対の意見もある。これまでのところ、他の交通機関が都市交通における小型自動車の役割にとってかわることはできない。その豪華さ、快適さ、機能性の高さ、スピードの速さは、個人のさまざまなニーズを満たすことができる。さらに、市場経済と一部の人が先に豊かになる政策を実行している以上、個人用自動車の増加は必至である。こうした論争はまだ続くことが予想され、結論は事実が下すであろう。

統計によれば全国の自動車の生産台数は、一九五七年には七九〇〇台で、うちトラックが六二〇〇台、七八・五%を占めていた。一九六五年には四万五〇〇台で、うちトラックが二万六五〇〇台で、六五・四%を占め、一九七八年には一四万九一〇〇台で、うちトラックが九万六一〇〇台で、六四・五%を占め、一九八五年には四三万七二〇〇台で、うちトラックは二六万九〇〇〇台で、六一・五%を占め、一九九〇年には五一万四〇〇〇台で、うちトラックが二八万九七〇〇台で、五六・四%を占めていた。一九九五年には一四五万二七〇〇台で、うちトラックは六〇万九二〇〇台で、四一・九%であった。(18)

上述の統計数字は少なくとも二つのことを説明している。第一に、自動車工業は五〇、六〇、七〇年代の三〇年間のゆっくりとした発展の後、改革開放以来、躍進を開始し、一九七八年から一九九五年までに生産台数は一〇倍に増え、年平均一四・八%の伸びを示した。第二に自動車の生産構造にも変化が起こり、五〇年代にはトラックが八〇%近くを占めていたが、現在では四〇%まで下がり、乗用車の生産が占める割合が高くなった。乗用車のなかでも小型乗用車の割合がどんどん上昇している。現在中国と外国との合弁による乗用車の生産拠点が一定の規模を形成し、第一自動車、第二自動車、上海、北京、広州自動車などが中高級小型乗用車を生産する能力をもつようになっており、市場に大きな需要があれば、すぐに生産台数を増やすことができる。

筆者は、次のように考える。小型乗用車を増やすべきか否かについては、他の多くの事柄と同様、第一に共通の発展法則を見つけなければならない。つまり国民経済の発展が一定レベルに達すると、自動車産業が支柱産業の一つとなり、自動車全体のなかで小型乗用車が占める割合がますます大きくなり、都市の交通における役割もしだいに高まる。これは一つの必然的な現象であり、およそ法則的な事柄から逃れることは難しく、中国も例外ではない。

第二に中国は人口が多く、人口の都市化が今急速に進展しており、経済の基礎が脆弱であることから、自動車の発展法則が中国で働いた場合の結果にはいくつかの特徴があるはずである。たとえば、普及率が欧米諸国のように一家に二台といったレベルに到達することはなく、都市では小型乗用車が急速に増加すると同時に、公共交通機関が依然として主役の座を演じ、欧米諸国とすべて同じにはならないであろう。

いずれにせよ、経済の発展、家計所得、とくに一部の人々の所得の増加、市場経済体制改革の効果的な推進に伴い、都市で小型乗用車が急テンポで増える時期はすでに到来しており、自動車の排気ガス汚染の激化は避けられない。現在、北京の自動車の一日の通行量はすでに一〇〇万台を越えており、排気ガスはすでに都市の大気汚染の最も重要な要因となっている。

水質汚染。都市は人口が密集しており、生活用水の消費量が大きく、入浴、糞便などの汚水の処理は難しい。とくに各種の洗浄剤、洗濯用粉石鹸、入浴剤、シャンプーなどの大幅な増加により、都市の汚水のなかに含まれる各種の化学成分、有毒物質の割合が急激に増えており、水源の水質に脅威を与えている。とりわけ一部の都市では汚水の処理と排出が不適切なために、地下にしみ込んだり、河川や海洋に流れ込んだりしており、汚染が長い間に少しずつ積み重なって、重大な問題を招く恐れがある。

ゴミ汚染。都市の規模の拡大と人口の増加と集中、住民の生活レベルの向上に伴い、ゴミによる汚染も都市環境のなかで大きな問題となっている。多くの都市ゴミが郊外区の野外に投棄され、広い場所を占めているだけでなく、「ゴミの山」が新たな汚染源となっている。晴れた日に風が吹くと埃が舞い上がり、曇って雨が降れば汚水が地下にしみこんだり、川や湖に流れこんだりして、土壌が汚染される。ひどい場合には、燃焼、爆発などの事故を引き起こす。北京市昌平県陽坊鎮のある野外のゴミ置き場で、大量のメタンガスが発生し、その地域の住民が室内で火をつけたところ爆発事故が発生した。

現在、有蓋のゴミ保存は都市でもまだ普及しておらず、集積型のゴミ置き場、ゴミバケツが大通りや路地の至る所にあり、外観が悪いばかりか、非常に不衛生である。北京市は整備におおいに力を入れており、一九九七年六月までに千個近いゴミバケツを撤去し、管理型のゴミ置き場を設置し、市街地の主な通りはようやくゴミバケツの歴史に別れを告げた。

騒音汚染。これは軽視されやすいが、被害の非常に大きい汚染である。常に騒音が基準値を上回っている環境で仕事や生活をしている人は、病気にかかる割合が高く、平均余命にも影響があること、さらにはいらいらを生じやすく、仕事の効率も低いことが、医学的に証明されている。

中国では人口の都市化が進展し、都市建設が盛んに進められており、都市にはコンクリートの建築物が次々に現れ、騒音がこだまし、共振が生じている。広い緑地や森林が建築物に奪われ、従来の音に対する吸収、緩衝などの機能が失われたことにより、都市の騒音汚染がいっそう深刻になっている。

現在、環境保護関連の法律が次々に登場しているが、住民の騒音被害に対する認識がまだこれに追いついておらず、法律的手段でうまく自分を守ることができていない。さらに技術的手段が立ち遅れており、騒音の侵入をモニタリングするために必要な機器や設備を欠いている。このことも住民が自らを守り、侵害されないようにする権利と行動を制約している。

地域型環境問題

中国は国土が広く、自然条件も複雑で、地域による違いが大きい。したがって、環境問題にも地域性がある。地勢は西が高く、東が低く、長江、黄河などの主要河川はほとんど西から東に向かって流れている。気温と降水量は南が高く、北が低い。広州の年平均気温は二二・三度、降水量は一七五二・四ミリメートル、武漢は一七・四度、一二九六・三ミリメートル、瀋陽は八・六度、八八〇・七ミリメートルであり[19]、明らかに異なる多様な気候帯を形成している。経済発展のレベルと人口密度は、西部と北部が低く、東部と南部が高い。人口や経済発展における格差は拡大傾向にある。気候、地質、水資源および経済、人口、社会の発展のこうした違い、自然条件の影響による自然災害の分布や地域による自然災害への防御能力の違いが、地域型の環境問題を形成している。主に次のものがある。

西部の乾燥、寒冷型環境問題。西北の甘粛、寧夏、青海、新疆の四つの省と自治区は、省都の年平均気温がいずれも一〇度以下で、西寧は五・一度、ウルムチは七・七度しかない。年平均降水量は銀川、ウルムチが二四〇ミリメートル以下、蘭州、西寧も三八〇ミリメートル以下で、寒冷と乾燥を特徴としている[20]。したがって森林の被覆率が低く、水土の保持が劣り、砂漠が多く、風や砂ぼこりが強いなど気候が劣悪で、環境の質が劣っている。

乾燥、半乾燥地域のなかには生態の悪化が進み、砂漠や荒野の面積が拡大し、水土流失が激化しているところがある。こうした状況のもとで最も発生しやすい災害は砂嵐である。たとえば一九九三年五月五日の特大砂嵐の際には、危険が及んだ面積が東西、南北三〇〇キロメートル以上に達し、数十人の死者を出し、数百人が負傷し、三〇人以上が行方不明となった。さらに三七万ヘクタールの作物が損害を受け、死亡および行方不明となった家畜が二〇万頭余りに達した。このような大規模な砂嵐は、もちろん少ないが、強風が襲来したり、砂丘が良田や村落を埋没させるといったことは、時々発生している。

東部の水害型環境問題。中国の陸地がある地理的位置からいうと、およそ蘭州―成都―昆明を中間ラインとして、東西二つの地域に分けられる。もし三つに分けるなら、敦煌―ゴルムドのラインより西が西部、このラインの東からフフホト—洛陽—湛江のラインの間が中部、そこから東が東部となる。このような経度に基づいて等分する分け方は、通常の経済、人口、社会の発展状況と地理的位置を結合した分け方とは大きく異なる。この区分は純地理的な意味の区分である。

この区分によれば、東南沿海の省、市、区（広西は一部）が東部に入るだけでなく、内蒙古、山西、河南、湖北、湖南などの省、自治区の一部あるいは大部分が東部に入ってしまう。このように巨大な面積の東部地域の環境問題とは何か。内蒙古、山西など少数の地域を除き、水害問題が最も目立つ。中国は東アジアモンスーン地帯にあり、雨が比較的集中して降る。また地形などの要素の影響で、南は雨が多く、北は少なく、その差が大きい。このことが夏と秋の変わり目に自然災害を招く。水害は人間の生命と財産に大きな損失をもたらすのみならず、大量の水土の流失を招き、土壌の砂漠化を加速する。また河川の流れを変えたり、せき止めたりし、汚水の排出能力〔自浄能力〕を弱め、水利施設を破壊し、土壌のアルカリ化を激化させる。もし都市部が洪水で水に浸かったら、たとえ水浸しにならなくても、もたらされる水源の汚染、環境の破壊は深刻なものであり、回復はかなり困難である。

沿海の環境汚染問題。海は陸地の水や土の汚染を最後に受け入れる役割を担っており、四大洋はいずれも疲弊している。報道によれば、七〇年代以来、タンカーの沈没や海上の油井からの石油漏れなどのために、大量の原油が海に流れ込み、それが毎年三〇〇—四〇〇万トン余りに達し、「黒潮」を形成している。一九七八年ヨーロッパアモコ石油のタンカー「カジス」号が海に二二万三〇〇〇トンの原油をぶちまけ、イギリスの沿海は深刻な汚染にみまわれた。一九七九年メキシコのカンペチュ湾の海上採掘台が倒れ、四二万トンの原油が海に漏れ出し、一六〇〇キロメートルの砂浜を汚染した。陸地の汚水が大量に海洋に流れ込む現象は、きわめて一般的である。

別の報道によれば、イギリスは毎日三億ガロン以上の汚水を海に流しており、約半分は基本的になんの処理も施していない。これにより海水がひどく汚染されており、一四〇余りの海水浴場が汚水とゴミに汚染され、EU欧州委員会から提訴されている。(21)

先進国の海洋汚染と同じような事例が、中国でもすでに発生している。また先進各国ですでに基本的になくなった汚染も、中国では依然として発生している。中国には三〇〇万平方キロメートル近くに及ぶ管轄海域があり、陸地面積の三分の一近くに相当する。豊富な資源が埋蔵されており、現実の経済活動のなかでかなり大きな価値を生み出している。将来の持続可能な発展にとって、おおいに期待できる補給ラインである。しかしながら、日増しに深刻となる汚染はたしかに懸念を抱かせる。内海と呼ばれる渤海は、遼寧工業区、京津重工業区の汚染を最終的に受け入れるところであり、専門家は考証の結果、汚染の程度はすでに臨界点に達していると述べている。内海であり、水が浅く、また黄海に向かう出口が狭いため、水の自律的な交換能力が劣っており、汚染が続いていくと回復不可能になってしまう。黄海膠州湾一帯、東シナ海の長江河口一帯、南シナ海の珠江河口一帯などの汚染もかなり深刻であり、断固たる措置をとるべきときがきている。

「外国ゴミ」の侵略による環境問題

中国は一連の国際環境保護条約の提唱国であり、締約国である。中国は一九九二年にブラジルのリオデジャネイロで採択された『アジェンダ21』と『環境と開発に関するリオ宣言』に署名しただけでなく、会議の約束を忠実に履行し、率先して『中国アジェンダ21——中国二一世紀の人口、環境と発展白書』を発表した。この他、国際間の『気候変動枠組み条約』『オゾン層の保護に関するウィーン条約』『絶滅のおそれのある野生動植物の国際取引に関する条約』などの締約国でもあり、世界の環境保護のために積極的に努力している。中国はまた『有害廃棄物の越境移動の規制に関するバーゼル条約』の締約国でもあるが、この条約に違反する一部の国による「外国ゴミの侵略」の被害に遭っている。

九〇年代に入ってから、一部の先進国がゴミをコンテナに入れて中国に運んでいるのが次々に見つかった。一九九五年にはこうした事件の進展がピークに達し、一年に数十件、数千トンに達し、北京、上海、青島などの都市で大量の「外国からのゴミ」が相次いで発見されたが、水や土、空気に深刻な被害を及ぼしている。これはここ数年の間に新たに出現した海外からの侵略型の汚染であり、その性質は深刻なものであり、断固としてくい止める必要がある。

市場志向の環境保護改革

上述の分析は、二〇世紀がもうすぐ終わろうとし、世界人口が五九億（一九九七年）近くにまで増加し、中国の人口が一二億を越えた今日、人口の再生産を行うための環境にさまざまな問題が現れてきていることを示している。人類は自らの行為をよく観察し、計画をたて、環境との調和的発展のなかに戻っていかなければならない。そこで環境を保護し、回復をはかる任務が提起された。中国の現実に結びつけてみたとき、筆者は三つの重要なことをしっかりやらなければならないと考える。すなわち、広く現代的な環境意識を確立すること、環境戦略と具体的な環境計画の実施を進めること、市場志向の環境保護改革を強化することである。

現代的環境意識を確立する

環境情勢の厳しさは、人口の増加に伴って増大してきており、認識の根源にまで遡ると、人々の環境意識におおいに関係がある。住民の環境意識が高いところでは、環境保護がうまくいっている。住民の環境意識が低いところでは、環境保護はめちゃくちゃである。

あなたが一人の観光客であるとして、米国のハワイ、オーストラリアのブリズベン、中国の北戴河、ブルガリアのヴェルナを比べてみれば、同じ海と砂浜ではあるが、清潔さは大きく異なることがわかる。中国の大連、青島、連雲港、アモイ、北海、三亜……などの砂浜を比較してみても、どこが最もひどく汚れ、乱れ、劣っているか、どこが環境保護をよりうまくやっているかはすぐにわかる。現在、人口数の増加の趨勢は転換できそうもなく、人口の増加によって環境の質が下がらないようにし、さらにいえば今より向上させるには、認識論の上からいえば、一人一人の環境意識を向上させ、現代的環境意識を確立しなければならない。

何が現代的環境意識か。私は二つの意味に分けて説明することができると考える。環境そのものについていえば、生物圏が破壊されないようにするということ、あるいは生態バランス意識である。人類の活動の環境への影響についていえば、人口、資源、経済、社会の発展と環境とが互いに調和する持続可能な発展の意識である。

その一。生態バランス意識。人類が誕生し、生存する環境は、現在までのところはやはり地球であり、環境と生態についての考察は地球から離れることはできない。地球の外側は大気圏で、地球の表層は地殻からなり、深さは大陸で一五—一八キロメートル、海洋で二—一一キロメートルである。地球の中心部は地核であり、深さ二八九一—五一四九キロメートルの外核と五一四九—六三七一キロメートルの内核からなる。地殻と地核の間はマントルからなり、深さは大陸で七〇—二八九一キロメートル、海洋で一一—二八九一キロメートルである。

いわゆる生物圏とは、人類の活動を含む生物の活動が及ぶ範囲を意味し、一五キロメートル以下の大気層と厚さ一一キロメートル以内の地殻と定義される。これは人類とその他の生物が活動する基本的な空間であり、一般的に環境について述べる際の主要な範疇でもあり、環境意識にはまず基本的に安定を保つ生物圏の概念が必要である。この生物圏にはおよそ一〇〇万種余りの動物と三〇万種余りの植物、一〇万種あまりの微生物が生活しており、地球に生物が生まれてから二三億年の歴史のなかで、たえず変化し、入れ替わってきたが、一貫して完全な生物連鎖を維持し、生態バランスを保ってきた。

狼、羊、草が互いに制約しあい変化する法則については誰もが知っている。草は羊、羊は狼が生存し、繁殖するための前提であり、羊の数が牧草地の収容能力を超えると、羊の数が減少し、狼は羊の供給の減少に伴って減少する。羊の数が減って牧草地の供給能力に余裕が生まれると、羊は増加しはじめ、狼の数も羊の供給増加によって増加する。このように草、羊、狼の三者は一定の割合で増加と減少を繰り返し、基本的にバランスが維持される。

すでに述べたとおり、自然界には一四〇万種余りの動植物があり、互いの間の関係はずっと複雑である。「あるものが別のあるものを食べる」関係の他に、「あるものが別のあるものに依存」して存在し、繁殖する関係がたくさんある。しかしいずれにせよ、一定の生物連鎖の関係が存在することが基本であり、一種類の生物が絶滅すれば、他の生物の生存と繁殖にも危険が及ぶことになる。

今日、こうした生物連鎖の破壊は主として自然界からではなく、人類からきている。人類の生産、生活およびその他の活動からきているのである。人類のこうした活動は、稀少動物の捕殺、熱帯雨林の乱伐などのように直接動植物の生存を脅かす場合がある。もっと多いのは、工業汚染、都市化による「三廃」の激化など間接的な破壊であり、気候変動や生存条件の急激な悪化などにより、すでに絶滅した動植物や絶滅の危機に瀕しているものがある。

こうした事態はわれわれに二つの観念の確立を求める。第一は人類が自然界の構成部分であるという観念である。すなわちわれわれの一方的なニーズに基づき、欲望のままに自然界から無制限に収奪してはならないということである。もう一つの意識がある。つまり自らが「主人」であり、自然界はわれわれに従属し、保護される対象であるなどと考えてはならないということである。そうではなく平和的に共存し、互いに主従を分かつことなく、人間と自然の関係において人間は大自然の構成部分であると考え、人間の活動を生態系全体のなかに組み入れ、生態バランスを維持するべきである。

第二は、環境が収容できる人間の活動には一定の限界があるという観念である。環境が収容できる人口数には大きな弾力性があり、草、羊、狼のように一対一で制約されているわけではない。しかし、一定の環境のもとで収容できる人口の数には最大値が存在する。たとえば一平方キロメートルの土地があったとする。一人が直立するのに必要な面積を〇・二平方メートルとすると、ぎっしりいっぱいに立てば五〇〇万人を収容できるが、それ以上増えると収容できなくなる。もし一人が横たわるのに〇・四平方メートルが必要だとして計算すると、二五〇万人を収容できるが、それ以上は収容不可能である。しかしながら、人口と環境の間には特殊な場合を除き、このようにぎっしりと立ったり、横たわったりする状況は現れにくい。したがって、直感的には「環境容量」について理解することは難しい。

しかし、理論的にはもちろん、現実的にも、これが存在していることは間違いない。さらにこの容量は変化しつつある。同じ大きさの土地でも、平原であるか、丘陵、山地、砂漠あるいは半砂漠であるかによって、収容できる人口の数が大きく異なる。また、環境が悪化するということは、環境容量が下がり、人類の活動を収容する能力が下がるということであり、これについては明確な認識が必要である。

その二。持続可能な発展の意識。環境容量には限界があり、人類の活動を収容する能力にも限界がある。またこうした限界は環境がさまざまな破壊にあっていることが原因であり、限界の最大値が低下している。人口の数は増加を続け、一人一人の活動の能力は技術の進歩に伴ってしだいに増大しており、一人当たりの消費量の増大による「加速効果」が生まれている。現在、この「低下」と「増加」が「衝突」を起こしている。そこで「低下」と「増加」をおさえる必要性をはっきりと意識し、衝突しない持続可能な発展の道を探る必要がある。つまり人口の再生産、資源の開発と利用、経済の発展と社会の発展が、いずれも環境の質に損害を与えず、環境の質の向上にプラスとなることを原則としなければならない。

中国について具体的にいえば、人口の再生産において、人口数の抑制、人口の質の向上、および都市・農村、地域、年齢の合理的分布など人口構造の調整の「抑制」「向上」「調整」を結びつけ、「抑制」を重点とする原則を遵守する必要がある。資源の開発と利用においては、経済性、合理性、持続可能性を重視し、エネルギーを含む資源の節約利用を重視しなければならない。

わが国が「資源大国」であり、また「資源小国」でもあるという矛盾を正しく認識し、資源の稀少意識を確立し、資源の総合利用を強化し、再生可能な資源の発展を加速し、節約と総合利用を結びつける道を歩む。

経済の発展については、中国政府がすでに明確に「二つの転換」を要求している。その第一は計画経済から市場経済体制への転換であり、つまるところ資源の有効配置のためである。第二は、粗放型から集約型経済への転換であり、目的は労働生産性を高め、経済収益を高めることにある。「二つの転換」を通じ、高投入、低産出、高エネルギー消費、低効率から低投入、高産出、低エネルギー消費、高効率への転換を実現し、資源の消費量を減らし、製品当たりのエネルギー消費量を減らし、環境に対する汚染を軽減し、環境保護の能力と手段を増強する。

社会の持続可能な発展については、生産力の解放と社会秩序の安定に向けた改革、社会の進歩の促進、社会文化レベルの向上に有利であるか否かに着目することが、環境保護に必要な社会条件を強化することになる。環境意識を確立するには、人口、資源、経済、社会の発展を結びつける必要があり、それぞれの分野の発展は、いずれも環境効果に配慮し、環境への影響を考慮し、環境の質の向上にプラスとなる持続可能な発展の道を歩まなければならない。重要なことは、それぞれの分野の発展がひとつの分野の効果だけに配慮したものであってはならないということである。経済、社会、環境の効果に同時に配慮し、「三つの効果」の統一原則を堅持しなければならない。

全体的な計画の推進と具体的な実施を互いに結びつける戦略

一九九四年、中国政府は、『中国アジェンダ21』を発表し、実施するとともに、全国人民代表大会で審議、批准された第九次五カ年計画と二〇一〇年長期目標綱領を発表した。これは中国がすでに環境保護を実施するための明確な戦略と初期の計画をもったことを示している。

この戦略と計画には、次の内容が含まれる。経済の発展。なぜなら、持続可能な発展の前提は発展であり、経済発展だけが貧困をなくし、環境保護のために充分な手段を提供することができるからである。人口の抑制、向上、調整。これにより、人口と経済、社会の発展を調和させる。社会の持続可能な発展の模索。労働に応じた分配を主体とし、効率を優先しつつ公平にも配慮する所得分配制度を確立すること、文化の革新につとめ、社会・政治環境を改善し、安定団結を維持することなどである。とりわけ重要なことは、二〇〇〇年時点で環境汚染をある程度抑え、重点都市の環境の質を高め、自然の生態の悪化を遅らせるための具体的な目標を定めたことである。

たとえば二〇〇〇年の工業廃水処理率を八四％、都市の汚水の集中処理率を二〇％前後にし、工業廃ガス処理率を九〇％、都市世帯のガス化率を六〇％にする。植林に力を入れ、全国の森林被覆率を一五％—一六％にする。砂漠化の拡大を防ぎ、毎年水土流出面積二—四平方キロメートルを整備し、耕地資源を保護する。一九九一—二〇〇〇年に耕地面積を新たに三三〇万ヘクタール増やす。全国のさまざまな自然保護区の面積を一億ヘクタールに増やし、自然の生態系全体を保護する等である(22)。

これらの発展目標を実現するために、次のような内容を含む行動計画を打ち出した。現行政策と法律に対する全面的評価を行い、持続可能な発展の法律、政策システムを定める。体制を改革し、持続可能な発展に有利な総合政策決定メカニズムと政府の調整機構を設立する。経済的手段を応用し、資源と環境の保護を促し、自然資源に対する補償費や環境税の徴収などの政策を検討する。また自然資源と環境要素を国民経済計算体系のなかに組み入れ、資源の価格体系を改革し、節約と付加価値の保護を促進する。法制度を健全化し、管理を強化し、持続可能な発展の法律システムを確立し、国際法とのリンケージをはかる。クリーン技術とクリーン生産を普及し、環境保護事業を発展させる。情報資源を開発・応用し、科学的な政策決定と科学技術の発展、普及活動を行うなどである。さらに国の持続可能な発展の優先目標を明確にし、持続可能な発展の基礎と能力の建設を重視し、『中国アジェンダ21』の国家戦略としての地位を確立するとともに、各レベルの経済および社会発展計画(23)に組み入れた。

一九九四年に国務院は各省、自治区、直轄市、国務院各部委員会、各直属機関に通知を出し、『中国アジェンダ21』を指導文書とし、各地方、各部門の長中期の経済・社会発展計画のなかで徹底するよう求めた。各地方および各部門は次々に行動を起こし、大きな成果をあげ、一九九五年一二月の「『アジェンダ21』徹底実施全国報告交流会」には多くの経験が示された。

持続可能な発展戦略全体と具体的な実施案を結びつける方針が正しくまた効果的であることは、実践が証明している。明確な持続可能な発展戦略があってはじめて、明確な方向と基本的な方法が生まれ、具体的な実施案を制定してはじめて、根拠と基本的な要求が生まれる。具体的な実施案と実践のなかでの経験があってこそ、全体戦略が正しかったのか、修正と補正を行うべきところはどこかを検証できる。

この報告会では約一〇の部・委員会と二〇余りの省、市、区が現状を紹介し、持続可能な発展の推進のために大きな役割を果たした。現在、持続可能な発展は認識と行動の点で大幅な向上と推進がみられる。どちらかといえば、推進はまだきわめて不十分であり、実践——持続可能な発展戦略全体の指導のもとでの実践を強調してこそ、本当の意味で推進することが可能となる。

市場志向の環境保護改革

以上環境意識を確立し、全体戦略と具体的な方案の実施を同時に進める方針は、主に宣伝教育の強化、行政措置や立法への取り組みの強化など政府の行為に現れている。いうまでもないことであるが、これは現在の中国にあっては、絶対に必要なことである。しかし次の点に注意する必要がある。

第一は中国の現段階における環境問題の性質である。伝統農業型の環境問題は減っており、ここ数年来、森林、牧草地のやたらな破壊は抑制されつつある。現代農業型の環境問題は増加しており、主に化学肥料、農薬などの大量使用が深刻である。しかし、こうした問題よりも、工業型環境問題、都市型環境問題の方が際立っている。廃ガス、廃水、固形廃棄物が大量に増え、汚染が深刻となっており、経済の発展に伴って深刻さがさらに増している。

第二は、現在中国は市場経済体制の確立を旨とする改革を加速しているところであるが、環境問題の解決にあたり、政府の行為の制約を受けずに、新しい改革の道を歩むことはできないであろうかということである。

この二点は、現在の環境問題の焦点が建設と整備の矛盾にあることを示しており、まず建設し、後で整備するのか、それとも建設しながら整備するのか、あるいは建設のみで整備は行わないのか、また完全に政府の行為に頼るのか、それとも改革と結びつけ、市場志向の改革を行うのかという問題に答えなければならない。答えは明らかである。市場志向の環境保護改革を強化する必要がある。

人口主体にとって、環境は典型的な外部概念であり、政府の行政干渉に頼る方法をとるのは当然であり、これは理論的には、米国の経済学者ピグー(A. C. Pigou)の外部性理論——外部の問題を外在的な力で解決するという理論——にまとめることができる。この理論は六〇年代以降、米国の経済学者コース(Coase)によってうち破られた。彼は社会的費用の角度から政府の行政干渉にまったく新しい分析を行い、政府は着眼点を個体にではなく、社会全体の利益におき、社会的生産の最大化を出発点および帰着点とすべきだと指摘した。このため彼は外部の非経済的問題の解決に、市場を通じて外部効果を内部効果に転換する「コースの定理」を提起した。

たとえば、環境の共有性のために、Aが生み出した環境汚染がBに損害を与えるかもしれない。ピグーの外部性理論によれば、政府の干渉とはAを制裁し、生産停止あるいは汚染処理を命ずることであり、Aの利益が損なわれる。問題はこうしたAに損害を与えるやり方が社会的生産の最大化を妨げる可能性があるということであり、もし本当にそうなら、社会全体の利益からいって、採用できないものである。例を挙げよう。

ある川の上流に製紙工場Aがあり、年生産高が三〇〇万元、利潤が一〇〇万元である。製紙工場Aより川下に農場Bがあり、年生産高が二〇〇万元、純所得が一〇〇万元である。これは製紙工場が生産を開始する前の状況である。製紙工場Aが生産を開始してから、河川に有害な液体を流すようになったため、農場Bは従来の稲作から他の作物の栽培に切り替え、年生産高が一八〇万元となり、純所得が八〇万元となり、二〇万元減少した。そうすると、

社会的総生産　A+B=三〇〇+一八〇=四八〇(万元)
利潤と純所得　A+B=一〇〇+八〇=一八〇(万元)となる。

ピグーの外部性理論に基づき、BがAを訴えて勝利し、政府が調停役をつとめ、Aに生産停止を命じたとする。すると社会総生産はB農場の二〇〇万元だけが残り、純所得は一〇〇万元となる。あるいは、Aに期限を定めて汚染を処理するよう命じたとする。たとえば七〇万元を投資して一年で整備が完成したとしても、Aは同様に生産停止、閉鎖に追い込まれることになり、社会総生産、純所得は農場Bの分だけとなり、製紙工場がなかった以前と同じになる。

コースの外部効果の内部化理論に基づいて処理すると、政府の調停により外部の汚染問題がA、B双方に内部化される。たとえば、市場原理に基づきAはBに作物減少による損失二〇万元を賠償し、さらに一〇万元を出して、Bが土地のメリットを利用して貯水池をつくり、藻類の養殖などの簡易汚水処理を行えるようにしたとする。結果は、

社会的総生産　A＋B＝三〇〇＋二〇〇＝五〇〇（万元）
利潤と純所得　A＋B＝七〇＋一〇〇＝一七〇（万元）

すなわち外部化に基づいた処理に比べ社会的総生産が三〇〇万元増加し、利潤と純所得も七〇万元増える。A、B双方にとってはもちろん、社会にとってもとるべき方法であり、有益である。

コースの外部性問題の内部化と市場を通じた財産権取引の理論は、環境汚染問題を解決する上で参考価値があり、近年、すでにこの分野について検討している学者もいる。私は、現在の中国の環境問題を解決する上で焦点となるのは、建設と整備の矛盾であると考える。工業国は発展の過程で、程度の差こそあれ、まず汚染し、後から整備に取り組むという道を歩んできた。

世界銀行の報告によれば、一九八〇年時点でのドルを標準として計算すれば、米国は一人当たりの国民総生産が一万一〇〇〇ドルに達したとき、全面的に汚染処理を行うようになり、日本も四〇〇〇ドルの時にようやく汚染処理に

取り組むようになった。他の先進国も同じような状況である。

考えてみてほしい。中国が日本のレベルに達するには少なくとも二〇年余りかかる。米国のレベルに達するにはさらに長い時間がかかる。そのときになってから環境整備に取り組んだとしても、おそらくすでに取り返しのつかない状態になっているであろう。その上、そのときになっていったい整備する方法があるのか、その間にもたらされる被害に耐えられるのか、どれほど大きな代価を支払わねばならないのか、見当がつかない。

中国が環境保護を基本国策に掲げたことは、実に賢明な行為である。しかし実施能力についてはおおいに懸念を抱いている。統計年鑑をめくると、第八次五カ年計画期間の工業廃水、廃ガス、固形廃棄物の排出量は減少しているものの、全国の各種の廃水排出総量は依然として一九九〇年の三五三億七九九一万トンから一九九五年の三七二億八五〇八万トンへと、一九億五一七万トンも増加している。廃ガスの総排出量は八兆五三八〇億標準立方メートルから一二兆三四〇七億標準立方メートルへと三兆八〇二七億標準立方メートルも増加している。数年来の工業固形廃棄物の堆積総量は六四億八一七三万トンから六六億四〇五五万トンへと一億五八八二万トン増加している。一方一九九五年に「三廃一騒」の処理に用いられた資金は、わずか九八億七五〇〇万元で、当該年の財政支出六八二三億七二〇〇万元の一・四四%[24]にすぎず、その割合は非常に低い。

つまり、先に整備し、後で建設しようとも、先進国が歩んだような汚染してから、後で整備するという道はけっして歩むことはできないということは理論と戦略の上ですでに明らかである。しかし実践において実行することは難しく、多くの場合、建設しながら整備しており、事実上、まず建設し、後に整備する例や建設のみで整備を行わない例もまだ存在するのである。原因は主に資金的制約にあり、建設を行ったら汚染処理を行う余力はなく、もしどうしても汚染処理施設の整備を先に行わなければならないとすれば、多くの建設が根本的にスタートできなくなってしまう。

「コースの定理」の助けを借りて、市場化改革の道を検討してみることができよう。ある地域が許可した一定ランクの汚染を市場で取引できるようにする。ランク別に汚染に市場価格をつけ、これを買いとった後はじめて汚染の排出を伴う生産を行うことができるという方法である。市場にも同様に対等の機会を与える。汚染されたり、あるいは汚染される可能性のある市場主体は、汚染されないという「消費」を買うことができる。もし汚染生産主体と汚染される主体が同時に買いとりたい場合は、公平な競争の原則に基づき、高い値段をつけた者が買いとることができる。

実際の操作においては、ある地域の汚染のランクを確定するということは難しい問題であるが、国際基準を参考にするとともにわが国の実状と結びつけ、受け入れ可能な汚染の最高基準を確定し、この基準を越えたら市場の買いとり取引に加わらせないものとするべきである。環境に対する破壊が余りにも深刻だからである。この汚染の最高限度は適切に定める必要がある。高すぎると、汚染の被害が大きくなり、社会にとって受け入れることができない。低く設定しすぎると、汚染の生産を買いとったり、消費したりする道を閉ざすことになり、市場取引が実現できなくなる。したがって、「質に基づいて価格を決める」必要があり、科学的に種類別、ランク別に汚染の市場価格を確定するべきである。

次に健全な取引のメカニズムを確立し、法制度の整備と科学的管理を強化する必要がある。汚染の市場取引メカニズムの確立は、政府の指導や協力と切り離すことができないが、政府が表面に立ってすべてを引き受けるわけにもいかず、一般に相対的に独立した法人が行う。技術認定や紛争の処理など法律規定にかかわるものは、専門機関が処理する必要がある。

中国の市場経済体制はまだ完全に確立されていないが、たとえ市場経済が高度に発達した欧米の国でも、「汚染の生産あるいは消費の買いとり」を実行するとなると非常に難しく、不確定要素が多い。日本の成田空港周辺の農民の騒音賠償請求事件は、長い間論争が続き、紆余曲折を経てようやく受け入れ可能な結果を得た。しかし筆者は、環境問題が経済的利益に影響する以上、環境問題の解決は経済的手段に頼るべきであり、わが国の改革目標が明らかに市場経済体制の確立である以上、市場に救いを求めるべきであると考える。

これまで環境問題の解決は主に行政の力に頼っており、各レベルの政府の仲裁による裁決に頼ってきた。これは現在と今後のかなり長期間にわたって必要であり、こうした行政の干渉を離れては、多くの問題が解決できない。

しかし、こうした方法が永遠に変わらないはずはなく、市場志向の改革がすでに不動の局面となっているなか、これに見合った改革を積極的に模索する必要がある。真剣に調査研究を行い、科学的実験を経て、成功を収めた基礎の上に普及をはかり、行政的な方法と市場的な方法を結びつけ、しだいに市場的方法のウエイトを増やしていくことが、環境の質の向上と持続可能な発展をはかるための基本的な道筋である。

第10章　なかに身を置くことと圏外に身を置くこと

——人口と社会の持続可能な発展

人口と社会の持続可能な発展を結びつけ、この二つが互いに促進しあい、調和的に発展するようにすれば、人口と社会の持続可能な発展の目的を達成することができる。

中国の現実と結びつけ、人口と社会の持続可能な発展についてさまざまなレベルで具体的な分析を行い、そのなかから持続可能な発展を制約する要素がどこにあるかを見つけ出し、解決策を提案する必要がある。

家族は社会の細胞であり、コミュニティは一定の地理的区域における家族の集合体として、人口と社会の持続可能な発展に基礎的な役割をもっており、理論を実際と結びつけて解き明かす必要がある。現在のわが国の社会的現実を出発点として、人口とコミュニティの持続可能な発展をはかるには、三つの問題の解決を重視しなければならない。

人口（Population）は英語では全体（Universe）と語義が近く、人口学においては一定の時間的・空間的条件の下にあるすべての住民を指す言葉であり、全体人口を指していう。社会（Society）は、イギリスオックスフォード英漢辞典では「集団生活（Social Way of Living）」となっている。中国の『辞海』の解釈では「一定の物質生産活動を基礎として、互いにかかわりをもっている人々の全体」となっており、生産関係の総和としての社会の経済的基礎およびこの基礎の上に形成された社会の上部構造を含む。(1) このような解釈に基づいてみると、一人一人が全体人口や全体社会のなかに身を置いていながら、独立したそのなかの一員であり、また圏外に身を置いているかのようでもある。人口と社会の持続可能な発展は、こうしたそのなかにいながら圏外に身を置いている人間を主体としなければならず、そのさまざまな特徴の組み合わせからなる社会構造は、さまざまな持続可能な発展の可能性を含んでいる。この点を考慮に入れると、人口と社会のグループ分けはきわめて重要である。そこでグループ分けから着手して人口、社会および社会の細胞であるコミュニティの持続可能な発展を分析する。

人口と社会のグループ分け

人口と社会の持続可能な発展を結びつけ、この二つが互いに促進しあい、調和的に発展するようにすれば、人口と社会の持続可能な発展の目的を達成することができる。明らかに、こうした結合は、両者がまったくかみあわない、ちぐはぐな結合であってはならず、人口を社会の発展のなかに融合し、社会を人口にかかわる発展の外部条件として、人口と社会がたえず調整しあい、コントロールしあうなかで体現されなければならない。社会のコントロールをこのように観察すると、次の三つの小システムに分けることができる。

第一は社会コントロール主体システムである。社会コントロールの主体である中央から地方まで各レベルの政府部門および政府部門に関連のある社会および集団組織のネットワークに相当する。社会をコントロールする政策の策定者、推進者であり、社会発展の意思の人格化の代表である。

第二は社会コントロール媒介システムである。社会コントロール主体システムの意思を体現し、コントロールを受け入れる対象の形式、方法、手段にはたらきかける。二種類に分けることができ、一つは「ハード型」の社会コントロール媒介で、主に法律あるいは制度としての効果をもち、全社会を規範化する法律、政策、規定、制度など強制的な力をもつ媒介である。もう一つは、「ソフト型」の社会コントロール媒介で、主に伝統、世論、道徳、信仰などの社会意識誘導型のコントロール媒介である。

第三は社会コントロール客体システムである。社会コントロール主体システムがコントロール媒介システムを通じ、個人、家族および個人や家族からなる集合体にはたらきかけ、彼らは主として社会コントロールを受ける担当者の姿で現れる。

以上三つの社会コントロールシステムはすべての社会集団をとりこみ、社会集団はこの三つのシステムのなかでの地位と役割によって、いくつかのグループの人口に分けることができる。社会の各コントロールシステムのなかでの人口の地位と役割には重複があるので、三つのコントロールシステムに基づいて三つのグループに分けることはできない。マルクスは次のようにいっている。「人間の本質は人間の真の社会関係である。したがって人間は自己の本質を積極的に実現する過程で人間の社会関係を創造し、生産する。一方、社会の本質は個人と対立する抽象的な普通の力ではなく、第一に個人の本質であり、彼自身の活動、彼自身の生活、彼自身の享楽、彼自身の財産である」(2)。これに基づき、筆者は社会コントロールシステムにおける人口の分布と役割を四グループ七類型に分けた。

第一グループ第一類型、指導層人口。すなわち社会コントロール主体システムのなかで、さまざまな政策決定権を握っている人口である。彼らは政策の策定者で、主にハイレベルの指導層人口である。あるいは政策、法令などを作成し、徹底する指導者、実際の活動に関する政策決定者である。

第二グループ第一類型、執行層人口。主に各レベルの政府、団体、企業および事業部門のコントロール媒介システムで働いている人々であり、法律、政務などに携わる各種の「ハード型」幹部と新聞、出版、文化、教育などの「ソフト型」の仕事に従事する人々を含む。

第三グループ第一類型、受容層人口。すなわち社会コントロール媒介システムから伝えられる社会コントロールシステムの代表者の意思を受け入れるとともに、自らの行動でそれを社会的実践に変える人口である。

第四グループの四つの類型は、第一、第二、第三各グループの人口の組み合わせである。第一類型は指導層と執行層の結合型人口で、指導者であり、かつ具体的な実践過程における執行者でもある。第二類型は、指導層と受容層の結合型人口で、指導者であり、また具体的な執行の受容者でもある。つまり官であり、民でもある。第三類型は、執行層と受容層の結合型人口で、政策、法令の執行者で、かつ具体的な受容者でもある。第四類型は、指導層、執行層、受容層の「三つのグループの結合」型人口で、政策の策定、コントロール媒介、社会受容のさまざまな役割を果たし、官、民が一身に集中している。

この第四グループの四つの結合型人口は広く存在している。なぜなら憲法の要求により、指導層の人口も執行と受容の義務がある。また執行層の人口は、さまざまな政策の決定にある程度参加する可能性があり、身をもってそれを実行する受容人口でもあるからである。受容層人口としても、公民の基本的な権利と義務を履行しなければならず、一定の民主的プログラムや人民代表大会などの組織を通じ、自ら主人公としての権利を行使する。

発展の角度からみると、終身制を廃止し、高い地位にも低い地位にも就くことができ、指導者にも大衆にもなることができるようにし、指導層の人口、執行層の人口、受容層の人口がたえず異動し、常に入れ替わるようにすべきであり、人口のグループ分けは動態的な発展感をもつべきである。

グループ分けと持続可能な発展

社会コントロールの三つのシステム、人口の四グループ七類型の区分は、人口と社会の持続可能な発展のために一つの新しい方法論と枠組みを提供するものである。中国の現実と結びつけ、人口と社会の持続可能な発展についてさまざまなレベルで具体的な分析を行い、そのなかから持続可能な発展を制約する要素がどこにあるのかを見つけ出し、解決策を提案する必要がある。

指導層人口と社会コントロールシステムの持続可能な発展

社会コントロール主体システムとは主に国の政府機構を指す。国家の性質が異なり、各国の国情、政府機構の体制、装置、機能にそれぞれ少なからぬ違いがあるため、解決すべき問題もそれぞれ異なる。ここでは主に人口の角度から、人口と政府組織の持続可能な発展の状況、存在する問題と解決の方法について検討する。

中国は中国共産党が指導する社会主義国であり、社会コントロール主体システムの中核は党の指導である。共産党は党規約に基づき、人口のなかの特定のメンバーである党員からなり、この部分の人口の数、資質、構造が、社会コントロールシステムの性質と機能の発揮を根本的に決定し、制約する。現在共産党の規模はすでに厖大になっており、数の面ではなんら問題はない。最も重要なのは資質、つまり党員の質の問題であり、また年齢構造、性別構造、職業構造、教育構造、都市・農村構造などの問題である。党員の資質を高め、指導層人口の資質を高めることが、人口と社会コントロールシステムの持続可能な発展を実現する鍵である。

指導層人口の資質、まず第一に政治的、思想的資質を高め、共産主義と人類の進歩のために生涯奮闘し、誠心誠意人民のために奉仕する思想をしっかりと確立することである。党と指導層の人口にとって、とりわけ重要なことは

「制限のない権力は腐敗を招く」ことを正しく認識し、思想面においては反腐敗闘争を展開し、制度および組織面においては有効なメカニズムを打ち立て、これを実行に移す効果的な措置を定め、清廉な政治を徹底することである。

これは党の存亡、国家の繁栄と社会が持続的に発展できるか否かの重大問題である。

次に指導層人口の科学的、文化的資質を高めることにより、彼らが新技術革命の先頭に立てるようにしなければならない。前述したとおり、第二次世界大戦後、マイクロエレクトロニクス技術をはじめとする新技術革命が起こり、半世紀にわたる発展を経て、現在最初のピークはすでに過ぎたが、マイクロエレクトロニクス技術、レーザー技術、新材料技術、宇宙航空技術、バイオテクノロジー、海洋技術などが新たな飛躍を遂げつつある。新技術革命により、一方で伝統技術および伝統産業に革命的な改造が行われ、他方でハイテク産業が確立された。とくにコンピューター産業の急速な発展が、先導的な役割を果たした。こうした成果は社会的生産のありようを大きく変えたのみならず、人々の生活、社会全体のありようを変えた。科学技術が教室や実験室を出て、生産や生活のほぼあらゆる分野に入り込み、生産力と社会発展の推進力となり、発展プロセスを決定するようになった。

中国は現代化への歩みを加速しており、従来の伝統産業を改造し、新興産業をおおいに発展させ、経済成長への科学技術レベルの貢献度を高め、科学技術を直接の生産力に変える任務に直面している。このため、指導層の科学技術レベルや教育レベルの向上の必要性は非常に差し迫っている。

統計資料によれば、一九九三年の国家機関の副部長、副省長レベルの指導者の平均学歴は一三・二年、司長、局長、庁長レベルが一四・五年、副司長、副局長、副庁長レベルが一四・六年、県長、処長レベルが一三・八年、副県長、副処長レベルが一三・七年、科長レベルが一二・九年、副科長レベルが一二・九年であった。企業では、副部長、副省長レベルが一四・二年、司長、局長、庁長レベルが一四・六年、副司長、副局長、副庁長レベルが一四・五年、県長、処長レベルが一三・七年、副県長、処長レベルが一二・九年、科長レベルが一二・八年、副科長レベルが一二・三年で、国家機関とほぼ同様の結果であった(3)。

全体的にみると、指導層の文化的資質は大幅に向上している。しかし新技術革命の要求、とくに現在まさにコンピューター機器の時代、生命科学を主導的な学問分野とする時代に入りつつあることに照らしてみると、この科学技術の時代の先頭に立つことのできる指導層はまだあまりに少ない。また現代化建設に適応できず政策決定層の指導層人口に対する要求にも適応できていない。したがってたえず文化的資質の向上をはかる必要がある。

執行層人口と社会コントロール媒介システムの持続可能な発展

執行層人口は上に向かっては指導層人口に近く、指導者の意図を比較的よく理解しており、下に向かっては受容層人口に近く、ある意味で、彼ら自身が執行層と受容層の両方を兼ねた人口である。したがって執行層人口には上からの指示を受け、下へ伝達する役割があり、社会コントロール媒介の発展の必要に適応し、社会の持続可能な発展のなかで懸け橋的な役割を果たさなければならない。持続可能な発展の角度からみて、人口と社会コントロール媒介システムの持続可能な発展において、現在最も目立つ問題は以下二つの問題である。

第一は、執行層人口の数が多すぎ、増加率が高すぎることである。過去のことは別として、改革開放以降、すなわち機構の簡素化、余剰人員の再配置を強調し、人事労働制度の改革を実行するようになってからについてみても、執行層人口の増加率の高さは、他の多くの業種の就業者数のそれとは比べものにならない。

一九七八—一九九五年、全国の就業者数は四億一五二万から六億二三八八万に増え、五五・四%の伸びを示し、年平均増加率は二・六%であった。農・林・牧畜・漁業は二億八三一八万から三億三〇一八万に増加し、一六・六%の伸びを示し、年平均増加率は〇・九%であった。採掘業は六五二万から九三二万に増え、四二・九%の伸びを示し、年平均増加率は二・一%であった。製造業は五三三二万から九八〇三万に増え、八三・八%の伸びを示し、年平均増加率は三・六%であった。この他、建築業、金融業、不動産産業、社会サービス業などを含む計一六の業種のなかで、国家機関、政党機関、社会団体の就業者数は四六七万から一〇四二万に増え、一二三・一%の伸びを示し、年平均増加率は四・八％であり、一六業種のなかで増加幅が最も大きく、増加率が最も高い業種の一つであった(4)。

この部分の執行層人口が全国の就業者全体に占める割合は、一九七八年の一・一六％から一九九五年の一・六七％へと、〇・五一ポイント上昇した。統計中の国家機関、政党機関、社会団体の就業者には各レベルの肩書に「長」がつく人々、すなわち社会コントロール主体システムに属する指導層人口が含まれる。しかし、科員、事務員など「員」がつく人々が多数を占め、主体は執行層人口であることはいうまでもない。

行政管理体制の改革、政府と企業の分離、機構の簡素化、事務効率の向上を長年叫び続け、多くの措置をとってきたにもかかわらず、機構は簡素化すればするほど大きくなり、人員は減らせば減らすほど多くなっている。このため機構が肥大しすぎて運営がうまくいかず、仕事に比べて人が多すぎ、「老大難〔長年未解決の難題〕」となっている。社会の持続可能な発展のためには、どうしてもこの「老大難」を解決しなければならない。そうしないと、多くの社会問題が解決できず、社会改革の推進は難しい。

根本的に問題を解決するには、第一に市場経済体制に合わせ断固改革を実行し、政府と企業を分離し、国家機関、政党機関、社会団体が自らの独立した運営メカニズムに照らして規範的な機構を設置するために条件を整えなければならない。第二に政治体制改革を断固推進し、国の管理機能のニーズに合わせ、簡素、効率、統一の原則に基づいて必要な行政機構を設置しなければならない。近年この分野の改革にも一定の進展がみられるが、まだ著しい効果は上がっていない。これには多くの原因があるが、主な原因はやはり本当の意味で認識していないことや認識してからそれを徹底する決意が足りないことにある。

唯物史観によれば、政府機構は本来、国の上部構造に属し、上部構造は経済的基礎に適合し、生産関係を決定する社会生産力の性質に適合しなければならない。われわれはなぜ三〇年余りにわたって踏襲してきた計画経済を放棄し、社会主義市場経済体制の改革目標を選択したのか。あるいは、また社会主義市場経済が追求する目標と魂は何か。他でもない、資源の合理的かつ有効な配置を実現し、社会的生産と収益の最大化を追求し、労働生産性を最大限に高め、生産力を開放し、生産力を発展させることである。この原則に基づき、経済改革に見合った上部構造の改革を行い、効率原則に従って、社会資源、とくに人的資源の有効配置を実現しなければならない。

なぜ、再三簡素化が行われた機構が逆に肥大化し、人員がますます多くなったのか。認識論の上では、まだ本当の意味で効率原則が確立されておらず、社会資源の有効配置の観念が不足しており、困難に遭遇すると常に伝統的観念や人間関係が効率に取って替わるからであり、それが根深い思想的原因となっている。

一人の人間の身体の発育と同じで、効率原則に基づいて改革が行われた場合は、行政機構が骨格として正常に発育し、各部位が筋肉として適度に発達し、全身の血液の流れがよく、つまりは心身共に健康で、肉体の潜在能力が十分に発揮される。逆に効率原則に基づいて改革が行われなかった場合は、奇形的に発育した骨格に根本的な改造がなされず、筋肉の分布は発達したところと萎縮したところがアンバランスで、血液の循環が悪く、心身の健康が妨げられ、肉体の潜在能力が低下し、その低い潜在能力も容易に発揮できない。改革が深まっていない一部の地方では、人を就職させるために必要もないポストをつくり、改革を先延ばしにしたり、「翻牌公司〔政府の主管部門が看板だけを掛け替えた会社〕」のように表面だけを改め、実質は変わっていなかったりする。これらは、いずれも奇形的な発育が矯正できていない類である。効き目のある処方箋を書き、効率意識と社会資源の有効配置の意識をしっかりと打ち立てるべきである。

第二に執行層人口の資質を高める必要がある。経済の発展、人々の生活の改善、科学、教育、文化事業の発展に伴い、執行層人口は他の人口と同様、身体的資質は大きく向上し、平均余命が大幅に延長された。文化的資質の向上も著しい。

統計によれば、一九九五年の国家機関、政党機関、社会団体の科員レベルの職員の平均教育年数は一一・八年に達し、企業の科員レベルでは一一・〇年と、高校卒業レベルに近づいており、人口全体のそれに比べると大幅に高くなっている。(5) しかし執行層人口に課せられた上からの指示を下に伝え、上と下の状況を互いに通じさせる役割からみると、高校卒に満たない教育レベルは低すぎ、伝達がうまくいかないことが多く、社会コントロール主体の意思の徹底に支障をきたし、受容層人口の状況を十分に上が把握できない。執行層人口がある程度科学、技術、文化的知識をもつようになったことにより、すでに素人が玄人を動かす不正常な状態からは脱却したが、まだ玄人が先頭に立って素人を動かす良性循環には入っておらず、多くの執行層人口がまだ自分が身を置く業種の専門家あるいは管理専門家としてのレベルを備えていない。

たしかに、執行層人口および指導層人口に対しその業種の専門家であることを要求することはできない。そのような要求は実際的ではない。しかし、少なくとも少数の専門家がそのなかにおり、多数が一定の専門知識と管理能力を備えているべきであり、両者が適当な比率を占めていなければならない。現在の問題は、専門家がまだあまりにも少なく、専門知識や管理知識さえ備えていない人が多く、なかには専門知識がない上に、何の管理能力もないにもかかわらず、依然として職場に留まっている人がいるということである。持続可能な発展は科学的法則に合致した発展であり、執行層人口の科学、技術、文化的な資質の向上が不可欠の条件である。

執行層人口の思想および道徳的資質は、改革の深化と開放の拡大の新情勢の下で重要な意義をもっている。執行層人口は指導層人口のように大きな権力を握っていないが、具体的な仕事を処理する権利がある。同じ仕事を速く処理することもできるし、またゆっくりやることもできる。先に処理することも、後で処理することも、引き延ばして処理しないことさえ可能である。そこで物事が順調に行われる場合とそうでない場合、うまく処理される場合とされない場合、コストが高い場合と低い場合の格差が生まれる。それが一部の人に不正行為の隙間を与え、「県の役人は現場の管理者には及ばない」ということわざのとおりとなる。したがって清廉な政治の建設は主として肩書に「長」のつく指導層人口の責任であるが、「員」がつく執行層人口にも大きな責任があり、自律、とくに職業の自律の問題でもある。中国は公務員制度を実施しており、国家機関で働く人々に、職業道徳と事務処理の規範を遵守するようはっきりと求めているが、これは人口と社会の持続可能な発展を実現するための構成要素である。

受容層人口、結合層人口と社会コントロール客体の持続可能な発展

個人、家庭、末端組織は、社会コントロール客体受容層人口として存在し、受容層人口と結合層人口が含まれる。指導層と受容層との結合型人口、執行層と受容層の結合型人口は、社会のなかの主体であり、人口と社会の持続可能な発展にマクロ的な意味をもっており、ある意味では人口と社会の持続可能な発展の総括であり、結果である。中国の現実と結びつけてみると、受容層、結合層人口と社会コントロール客体の持続可能な発展にあたっては、とくに以下いくつかの重要問題の解決を重視する必要がある。

第一に、貧困をなくし、適度な経済成長を実現する。中国は発展途上国であり、社会生産力の発展レベルがそれほど高くない。その上、発展の不均衡と地域格差が拡大しており、現在もまだ六〇〇〇万人近い人口が貧困状態にあり、貧困撲滅の任務はきわめて重大である。いかに貧困をなくすのか。救済や施しに頼ることはできず、経済発展を加速するしかないことは実践が証明している。発展を経済成長と同一視するのはもとより偏った見方であるが、経済発展はやはり経済成長と切り離すことができず、貧困地域にとってはなおさらこのことが当てはまる。持続可能な発展はけっして経済成長を排除するものではなく、それどころか適度な経済成長が必要である。この「適度」についても具体的に分析する必要がある。経済的基礎が十分あり、比較的発達している地域では、五％が「適度」と認められるかもしれないが、経済的基礎が脆弱で、早急に改善が求められる地域では、一〇％の成長率も高すぎるとはいえない。長期的、安定的な適度の経済成長が貧困をなくすためには必要であり、こうした地域の人口と社会の持続可能な発展を実現するための基礎である。

第二に、就業と生活資源の基本的なニーズを満たす。受容層人口および指導層と受容層の結合型人口、執行層と受容層の結合型人口の主体は、生産年齢人口であり、社会が相応の就業手段を提供することが持続可能な発展の基本的要求であり、人口全体の生活資源の需要を満たす前提でもある。生産年齢人口が相応の就業機会を得られなければ、

「理由もなくことを起こす」ような事態が避けがたい。現在無職の流民である流動人口による刑事事件が増えていることは、まさに一つの例である。同様に、人々の基本生活資源が満たされなければ、「貧ゆえの盗み」を招きやすく、社会秩序が不安定となる。

人口全体と生活資源の持続可能な発展、生産年齢人口と生産資源の持続可能な発展については本書の前の部分で論証したので、ここではこれ以上詳しく述べない。ここで言及すべきことは、この二つの持続可能な発展が、経済的な面だけではなく、人口と社会の持続可能な発展にもかかわる、かなり微妙な問題だということである。

たとえば現在国有企業の一時帰休者が増えており、ある論文では一五〇〇万人余りの一時帰休者がいると指摘している[6]。これは経済問題であるばかりでなく、深刻な社会問題でもある。一部の企業や事業部門では失業保障等の制度が名ばかりのもので、もともと失業および養老保障基金を規定どおり納めていないため、一時帰休後に失業保険金を受けとることができない。したがって生活の当てもなく、社会問題となっており、こうした状況が一部の地域ではかなり深刻である。受容層人口を中心とする人口全体の生活資源に対する基本的な需要を満たし、生産年齢人口の就業が生産資源に求める基本的な需要を満たすことが、人口と社会の持続可能な発展が解決すべき基本的な社会問題である。

第三に、効率と公平の原則の両方に配慮する。本書のいくつかの部分ですでにこの問題に言及したが、社会問題として提起するのは、一つには指導層人口、執行層人口、受容層人口および各種の結合層人口にかかわるからである。また社会生活のさまざまな面に関係し、労働には労働効率が、仕事には作業効率があり、事務処理には事務処理効率が、政策決定には政策決定効率が、宣伝には普及効率があって、これが社会発展の普遍的問題に影響するからである。中国は長い間手作業労働の農業社会にあり、近代以降半植民地、半封建社会になり果てたため、経済、技術、社会の発展が立ち遅れ、労働生産性は低く、国民の効率意識が希薄である。

中華人民共和国成立後、五〇年代の工業化といわゆる「追いつき」、「追い越せ」のスローガンの提起により、国民の効率意識は著しく好転した。惜しいことに「大躍進」の人海戦術が襲ってくると、人民公社の採算を度外視した「共産主義的要素」が蔓延し、後に「文化大革命」が「生産力至上主義」を批判したため、芽生えはじめた効率意識は攻撃され、完全に批判された。かわりに「大衆運動」の一連の方法が充塡され、「三人の仕事を五人でやり」、やってもやらなくても、よくやっても悪くやっても同じという、労働を度外視した、効率を考えない状況が生まれた。

客観的にいって、中国の人口と労働力の多さも効率を重視しない状況を助長しており、効率を重視しないのは、人口が多いせいだと考える人がいることも、一部の人の視線を遮る結果になっている〔ものの本質を見えにくくしている〕。しかし「視線を遮ること」と視線そのものとはイコールではなく〔それによってものの本質を見る力を永久にうばうことはできず〕、ただ視野に影響を与える外部条件となっているにすぎない。

改革開放は外部条件を変え、効率意識が呼び覚まされ、「時は金なり、効率は命なり」というスローガンが叫ばれるようになった。これは観念と意識の大きな転換であり、自然経済ののんびりした状態から市場経済の激しい競争への飛躍的な転換、社会伝統意識の根本的な転換であった。人々は効率を重視するようになったが、本当の意味で認識し、かつ実践のなかで行動に移している割合は低く、依然として効率観念が不足している人が多く、実際の生活のなかでこの問題はいっそう「頑固な病気〔深刻な問題〕」となっている。改革開放以来二〇年、経済と社会の発展は目覚ましい成果をあげたが、効率の低さは暗い影のようにずっとわれわれにつきまとい、労働生産性の低さ、管理効率の低さに端的に表れている。

中国が発展を加速し、人口と社会の持続可能な発展を実現するには、この効率の問題をぜひとも解決しなければならない。このためには、改革を深め、科学・教育事業の発展を重視し、科学教育による国の振興戦略を徹底し、科学技術と経済、社会の発展を結びつける必要がある。さらに企業、個人などを含む効率の低い市場主体に対し、所得格差の拡大を断行し、一部の企業、一部の人が先に豊かになることを奨励する必要がある。

この方針がすでに大きな役割を発揮し、社会によい影響を与えたことは実践が証明している。それは、効率が向上した上での公平を確立してこそ、進歩的な意味での公平であり、さもなければかつての「大釜の飯」、絶対平均主義にすぎないことを示している。しかし、市場経済がしだいに確立されてきた状況にあっても、効率だけを重んじ、豊かになることだけに注意を向けることはできない。やはり公平を重んじ、貧困にも注意を払う必要がある。人口と社会の持続可能な発展を実現するには、効率と公平の両方に配慮する必要があるが、長い間効率が低かったことが矛盾の主な原因であるため、効率優先の原則を実行しなければならない。効率のてこを動かし、社会全体の所得レベルを高め、全体的な所得レベルの向上を基礎として、税制、価格、貸付けなどの手段によって、貧富の差の拡大の解決をはかれば、新たな両極分化の発生を防ぐことができ、貧困の撲滅にプラスとなる。

第四に、技術の進歩を促進し、危険を効果的に抑制する。前述のとおり、技術の進歩は人口そのものにかかわる持続可能な発展に役立つものであり、人口の資質の向上と子供の質の費用の上昇は、子供の量の費用の低下と出生率の低下をまねき、人口転換の決定的要素でもある。技術の進歩は自然資源の科学的な利用と自然資源のさらなる調査、開発のために手段を提供し、人口と資源の持続可能な発展を追求する上での有利な武器となる。また技術の進歩は、廃ガス、廃水、固形廃棄物の循環利用を可能にし、廃物の有効利用と汚染の除去を一つに結びつける。これは人口と環境の持続可能な発展を調和させるための有力な手段である。さらに技術の進歩は労働生産性の向上を大きく推進しつつある。これは、経済成長パターンの粗放型から集約型への転換の実現に決定的な意義をもっており、国民経済の持続的、急速かつ健全な発展のための技術的保証である。

技術の進歩は、エネルギーと原材料の消費を減らし、環境の質を向上させ、経済成長を促進することにより、人口と社会の持続可能な発展のために条件を整えつつあり、持続可能な発展を実現するには、技術の進歩をおおいに推進する必要がある。そればかりか、技術の進歩は、直接、社会の進歩と持続可能な発展に関係する。科学の進歩により、社会コントロールシステムを、科学的な方法で必要にあわせて整えることが可能になり、当該システムの指導層人口が科学の知識と現代的意識を身につけることができるようになる。また社会コントロール媒介システムが先進的な手段で武装し、執行層人口が現代的な管理方法と手段を掌握することができるようになる。さらに、社会コントロール客体システムが科学技術の発展の歩みに追いつき、受容層、結合層の人口が科学技術の発展の成果を分かちあうことができるようになる。技術の進歩が、三つの社会コントロールシステムと七つの人口類型を有機的に結びつければ、より効果的に社会矛盾や諸問題を解決することができ、危険を取り除き、社会の安定を維持する上で有利である。

ハイテク調査手段の運用、地上、水上および空の高性能交通手段と武器の配備、通信手段の発展は、事件、とりわけ大規模な悪質事件に対する検挙率を高め、犯罪を抑止する機能を果たし、持続可能な発展のための社会環境を創造する上で役だっている。しかし物事には常に両面がある。技術の進歩は人口と社会の持続可能な発展に現代的な手段、新しい思考、管理方法を提供するが、同時にいかに放射能漏れを防ぐか、高速化などがもたらす新たな危険をいかに効果的にコントロールするかという問題も突きつける。

ここには二つの状況がある。ひとつは科学技術そのものが発展のなかでもたらす危険の増加であり、たとえば高速で運転する機械、交通手段、原子力の平和利用に横たわる危険の問題である。もうひとつは敵対勢力による意図的な利用であり、社会の安全に対する新たな脅威となっている。たとえば最近内外で摘発される麻薬の密輸犯罪には、各種の武器から先進的な偵察手段、情報手段までほとんどすべてが用いられ、危険性はおおいに高まっている。

人口と社会の持続可能な発展をはかるには、この二つの状況をおおいに重視する必要がある。前者の危険は主として技術の進歩そのものに頼って解決を図り、後者は国の社会的発展によって解決をはかるべきで、防犯意識を確立し、先進技術を用いて防犯能力を増強し、国際社会の安全を強化するべきである。

コミュニティの建設と持続可能な発展

家族は社会の細胞であり、コミュニティは一定の地理的区域における家族の集合体として、人口と社会の持続可能な発展のなかで基礎的な役割をもっており、理論を実際と結びつけて詳しく説明する必要がある。

何がコミュニティか

近年、人口、経済、文化、民政などの事業の発展、国際学術交流を含む人口学、社会学などの研究の深化に伴い、「コミュニティ」という言葉は人々にとってもはや聞き慣れない言葉ではなくなった。その一方で、研究の深まりや科学の普及宣伝が限られていることから、本当のところコミュニティとはいったい何なのかとなると、はっきりとわかっていない人が多い。習慣や「第六感」から、常にコミュニティと行政区画を混同し、コミュニティといえば、大きいものは都市そのものあるいは都市の管轄区、農村なら県あるいは郷、小さいものは都市では街道あるいは鎮、さらには居民委員会であり、農村では比較的小さな郷、自然村、さらには分散居住している村民小グループであると思っている。こうした意識をもつのも理解できる。中国のような緊密に組織された社会では、なにごとも政府の行為と結びついており、また政府の行為は常に行政区画、行政的な制度と結びついており、コミュニティも大小の行政区画、制度と結びついている。

またコミュニティ建設が長い間あまり重視されず、コミュニティの発展レベルが低かった国においては、たまにみられる輝かしい成功例は、ほとんどが政府によるサポートと結びついており、コミュニティもある程度「官本位」の特色に染められている。しかしこれに基づき、大小さまざまな行政区画を規模の異なるコミュニティとみると、認識上の誤りに陥り、コミュニティと行政区画との本質的な違いを見落とすことになる。

地域的な範囲についていえば、コミュニティと行政区画の関係は、A＝Bの場合もあり、B＝Aの場合もあるが、すべてのA＝すべてのBではない。こうした関係を説明し、認識上の誤りから抜け出すには、まずコミュニティという言葉の由来とその概念の含意を確かめる必要がある。

中国語にはもともと「社区（コミュニティ）」という言葉はなく、英語のCommunityとドイツ語のGemeinschaftの翻訳である。考証によれば、ドイツの社会学者テンニース（F. Tönnies, 1859-1936）が一八八七年に出版した『コミュニティと社会』（ドイツ語：Gemeinschaft Ungese, 英語：Community Society）において、初めて「コミュニティ」の概念を提起し、説明したとされる。その後シカゴ大学の社会学部長のロバート・パーク（R. E. Park）、社会学者リンド夫妻（R. and H. Lynd）らが米国で「コミュニティ研究ブーム」を巻き起こすとともに、二、三〇年代における米国の社会学研究の中心となり、「コミュニティ」についての定義を行った。

中国に最も早くコミュニティ研究を導入したのは米国留学から帰った学者呉文藻で、一九三〇年代に提唱に力を入れ、続いて呉景超、陳達、李景漢、費孝通などを含む一群の専門家が出現し、コミュニティの調査と研究が展開され、大きな成果をあげた。五、六〇年代には世界のコミュニティ研究は衰退に向かったが、七〇年代以来復興がみられる。中国においても五、六〇年代にはコミュニティの研究は少なく、七〇年代、とくに改革開放以来ようやくいくらか回復と発展がみられるが、どちらかといえばまだ遅れが目立つ。

これまでに、「コミュニティ」については一〇〇種類以上もの定義が行われ、人口学、経済学、社会学、地理学、人類学、民族学、歴史学、政治学、生物学、法学などのさまざまな学問分野からさまざまな意味を含んだ定義が与えられている。おのおのの定義は表現上は千差万別で、大きく異なるものの、それらの定義には実質上、かなり共通点が多い。内外のコミュニティに対するさまざまな定義を総合してみると、その共通性は以下いくつかの点にまとめることができる。

一定の地域的性質。コミュニティには「社会」の一定の「区域」としての空間が必要である。しかしこの空間には大小の制限はなく、各レベルの行政区画と一致していてもよく、違っていてもよい。また「社会」の実質、基本的な特徴をもって移動してもよい。

一定の人口規模。人口はコミュニティの主体であり、一定の人口の数、質および一定の性別、年齢構造、婚姻、家族などの形式を含む。

一定の活動パターン。特定のコミュニティ内の人々の生活と活動のパターンは、時間と空間の使い方の違いに表れ、職業や所得構造などによって専業化したコミュニティとなっている場合もある。

一定の社会関係。コミュニティには居住地域によってさまざまなレベルと類型の人口が集まって住んでおり、なかには独自の生産、生活、サービス、社会団体、宗教等の組織を確立しているコミュニティもあり、コミュニティメンバーの間の関係を強化しつつ、対外的な社会関係も維持している。

一定の文化的特徴。コミュニティは長い間の形成過程で、独自の特徴を観念的な意味の文化として示し、人々の意識や思考様式にもさまざまな心理的特徴が現れている。

上述の認識に基づき、現実生活におけるコミュニティ発展の現状と結びつけ、五年前に筆者はコミュニティを共通の経済的利益を基礎とし、また政治、文化、社会生活において、ある種の共通の属性をもつ特定の地理的区域と定義した(7)。

実際に詳しく考察した結果、この定義はコミュニティ概念の基本的内包を表していると認められる。つまり、コミュニティはそのメンバーの共通の利益、第一に共通の経済的利益を基礎としている。これがコミュニティ内のメンバーの内在的求心力を決定するのであり、この求心力の凝集からなる活動パターンや行動規範の前提でもある。コミュニティのメンバーの間に、利益、主として経済的利益の上で、ある程度矛盾も発生しうるが、コミュニティの内と外という点からいえば、外に対しては利益の上で一致している。

またこの定義は、コミュニティ概念の外延をも表している。つまり共通の利益と求心力の強さが決定する輻射可能な地理的区域、および輻射区域内のメンバーが政治、文化、社会生活など諸々の面でもっている共通の求心性である。この二つの形式と内容の結合が、特定条件の下でのコミュニティを形成している。

このように、筆者の論述によれば、コミュニティと行政組織には関係もあるが、違いもある。違いは次の点にある。

第一に、コミュニティは地域的に行政区画と一致していてもよいが、一致していなくてもよい。一致しているところは至るところにみられる。しかし、一致していないところも多く、たとえば海外では高級住宅街、スラム、「ハリウッド」、「チャイナタウン」などがあげられる。国内では一部の住宅地、農村の行政管轄を跨ぐ森林区、牧畜区、漁業区、さらには広西巴馬長寿地帯、改革開放以来出現した経済開発区、専業化に基づく生産あるいは販売地帯などがある。こうしたコミュニティは、小は都市部の大通りの一角を占めるものから、大は省、市、自治区の境界線を跨ぐものまであり、行政区画の制約をうち破っている。

第二に、コミュニティと政府組織には、実質的に異なる運営管理のメカニズムと方法がある。一般的に、コミュニティは変更不可能な規定を執行する機能をもっておらず、主に世論による宣伝、利益志向、サービスの提供などの方法を通じて役割を発揮する。こうした役割の発揮は時に政府の行政的な力に頼ったり、活動そのものが政府組織の内容に属していたりする。しかし活動の主体はコミュニティ組織そのものであり、非政府的行為である。コミュニティを政府の付属組織と同一視した場合、政府が表面に出てきやすくなり、民間組織としてのコミュニティは名ばかりのものとなり、コミュニティはその機能と意義を失ってしまう。

第三に、建設の上で、コミュニティは自ら発展する道を歩まなければならない。時に政府のサポートが不可欠であるが、それは特殊な状況において、特殊な目的のために必要なのであって、コミュニティ建設の長期的な考え方ではない。根本的に、コミュニティの建設は、コミュニティのメンバーの連係を維持する力、すなわち民間の、自発的な、推進とサービスを一体化したコミュニティ組織の力に頼るべきである。コミュニティと行政区画の組織を混同してしまうと、こうした連係を維持する力や組織は育ちにくく、本来の意味でのコミュニティ建設が実質的な進展を遂げることは難しくなる。

以上のことは、コミュニティを認識し、発展させ、社会の発展のなかでコミュニティ建設の役割を発揮させるには、まずコミュニティの概念を明らかにし、その内包と外延を明らかにし、コミュニティと行政区画とを区別する必要があることを示している。ここでいう区別は、地域の形式的な区別だけではない。より重要なのは、機能と実質の上での区別である。

われわれはコミュニティが、内在的な根本的利益によって決まること、メンバーの似かよった文化や求心力によってつながっていること、住民が自ら組織し、サービス、管理を行うという特徴をもっていることを充分に認識する必要がある。さらにコミュニティを行政区画と同一視し、政府の付属組織とみる認識上の誤りから抜け出さなければならない。そうしてはじめて、コミュニティ建設を健全な軌道に乗せ、その人口と社会の持続可能な発展における役割を発揮させることができる。

コミュニティと人口抑制

中国は人口数の抑制、人口の資質の向上、人口構造の調整を結びつける戦略を実行しているが、現在最も重要なのは人口数の抑制である。このため、コミュニティ建設が人口、社会の持続可能な発展に果たす役割を考察する際には、重点を人口数の抑制に対する役割に置くことになる。実際、多くの国や地域の計画出産はコミュニティから始まったり、コミュニティが重要な役割を果たしたりしている。

成功した例はタイである。七〇年代初め、タイに人口とコミュニティ発展協会（ＰＤＡ）が設立され、人口についての知識や産児制限の宣伝につとめた。それがコミュニティのメンバーに避妊薬・器具を提供するサービス、避妊に関する技術サービスおよびその他衛生保険サービスへと発展し、コミュニティ医療・産児制限ステーションが設立され、大衆からおおいに歓迎された。こうしたコミュニティのサービス活動を通じ、女子を「家族計画」のなかにとりこみ、計画出産とコミュニティの発展を一体化し、互いに促進しあうという成功例をつくった。

これを基礎に、PDAはコミュニティを拠点とする「農村発展一体化計画」、一つの企業が一つの農村を援助する「商業による農業サポート計画」を打ち出し、計画出産と社会発展におけるコミュニティの役割を充分に示した。現在PDAは、タイの経済・社会生活に重要な役割を演じているだけでなく、国際的にも高い評価を受けており、家族計画とコミュニティ発展に関する国際トレーニングクラスを毎年数回開いている。アジア太平洋地域などから百人近い専門家が、これに参加してトレーニングを受け、優れた成果を上げている。

その他たとえばフィリピン、シンガポール等の国や中国香港のコミュニティの発展も、「家族計画」の実施に重要な役割を果たしてきた。現在先進国では出生率が置き換え水準以下まで下がり、人口高齢化の問題に直面しているが、過去の出生率低下の過程では、コミュニティがいずれも重要な役割を果たした。

中国の状況はかなり特殊である。改革開放以前には民間組織が人口抑制や計画出産を操作する土壌はなく、政府が指導しなかったり、厳しく指導しなかったりすると、出生率が長期間高いまま推移し、政府が指導を強化すると、出生率が急激に下がった。しかし仕事のやり方がコミュニティサービスの方法とは違っていた。一九七三年以来、中国の人口抑制は著しい成果をあげたが、これは主に上部機関から末端まで明確な出産政策をもち、計画出産管理と宣伝を強化したからであり、政府の行為によってコントロールした結果である。

改革開放以来、状況に変化が起こった。人口再生産の単位としての家庭がさまざまな機能をとりもどし、相当数の家庭が生産機能を回復した。それとともに、家庭でのミクロの人口抑制が議事日程にのぼり、コミュニティが人口抑制とすべての人口問題の解決に果たす役割が、しだいに認識されるようになった。長い間人口抑制政策がマクロを重視し、ミクロを軽視し、「サブマクロ」の視点を欠いていた状況に対し、一九九二年、筆者は「サブマクロ」の人口抑制の基本単位はコミュニティであるとする命題を提出し、人口と計画出産におけるコミュニティ建設強化の重要性を力説した。その根拠は以下のとおりである。

その一。コミュニティの経済発展レベルが決定するコミュニティのメンバーのおよそ似かよった所得レベルは、根本的に人々の出生レベルを制約する。出産する子供の数に影響するものには、経済、文化、民族、宗教など多くの要素があるが、経済要素が基礎であり、決定的な要素である。同一コミュニティのメンバーの所得水準は似かよっているため、子供の限界費用・効用も似かよっており、根本的に何人子供を生むかの出産意欲を制約している。同時にコミュニティの経済発展レベルは、避妊の技術的手段と発展レベルをも制約しており、計画出産率の実現を大きく左右している。一般的には、計画出産率とコミュニティの経済発展レベルは正比例の関係を示す。

その二。コミュニティは共通の経済的利益をもつメンバーによって構成されているため、一人一人のメンバーの所得状況が、自らの利益にかかわるだけでなく、他人の切実な利益にもかかわってくる。コミュニティ内の土地、淡水、草や木、金属・非金属鉱物、インフラなどの資源は、相対的に有限であり、人口の増加は、一人当たりの資源の減少を意味する。計画外の出産は他のメンバーの利益を侵害することになり、国の政策が許さないだけでなく、同時にコミュニティのメンバーの反対にも遭う。これは政府が人口増加を抑制し、コミュニティ内の人口と資源、環境、社会との持続可能な発展を維持する政策を定めるための根拠となり、一人っ子に対する奨励金、計画外の出産に対する計画外出産費の徴収と同様、必要な大衆的基礎となる。

その三。コミュニティは社会組織における白然の「細胞組織集合体」としての役割をもっているため、国のマクロの人口抑制と出産する子供の数についての家庭のミクロの選択を結びつける懸け橋となる。前述のとおり、コミュニティは国の行政区画と一致する場合もあるし、一致せず、大きさが異なる場合もある。一致している場合は、政府が計画出産を推進する際の末端組織、都市の街道、農村の郷政府などに計画出産補助員が配置されているので、これら末端の担当者と協力することが可能である。一致していないコミュニティも、一般には末端の政府組織と疎通を図り、末端の政府組織と各世帯とを結ぶ助手となって、政府に協力して政策を広く家々にいきわたらせ、政府と各世帯との結びつきを強化する。

その四。コミュニティはある種の伝統的特徴をもっているため、出産に関する文化を含む特定の文化圏の形成過程で、人々の出産についての考え方がつくられている。コミュニティは経済、文化、社会の長期的な発展過程で形成されるものであるため、中華民族の伝統文化があらゆるコミュニティに深い影響を与えている。しかしコミュニティの形成過程での経済、文化の発達程度の違い、伝統文化をつなぎとめる鎖の強さの違いのために、現在、発達の程度に大きな差のあるコミュニティにおいては、出産に関する文化の差も著しい。一般的に改革開放の度合いが充分でなく、経済と文化の発展が遅れているコミュニティでは、コミュニティのメンバーの多くが依然として「血統の継承」「多子多福」のモットーを固く守っている。改革開放の先頭をいく、経済、文化が急テンポで発展しているコミュニティでは、出産に対する考え方を「少生優生」、男児を生んでも女児を生んでも同じという考え方へと転換している人が多い。なかにはコミュニティのメンバーが出産を望まず、欧米社会の一部の人々が主張する「非出産文化圏」に入りつつあるところもある。

コミュニティが「サブマクロ」の人口抑制の基本単位となっていることを認識するには、現実に結びつけ、さまざまな類型のコミュニティについて具体的に分析する必要がある。現在中国のコミュニティをその発達の程度によって区分すると、三つの基本類型に分けられる。

第一は伝統農業型のコミュニティである。コミュニティのメンバーは伝統農業、第一次産業に従事している人々を主とし、生産手段は立ち遅れ、手作業による労働を少量の半機械労働で補っている。このため労働生産性、一人当たりの所得水準ともに低く、ようやく衣食が足りる段階あるいは貧困から衣食が足りる段階への移行状態にあり、コミュニティ全体と外界との連絡が少なく、閉鎖あるいは半閉鎖状態に置かれている。こうした経済的特徴の下にあるコミュニティでは、子供の限界費用が廉価で、子供の労働・経済効用、養老・保険効用などの主な効用が発揮されるのが速く、効果も著しい。子供の効用が相対的に高い状態となり、子供の量に投資することから子供の質に投資することへのシフトを実現することが難しい。人口の再生産の上では、出生率と自然増加率が高く、人口の身体的、文化的な資質が低いという特徴が表れている。コミュニティ内の人口抑制と経済発展の間には、「低労働生産性―高出生率―低労働生産性」の悪循環が現れる。改革開放の波が押し寄せるにつれ、こうした人口コミュニティの多くで、すでにある程度の変化が起こっている。しかし内陸、とくに辺境の山間地域では、こうした貧困型のコミュニティがまだ存在しており、出生率が高いことが大きな特徴である。

第二は現代産業構造型のコミュニティである。こうしたコミュニティは改革開放の先頭に立っており、農・林・牧畜・漁業の場合は、すでに基本的に専業化に基づく商品生産の道を歩んでおり、市場経済に向かっている。多くがすでに単一の農業経済を抜けだし、郷鎮企業がしっかりとした基礎を築き、工業・副業生産がコミュニティ経済のなかで重要な位置を占めるようになっている。都市部の商工業の場合は、第一次産業、第二次産業、第三次産業が一応合理的な構造を形成している。生産手段も先進的で、なかには現代化レベルが高く、労働生産性や一人当たりの所得水準も高く、すでに生活がまずまずの段階に達したところもあり、裕福な段階に達したところさえある。ここ二〇年の改革開放はすでに一群のこうしたコミュニティをつくり出しており、とりわけ珠江デルタ、長江デルタ、閩江デルタ、山東半島、遼東半島、沿海および長江沿岸の開放地帯に集中している。こうしたコミュニティに共通の特徴は、例外なく、科学技術に依拠して豊かになったことである。人口の再生産に対する直接の影響は、子供の教育費の上昇を刺激したことである。子供が家族にもたらす労働・経済効用は、主に子供の質によるものであり、子供の量によるものではない。

同時に養老保障を含むコミュニティの福祉、保障事業が発達し、個人の貯蓄もしだいに増加しており、子供の養老・保険効用などが程度の違いはあるが弱まっている。こうした利益志向は、コミュニティ内の家庭が子供の量に投資することから子供の質に投資することへのシフトを促し、人々の好みが子供の量を追求することから子供の質を追求することへと変化し、出生率は一般に低いレベルまで下がっている。したがって、現代産業構造型のコミュニティでは、コミュニティ内の人口抑制、資質の向上が伝統農業型コミュニティとは逆に、「高労働生産性―低出生率―高労働生産性」の循環モデルを示し、人口とコミュニティの発展が良性循環の軌道に入りはじめている。

第三は産業構造型に移行しつつあるコミュニティである。この種のコミュニティでは改革開放の扉はすでに開けられ、単一経営から多角経営への転換が起こり、生産手段も手工業労働や半機械化を中心としたものから機械化、自動化したものへと移行しつつある。労働生産性も徐々に向上し、一人当たりの所得もしだいに増加し、まさに衣食が足りる段階からまずまずの生活への移行段階にある。こうした状況の下、追加的な子供の量の費用と質の費用がいずれも程度の違いはあるが増加しており、子供の労働・経済効用、養老・保険効用などは上昇から下降への過程を経験しつつあり、人口とコミュニティの発展は複雑な状況を呈している。しかし全体的にみると、まさに「低労働生産性―高出生率―低労働生産性」から「高労働生産性―低出生率―高労働生産性」の循環への移行過程にある。このような移行段階にある人口コミュニティは格差が大きく、伝統農業型をようやく抜け出したばかりのものもあれば、すでに現代産業構造型に近づいているものもある。

人口、コミュニティと社会の持続可能な発展

人口、コミュニティと社会の発展を結びつけることが、人口科学研究の深まりと実践の発展に伴い、ますます重要視されるようになった。八〇年代後期に筆者は、一人っ子奨励金を子供の傷害、死亡「両全保険」に切り替え、一四歳以降はさらに両親の養老保障に切り替える改革を論証した。国務院の指導者および関連部門指導者からの支持を得て、四川省で実験と普及を行い、利益に基づく調整の新たな道筋を切り開いた。彭珮雲同志が『一人っ子と両親の養老保険の理論と実践』という本の「序」のなかで次のように指摘している。「人々の出生行動や出産する子供の数を経済的利益と結びつけ、利益に基づく調整を通じて人々の自発的な『少生優生』を奨励し、導くことは、正しい考え方であり、方向性も合っており、真剣に総括する必要がある」(8)

党の一四回大会が市場経済体制に向けた経済改革の目標を確立してから、市場経済の下で利益に基づく調整と行政的手段を結びつける改革がはかられている。これは人口、コミュニティ建設、社会の発展にとってより重要な問題であり、積極的に新しいメカニズムを模索する必要がある。ここで提起すべきことは、四川省の一人っ子「両全保険」と両親の養老保険の他、遼寧省の「計画出産中心世帯」、江蘇省射陽県の「少生快富〔少なく生んで速く豊かになる〕合作社」、吉林省の家政教育と女子の「双学双比〔知識・技術を学び、成果・貢献を競うこと〕」の結合、四川省の一部地域で展開されている「計画出産協会のすべての会員がまずまずの生活レベルへと向かう」活動等があり、いずれも実際に大小さまざまなコミュニティを舞台としており、明らかにコミュニティ的性質をもっていることである。これらは、人口問題の解決に重点を置くとともに、社会の進歩を促し、人口、コミュニティ、社会の調和的な発展にプラスとなるものである。

しかし最も重要なことは、やはり計画出産「三結合」の提起と発展である。一九九三年五月、国家計画委員会弁公庁は、吉林省の計画出産と「双学双比」との結合の経験を承認し、関係部門に配布したが、このなかに「農村の商品経済の発展、農民が勤勉な労働によりまずまずの生活を手に入れること、文化的で幸福な家庭の建設と計画出産とを密接に結びつける」という表現が初めて登場した。九月に国家計画委員会が吉林省の農村の計画出産「三結合」報告を承認し、関係部門に配布した。これが計画出産「三結合」の正式なデビューとなった。

その前後、遼寧、四川、黒竜江、江蘇、浙江、陝西および軍など地方と部門が、さまざまな形の「三結合」を提案し、一九九五年一〇月に国務院が四川で全国「三結合」経験交流会を開催するまでの間には、少なからぬ新たな発展があった。コミュニティの角度からみると、「三結合」は人口、コミュニティと社会の持続可能な発展にとって一つの創造であり、かつての純行政的な方法と比較すると、明らかに次のようなコミュニティ的色彩を備えている。

第一は自発性の堅持である。いずれの形の「三結合」も、個人、家庭の自発性の原則をかなりよく堅持している。政府の宣伝、組織、指導は必要であるが、実施に移すとなると個人と家庭の自主性によって変わってくる。この点は非常に重要である。かつて、農業の合作化と人民公社化が農民の自発性に反して行われたという歴史の教訓がある。その結果、生産力のきわめて大きな破壊を招き、持続可能な発展が破壊された。自発性はコミュニティ活動と行為が常に堅持すべき原則であり、政府の行為との違いを示すものでもある。

第二は利益原則である。なぜ計画出産「三結合」が一定のコミュニティの範囲で展開できたのか。結局、コミュニティのメンバーの間に共通の利益があったからである。「三結合」実体のなかには、具体的な実業をおこし、豊かになるためのプロジェクトを定め、経済計算を行い、経営管理を強化し、利益原則を堅持し、市場志向を明確にしたものもある。

第三はサービスを軌道に乗せることである。コミュニティ建設の大きな特徴は、サービスの強化である。「三結合」の確立と発展は政府の協力と切り離すことができないが、こうした協力はサービスの性質を帯びたものである。たとえば、コミュニティの計画出産世帯に豊かになるための情報や科学技術情報、「三結合」の動態情報を送り、さらに資金、物資、教育など具体的な協力を行い、全方位的なサービスを提供する。

第四は平等互恵である。「三結合」のコミュニティのメンバー間は、平等な関係、互いに助けあう関係にある。人々には明確な分業があり、それぞれに責任を果たしている。また比較的強い協力意識をもっており、みなが互いに助けあい、ともに豊かになろうとしている。各地に「三結合」文化村などが出現し、行為の規範が具体化されている。

上述のとおり、計画出産が具体的に示すこれらの原則は、これまでの行政的な方法に比べ、明らかにコミュニティ的特色を備えている。こうしたコミュニティの特色はまた程度の差はあるが持続可能な発展の特徴を反映しており、社会の「細胞組織の集合体」——コミュニティから行動を起こし、持続可能な発展の基礎をつくらなければならない。数年来の「三結合」の実践と結びつけ、人口と社会の持続可能な発展に着目してみると、コミュニティ建設の持続可能な発展は、とくに以下の面について注意するべきである。

まず、コミュニティ人口と持続可能な発展の戦略目標の選択においては、コミュニティの具体的な条件に基づき、人口そのものにかかわる発展戦略を確立する必要がある。コミュニティの発展には連続性あるいは持続可能性が存在し、またコミュニティ内の人口の状況如何がコミュニティの持続可能な発展にとってきわめて重要である。一般的にいって、人口数の抑制、人口の資質の向上、人口構造の調整を結びつけた「抑制」「向上」「調整」のなかで、現在、数の抑制に重点を置く全体戦略が、ほとんどのコミュニティに適用されている。しかし、コミュニティによる格差にも注意する必要がある。たとえば辺境の山間地域、少数民族のコミュニティのなかには「向上」「調整」の任務がより重いところがあるかもしれない。一方中部、東部の広範なコミュニティでは、数的の「抑制」がより差し迫っているかもしれない。コミュニティの人口にかかわる発展戦略目標の選定にあたっては、全体的には数の抑制を重点とし、人口抑制のかなめの部分を押さえることを最優先し、かつ人口の資質の向上、年齢、性別、職業構造などの調整にも配慮し、人口問題の全面的な解決をはかり、コミュニティの持続可能な発展のために人口面の条件を整えなければならない。

次に、コミュニティ人口と持続可能な発展の戦略目標の選択においては、人口と資源、環境、経済社会の発展の具体的な状況に基づき、各コミュニティのメリットを発展させることに注意を払う必要がある。同時に、相互の関係を調整し、長期的かつ安定的な発展意識を確立しなければならない。コミュニティの持続可能な発展は、人的資源を含む社会資源と自然資源の合理的配置に十分に注意し、各種資源の利用率を高め、できるだけ資源のライフサイクルを延ばす必要がある。コミュニティの地理的位置、経済、技術の発展状況が違えば、環境の質の違いも大きい。コミュニティの環境保護、人口と環境の持続可能な発展にあたっては、合理的に計画し、市場志向の改革を模索するべきであり、「グリーン・コミュニティ」の建設を行っているか否かを持続可能な発展の判断基準とするべきである。コミュニティ内の経済発展は、現実から出発し、人間が能力を最大限に発揮し、土地や物資を最大限に利用するという原則に基づき、自然資源、人的資源と経済、技術の発達の程度に依拠し、資本集約、技術集約、労働集約型の産業構造を合理的に定め、コミュニティの経済的メリットを確立しなければならない。

現在のわが国の社会的実状から出発し、人口とコミュニティの持続可能な発展を追求するにあたっては以下の点に注意するべきである。

第一は貧困をなくし、公平な分配を実現する。人口問題をしだいに解決し、経済を発展させることにより、一部のコミュニティあるいは同一コミュニティ内の一部のメンバーにみられる「貧しければ貧しいほど生み、生めば生むほど貧しくなる」という悪循環を改める。その上でさらなる経済の発展をはかり、公平な分配を達成し、最終的にはともに豊かになる方向に向かって歩む。

第二は教育と文化の発展である。これは人口の文化的資質をおおいに向上させ、「科学教育によるコミュニティの振興」をはかる上で必要であるばかりでなく、人口数の増加を抑制する根本的な解決方法でもある。コミュニティは社会学の「地域」の役割を充分に発揮し、コミュニティメンバーの科学、教育、文化レベルの向上に努める。

第三は改革と持続可能な発展である。コミュニティは持続可能な発展の推進に有利な条件をもっており、改革はコミュニティのメンバーの出産に対する考え方を含む伝統的な観念を変えつつある。また、改革と商品経済の発展は結婚や家族、価値観にも新たな衝撃をもたらした。こうした衝撃は歴史的な進歩を示すものであるが、一方で新たな不安定要因ともなる。人口とコミュニティ、さらには人口と社会の持続可能な発展がもたらす利益と弊害を具体的に分析し、利益を引き出し、弊害を取り除き、健全な発展の道を歩まなければならない。

エピローグ　困難からの脱出と希望の実現

――市場経済体制下の人口問題

人口の再生産、計画出産それ自体は市場経済の範囲には属さず、安易にそれを「市場に任せる」ことはできない。

われわれは歴史と発展の視点から、市場経済が人口問題の全面的解決のためにもたらす機会をみるべきであるが、同時に不利な面にも目をやり、利益を引き出し、弊害を取り除くべきである。

われわれの任務は、市場経済がプラスの役割を発揮するようにし、マイナスの役割を抑え、市場経済体制改革に適応する人口問題解決の新たな道筋を探ることにある。

本書も終わりに近づき、読者はおそらく次のような印象をもっているであろう。中国は人口大国として全局面に影響を与える困難な問題をたくさん抱えている。同時にこれらの問題の多くは二一世紀に解決できる希望がみえている、と。希望を現実に変えるには、人口そのものの面での取り組みを強化する必要があり、人口の再生産が置かれている外界の環境の変化、とりわけ国の経済体制、政治体制の改革に、十分な注意を払う必要がある。

現在、中国が社会主義市場経済体制を確立するべきだという点については、もはや誰も疑いをもっていない。しかしこの体制の確立が、社会・経済生活、政治生活、文化生活および各分野の事業にもたらす影響の大きさについては十分な認識を欠いている。かつての高度に集中した統一的な計画経済体制から市場経済体制への改革は、生産関係の本質的な革命であり、それは必然的に上部構造を含むあらゆる面にふれるものである。人口の再生産もまた例外ではない。われわれは計画出産の基本国策を徹底的に実行し、数の抑制、資質の向上、構造の調整を結びつけ、さらに数の抑制に重点を置く方針を堅持しつつ、市場経済を背景として、市場経済体制下での人口問題の効果的な解決をはからなければならない。

したがって、本書の最後に単独に一章を設け、二一世紀に突入しようとするこの時期に、市場経済が人口変動に与える影響、解決のための基本的な道筋を検討する。

人口の再生産を安易に市場に任せることはできない

市場経済体制改革の目標が確立され、改革プロセスが加速しているなかで、人口の再生産をどうするのか。これは人口研究の理論担当者と実務担当者を含む人口戦線が長い間ずっと考えてきた問題である。総合すると、およそ以下の三つの主張がある。

第一の主張は、人口の再生産も「生産」である以上、物質の生産と同様、市場経済システムのなかに組み入れ、市場経済の運行メカニズムや管理の方法とリンクさせ、人口の再生産を「市場に任せる」べきであると考える。さらに、人間は生産者と消費者の統一であるから、人口の再生産を物的生産のなかに融合し、理論的に「二つの生産」を「ドッキング」させるべきであり、いつまでも二つの体制であってはならないと考える。そこで人口の目標管理に「指導性計画」を実施し、出生行動を家庭に帰し、「家族計画」に似た方法を推進することを主張する。

第二の主張は、人口の再生産、計画出産と市場経済は同一の範疇に属するものではなく、「一本の道の上を走る車」であり、人口は市場経済活動の法則の支配を受けず、無理にこの二つを一緒にするべきではないと考える。主な理由は、市場経済もある程度の経済の計画性を排除するものではなく、市場経済が高度に発達した国でも、政府の計画的誘導が盛んに行われ、役割を果たしていること、また中国が数の増加の抑制を主とする人口政策を実施するにあたっては、過去にそうであったように、今後も行政的な手段を主とする方法をとるはずであり、市場的な方法は人口の再生産に適合せず、両者は別の範疇に属することなどである。

第三の主張は、人口の再生産、計画出産そのものは市場経済の範疇には属さず、したがって安易にそれを「市場に任せる」ことはできないが、市場経済体制改革の確立の影響を低く見積もることはできず、人口問題の解決にも改革が必要であり、たえず市場経済に見合った人口抑制メカニズムの確立を模索するべきだと考える。

筆者の見方は第三の見方であり（田雪原、一九九四）[1]、これには形成と発展のプロセスがある。筆者は七〇年代後期には人口理論の混乱収拾につとめ、馬寅初の新人口論の名誉回復を強く主張した。続いて八〇年代には、マクロ人口戦略の研究に取り組み、人口数の抑制、人口の質の向上、人口構造の調整を結びつけつつ、数の抑制に重点を置く基本方針をはっきりと示した。八〇年代の前半は数の抑制の研究に重点を置き、後半は構造、主として年齢構造の高齢化の研究に重点を置いた。八〇年代末から九〇年代初めには、重点をマクロからミクロに移し、家庭経済から人々の出生行動を決定するメカニズムを検討した。また広く国外の研究成果を吸収するとともに、中国の実状と結びつけた上で、子供の社会的付加費用、社会的付加効用の理論を提起するとともに論証し、商品生産、市場経済の条件の下で人口問題を解決するための利益志向の新しい考え方を探求した。その結果得た基本的な結論は以下のとおりである。

その一。中国は七〇年代以来、人口増加の抑制に際だった成果をあげたが、これは主に計画出産政策を徹底的に実行した結果である。前述のとおり、その過程で中国の経済、文化の発展と社会の進歩が良好な役割を果したが、欧米の国のように経済、社会の発展に伴って、出生率が「自然に低下した」のではない。また、一部の発展途上国のように「家族計画」を推進したことによる出生率の低下とも異なる。

中国は、人口、資源、経済の発展と社会構造に基づいてひとつの基本国策、各レベルの政府が徹底的に実行すべき政策を定めたのである。二〇年余りの間に、具体的な政策規定の上では調整が行われたが、人口増加を厳しく抑制する基調、宣伝教育を主とする基本精神、各レベルの指導者が自ら指導し、責任を負う基本的なやり方などは終始変わっていない。全体的にみて、二〇数年来の人口問題解決の立脚点、考え方や方法は、市場経済の範疇に属するものではなく、政府がなすべきことの範疇に属するもので、主として運用されたのは行政的手段であった。現状では、こうした政府の行為と行政管理体制はまだ堅持する必要があり、誰かが言ったからといって、人口の再生産を「市場に任せる」ことはできない。

その二。政府の行為と政策的要素が、現在の出生率低下とその他の人口問題の解決に果たした役割を強調することは、けっして経済要素の役割を軽視することにはならない。私が主宰する第八次五カ年計画国家社会科学重点プロジェクトが一九九二年に一〇省市で行った調査の加重集計データによれば、一人当たりの月収が二五元以下の世帯では、子供を平均二・六四人出産しており、二六一―一〇〇元では二・三七人、一〇一―三〇〇元では一・九三人、三〇一元以上では一・七九人である。女子が出産する子供の数は各世帯の一人当たりの月収と反比例している。(2)

改革開放以来、国民経済が持続的な高成長をとげ、都市・農村世帯の所得が大幅に向上したことによる出生率の低下と人口の資質向上への影響を軽視することはできない。経済体制改革のなかで起こった家庭の機能の変化、人口都市化のペースの加速、流動人口の大量増加、人々の出産に対する考え方の変化などが、出産やその他の人口の再生産に与えた影響も、同様に軽視することはできない。これらの影響は、ほとんどが改革開放と市場経済の発展によるものである。

その三。発展と動態の上からみると、経済発展と市場経済体制の確立にはかなり長い時間がかかり、第九次五カ年計画と二〇一〇年の長期目標発展綱領でははっきりと今後一五年間の戦略任務であるとしている。しかし、すでにある程度軌道に乗りはじめており、その人口抑制などの問題の解決に果たす役割が目に見えて増大しつつある。これに伴って、家庭の出産に関する意思決定において、利益に基づく調整が強まり、行政による調整が弱まる傾向にある。こうした傾向はわれわれに真剣に対処すべき問題を提起している。つまり、市場経済が人口抑制およびその他の人口問題の解決に果たす役割を全面的に分析した上で、有利な面と不利な面をはっきりと区別し、改革の活路を探る必要があるということである。

市場経済のプラスの役割

本質的に、また長期的な発展戦略からみて、市場経済体制改革は人口抑制とその他の人口問題の解決に、ますますはっきりとしたプラスの役割を果たすようになっている。それは主に次の点に表れている。

人口問題の解決のためにたえず新たな基礎を築く

市場経済体制の確立と整備が、生産力を大きく開放し、発展させ、「統一的に管理するとすぐに活気を失い、手を離すとすぐに乱れる」という計画経済時代のジレンマからの脱却を可能にし、ヒト、モノ、カネの各種資源の合理的かつ効果的な配置を実現しようとしている。改革開放以来の経済発展はすでにこの点を証明している。世界的な経済不況のなかで、中国の経済発展は生気と活力に満ちているが、その根本的な理由は改革開放であり、市場経済である。人口と労働力の過剰がもたらす圧力は、結局のところ、経済の未発達、生活資源の不足、就業手段の不足、学校、交通手段、病院などインフラの不足であり、人口過剰のアンチテーゼは「経済面での不足」である。かつての計画経済が常に「不足の経済」と表現されていたことに一定の道理があるとすれば、市場経済が資源の有効配置を実現したことにより、企業が商品の市場における価値の実現を追求目標とするようになったことや家計の需要が満たされるようになったことは正常なことである。市場経済体制改革実施後の現実の変化は、すでに反論の余地なくこの点を証明している。これは人口の抑制および人口の資質の向上、構造の調整のために、新たな、たえず増大する物質的基礎を提供しており、大きな役割を発揮するようになってきている。

労働力市場は家庭が子供の量に投資することから質に投資することへのシフトを誘発している

市場経済体制の確立は、ついに労働力の流動とその雇用を市場にゆだねることとなり、各地の労働力市場がしだいに整備され、規範化を実現しつつある。労働力市場の発展は、人材競争を激化させる。経済発展のレベルと市場化の程度が異なるため、一部の地域では小中学生が学校をやめたり、学校をさぼったりする風潮が深刻化している。同時に、別の一部の地域、主に経済が発達し、市場化が進んでいる地域では、人々が人材を重視するようになり、子供の量に投資することから質に投資することへのシフトが起こっており、とりわけ子供の教育に投資するようになっている。

九〇年代前期の調査によれば、全国の加重集計で、子供を小学校卒業まで教育したいと願っている家庭は三・六%、中学校卒業までが一八・八%、高校卒業が一六・八%、中等専門学校卒業が九・六%、大専〔三年制単科大学〕卒業が六・五%、大学卒業が二九・二%、大学院修了が三・一%を占め、特に希望なしの家庭が一二・三%であった。(3) 大学卒業まで教育したいと考えている家庭の割合が最高、次いで中学校と高校であった。これはすでにかなりの人々が市場経済の競争は最終的には人材競争であることを認識しており、したがって家庭は教育への投資を惜しまず、「子供の出世を願う」ことに現在では市場経済的な意味が加わったことを示している。

養老・保険効用の低下

多くの調査が、現在人々が多くの子供を生み育てる最も重要な動機は「養児防老〔子供を育てて老後に備える〕」であることを示している。市場経済体制改革を実施するようになってから、この伝統的観念に変化が起こっている。

第一は市場経済体制の確立と経済の高成長、労働生産性の向上と社会的蓄積の増加が、国や企業、団体による養老社会保障事業の展開の基礎となり、老人扶養の社会化の趨勢が強まっていることである。とりわけ、豊かになった農村では、程度の差はあるが養老社会保障事業が展開されており、子供の養老・保険効用が弱まっている。

第二は現行規定のもとでは退職年金を享受できない個人、集団企業・事業部門および農村の広範な農民が豊かになったことにより、老後の生活のためにいくらかの資金を蓄え、養老保険に加入することができるようになったことである。統計によれば一九八五年に全国の養老保険金は一億七六五〇万元であったが、一九九五年には三三億九八一〇万元に増加し、一〇年間で一九・三倍になった。[4] 相当数の労働者が子供による扶養という伝統的な軌跡を脱し、自ら老後のために貯蓄し、保険に加入するようになったのである。子供の養老・保険効用の低下は、人々の出産に対する考え方を転換させる上でも有利である。

第三は、価値志向の変化である。商品経済および市場経済が発展しはじめてから、人々の考え方にも目に見えない影響が現れている。「養児防老」を含む伝統的観念を大幅に弱める効果があり、それは人々の意識を物質的利益に傾斜させ、感情的色彩を希薄にし、両親を扶養しない事件が多発している。また人々の「養児防老」に対する希望値を低下させ、伝統的観念に変化を生じさせている。

子供の精神享楽効用の低下

激しい市場経済の競争を勝ち抜くには、余暇を減らし、より多くの精力をつぎ込む必要があり、子供と遊ぶ時間は少なくなる。同時に市場経済の多様化と現代化が進むにつれ、積極的な休暇のすごしかたが増え、子供を主な精神的慰めとする小農社会の楽しみ方は根本的に変わりつつある。子供が与える「一家団欒の楽しみ」の効用は低下し、より刺激的で、科学的、現代的な娯楽の方法がとってかわろうとしている。

社会「毛細管」の逆方向の役割が強まっている

人口社会学には一つの理論があり、「社会毛細管」学説と呼ばれる。意味は伝統的な農業社会においては、社会的な等級が固定され、両親と家庭の富が「毛細管」を通じ子供に吸いとられる。現代社会では逆に、人々は上昇したければ、まず自らを向上させなければならず、農業社会に比べ、両親の「毛細管」を通じた吸引作用が増大し、結果として従来の「多産多育」から「少生優育」への転換が起こる。市場経済が発展すると、ちょうどこのような状態となり、より多くのお金を使って自らを向上させ、より多くの精力を費やして市場に対応しなければならない。伝統的な「多子多福」の観念をうち破り、「少生、優生、優育、優教」を実行してはじめて自らを向上させ、利益をもたらすことができる。

人口都市化のプロセスを推進

市場経済体制を確立し、商品、労働、資本、技術、情報などの流れ、取引や回転を加速すれば、必然的に農村余剰労働力の都市への移動が促され、人口都市化が加速する。市場経済の発展は、農村の単一的な農業経営をうち破り、広範な農民を市場へと導いた。とくに郷鎮企業や都市の商工業に参入し、「離土不離郷〔農作業を離れても農村を離れないこと〕」あるいは「離土又離郷〔農作業を離れ農村も離れること〕」の実質的な都市人口となるものが多かった。都市人口は農村人口に比べ、出生率が低く、文化的資質が高い。また産業構造も大きく異なり、人口問題の解決のために新たな、より有利な環境が創り出されている。

上述のとおり、市場経済の発展は人口の再生産と人口問題の解決に有利な影響をもたらしているが、いくつかの面の役割は孤立しているのではなく、互いに絡み合い、促進しあっている。ある一つの面で進展をとげることももちろん有益ではあるが、それでは効果があまりはっきり現れない可能性がある。いくつかの面がいずれも一定の進展をとげてはじめて、人口数の抑制、資質の向上と構造の調整に対する市場経済の集中効果を本当に発揮することができる。前の部分で述べた計画出産「三結合」はまさにこうした集中効果の成功例の一つである。われわれは歴史と発展の角度から、市場経済が人口問題の全面的解決のためにもたらす機会を見、それを長い間に人口と経済発展が互いに影響しあう過程としてみるべきであり、改革の進展と同時に効果が得られるなどということはあり得ない。一般的にいって、改革開放の初期においては、上述のようなプラスの影響は容易に発揮されず、逆に不利な影響やマイナスの役割が目立つかもしれず、正確に科学的な判断を下す必要がある。

改革のなかで現れた新たな問題

前の部分の分析は、根本的にいって、また発展の角度からいって、市場経済体制の確立と整備は、人口の数の抑制、資質の向上、高齢化、都市化など構造問題の解決に役立ち、中国の人口問題の全面的な解決のために経済的基礎を築くものであることを示している。

しかしながら、第一には改革はかなり長い時間が必要であり、市場経済体制の改革は一歩一歩実現する以外になく、一挙に実現することは不可能である。人口の再生産に対しプラスの役割を発揮させるにも一定のプロセスが必要であり、やはり徐々に現れてくるようにするしかない。

第二に地域によって発展が不均衡であり、改革が異なる段階にある地域では、人口の再生産に対する影響も異なる。プラスの役割が比較的はっきりしている地域もあれば、マイナス面が目立つ地域もあるかもしれないので、具体的な分析を行う必要がある。

子供の費用・効用関係の不利化

市場経済が引き起こす子供の費用・効用変動のプラスの効果は前述したとおりであるが、地域によって条件が異なり、改革の段階も異なるため、不利な傾斜も現れており、以下の四つの面がみられる。

第一は子供の限界労働・経済効用の上昇である。これは主に農村の請負責任制による家庭の生産機能の回復、都市部の個人および合作制などの商工業の勃興によってもたらされた。これらの生産・経営機能が回復し、拡大した家庭では、労働力、とりわけ男子労働力に対する需要が切実なものとなっており、子供の限界労働・経済効用の上昇が、こうした家庭の超過出産の主な原因である。子供は生まれてから十数年経ってから、ようやく労働力に成長するのであり、遠くの水は近くの乾きを癒すことはできないはずである。しかし、彼らが市場から労働力を補った上で、同時に日を期して待つことのできる自前の労働力を生産することができるとしたら、小生産者からみればそれはやはり最も信頼でき、最も廉価で、最もそろばんにあうものであり、男子労働力が不足している家庭ではなおさらである。

第二は子供の養老・保険効用の逆方向への変動である。本来、市場経済は子供の養老・保険効用の低下を促す。その理由はすでに前述したとおりである。しかし高齢者社会保障と自己扶養能力の向上が前提である。現在、東南沿海など経済が発展し、市場化レベルが高い地域においてはすでに「正方向の変動」、すなわち効用の低下が起こっている。しかし、経済が立ち遅れ、市場化レベルの低い地域では、人民公社時代の養老院のような保障がなくなり、新たな社会養老保障制度が登場する条件も整っていないため、伝統的な子供による扶養が再び主導的地位を回復し、子供を生み育てることが老後に備える主要な手段となっている。農民は切実な体験のなかでやはり「養児防老」が頼りになると考えるようになった。

第三は都市と農村の豊かになった家庭では子供の継承効用も上昇する傾向にあるということである。一部の人が先に豊かになる政策の実行により、彼らの家業は急速に大きくなった。中国では商品経済が発達しておらず、長い間商品経済と市場を資本主義のものであるとして批判してきたため、市場経済のなかで発展してきた個人経営者は、産業と家業を混同しやすく、封建的、半封建的な装いをほどこして、遺産として子孫に渡したがる。なかには家業の後継者ほしさに、一切の代価を惜しまず何人も女児を生んだ後、まだ生みたがり「男児が生まれるまでやめない」という威勢のよい者もいる。

第四は分配政策が家庭の子供の量に投資することから質に投資することへのシフトを妨げていることである。これは前の部分の三つの効用の上昇と大同小異である。本来市場経済は人口の質への投資を刺激するのに役立ち、人々の子供の量に投資することから質に投資することへのシフトを誘発する。しかし、こうしたシフトの前提は、追加した費用が相応の効用と追加的な効用をもたらすことである。この前提は、経済が発達し、市場化レベルが高い一部の地域ではすでに備わっているが、多くの地域ではまだ備わっていない。したがってシフトしていないばかりか、一部の小中学生が市場へと向かっており、大量の小中学生が学校をやめる現象が起こっている。

出生行動が市場化する偏りが発生している

一九四九年に中華人民共和国が成立してから、秋風が落ち葉を吹き払う勢いで、旧社会が残した売買婚、売買春、婦女誘拐などの醜い現象は急速に根絶された。しかし、近年、改革開放と市場経済の発展に伴い、一部の人々の間に拝金主義が広がり、それを婚姻と家庭のなかにもちこむようになった。多くの醜悪な現象が、「現代」的な特色を帯びて復活し、離婚率の上昇、不倫の増加、未婚のままの妊娠など新たな問題をもたらしており、解決はいっそう困難になっている。

ある新聞の報道によると、太行の山間地域に住む農民某は、生産の専業化の方法を学び、「子供生産専業世帯」へと発展させた。話しあいで値段を決め、男子をしばらく家に住み込ませる。まず自分の妻と性的関係を結ばせ男児を生産する（もし女児なら半額）。さらに自分の娘と性的関係を結ばせ男児を生産する（やはり女児だったら半額）。こうして数年で貧困世帯から数万元の金持ちになったという。出産政策を破壊し、倫理道徳をけがし、悪しき影響をもたらすものである。これは極端な例であるが、婦女の誘拐売買、離婚後の再出産など予想外の出産が引き起こす計画外出産の問題が、近年増える傾向にあり、一部の地域ではかなり普遍的な問題になっている。

管理が情勢の進展に追いつかない

人口の再生産に対する市場経済の影響は、内包の深刻さからきていたり、突然の量の変動からきていたりするため、人口管理がすぐには追いつかず、ある種の矛盾が生じている。主に次のような問題がある。

流動人口の激増に管理が追いつかないことからくる矛盾。全国の流動人口は八〇〇〇万前後とみられている。数が多く、実態が多種多様であるため、人口抑制などの管理が急速な変化に適応できていない。現在北京、上海では一日の流動人口が三〇〇万以上、多くの大都市で一〇〇万以上にのぼり、かつてない事態となっている。政府はすでに流動人口の計画出産等の管理について、具体的な管理の方法を定めており、実践のなかで少なからぬ成果をあげている。しかし、流動人口は流動性が大きいことなどの特徴のために、管理には大きな困難が伴う。

送り出し地が同じでかつ受け入れ地が比較的集中している場合、たとえば浙江省温州市の流動人口の北京、広西、雲南などへの流れに対しては、送り出し地が各地の「温州村」に人を派遣して計画出産などの人口管理を行っている。なかには専門の計画管理組織や協会を設立し、一定の効果を収めた例もある。しかし、第一にこのような「リモートコントロール」と長旅の支出は大きく、第二に送り出し地と受け入れ地がこのように集中している例は実際には少数であり、効果をあげようがない地域が多く、やむなく主として受け入れ地に頼っているのが現状である。

受け入れ地の管理も大きな困難を抱えている。人的、物的、金銭的な支出を増やさなければならず、余計な負担を強いられている。全体的にみると、送り出し地と受け入れ地がいずれも管理を行っており、明らかに受け入れ地の方が主であるが、うまく管理するのは難しく、投入が大きいわりに効果は少ない。

客観的には管理強化が求められているが、管理そのものが弱体化していることからくる矛盾。市場経済の下での人口再生産の管理は、従来に比べずっと複雑で、困難が多く、強化する必要がある。しかし市場経済改革の深化は人口再生産管理の弱体化をもたらす可能性もある。各レベルの指導者は経済建設により多くの精力を傾けており、彼らの関心は市場に向けられているからである。

ある種の新しい特殊な問題が表れている。たとえば超音波による胎児の性別判定が後を絶たないが、その原因の一つは市場的行為であり、超音波診断を行った者は罰金を負担するなどのすべてのリスクを受け入れている。また都市で高級マンションが日増しに増えるなか、一部の経営者や金持ちがボディーガードを雇い、部屋を長期契約し、愛人を囲い、計画出産管理に大きな困難をもたらしている。市場経済の発展と価値観の変化に伴い、こうした特殊な問題がしだいに増加し、市場経済の下での人口抑制とその他の人口問題の解決にさらに厄介な問題をもたらすことが予想される。

市場経済に適応する改革を求めて

以上の分析は次のことを示している。市場経済体制の確立と整備は、根本的に、また発展の上からみて、人口の数の抑制、資質の向上と構造の調整に役立ち、人口問題の全面的な解決のために確固たる経済的基礎を築くものである。現実生活のなかで、市場経済のプラスの役割はすでに部分的に発揮されており、とくに経済が比較的発展し、市場化レベルが高い地方ではそれが目立つ。同時に市場経済の形成過程で多くの問題が現れ、かつて存在しなかった新しい問題も発生しており、真剣に対処するとともに解決をはかる必要がある。われわれの任務は、市場経済のプラスの役割を引き出し、マイナスの役割を押さえ、市場経済体制改革に適応する人口問題解決の新たな道筋、方法とメカニズムを探ることにある。

わが国の実状に照らし、マクロ、サブマクロ、ミクロの「三つの視点」からの改革案を提起する。「三つの視点」の重点はそれぞれ異なるが、市場経済に適応する人口抑制改革の基本的な手がかりは、利益志向であり、利益志向と調和するコントロールメカニズムである。

マクロコントロール改革

基本的な考え方は利益に基づく調整のウエイトを増やすことであり、行政による調整と利益に基づく調整を結合した人口コントロールメカニズムを確立した上で、条件が熟した後に利益に基づく調整主導へと転換することである。その一。利益に基づく調整のウエイトを増やす。人口抑制の面では、現在すでに一人っ子に対する奨励金と両親からの計画出産超過費徴収の規定があり、ある程度の利益に基づく調整を具体化している。しかし、その効果は限られており、「お金があれば罰金を恐れないし、お金がなければ罰金を科せられても怖くない」というのが実状である。毎月五元、一〇元の一人っ子奨励金では、たいして子供の効用を増やす効果を発揮することができない。四川省の一人っ子奨励金を傷害、死亡「両全保険」および両親の養老保険に転換する実験は一つの改革の手段である。また定期的に一人っ子の両親に養老年金を支給するなど、各地に類似の方法がある。

全体的にみると、筆者が中国社会科学院人口研究所のある課題グループを指導した際に、報告のなかで提案したように、計画外出産費を地元の一人当たりの所得を基準に設定し、徴収期間を一人っ子奨励金と同じ一四年間にしてはどうだろうか。その理由は、第一に、所得水準に基づく徴収額は、計画外出産世帯にとって負担可能である。一人当たりの所得を基準とするからである。第二に連続一四年間徴収すれば、効果を高めることができ、「一時苦しめば

（一回限りの徴収）、一生幸福を享受できる」という心理を取り除くことができる。

現在一人っ子奨励金と計画外出産費の金額と方法は各地がそれぞれ規定しているが、筆者はこうしたやり方は混乱しやすく、手落ちを招きやすく、経済的問題が発生しやすいので、統一基準をつくる改革を行ってもよいのではないかと考える。広大な農村では、一人っ子奨励金を地元（自然村）の一人当たりの所得水準の四分の一に相当する額に定め、奨励期間はやはり一四年を維持する。超過出産費の徴収は地元（自然村）の一人当たりの所得水準の二分の一とし、連続一四年間徴収する。

個々にみると、超過出産費が奨励金の二倍であり、全体的にみると、徴収した超過費用を奨励金とすれば、バランスを維持することができ、一部の地域ではいくらか余裕が生じるはずである。こうすれば全国基準ができ、一人当たりの所得によって「一刀両断する」ことになる。また状況の異なるものを「一刀両断する」ことを避け、同一比率で「切る」ため、地元の一人当たりの所得によって金額は変わってくる。各村や郷にとっては、それぞれ奨励金と徴収費用がはっきりと勘定項目に立ち、監査もしやすくなる。

人口コントロールのもう一つの利益志向の改革は、本書の前の部分で提起したように頭脳労働の収入を肉体労働よりも大幅に増やすことや分配上、頭脳労働重視の政策を実現することである。前述のとおり、これは個人と家庭が人口の質に投資するインセンティブに関係し、人口の資質の向上に関係している。同時に子供の量に投資することから質に投資することへのシフト、「多産多育」から「少生優育」への転換の実現という人口数抑制の根本的な問題にも関係している。経済の発展と所得水準の向上に合わせ、改革推進を強化しなければならない。

その二。マクロ的な調整能力を強める。人口の数、資質、構造の三つの基本的な側面を含む人口問題は、計画出産、衛生、教育、科学、労働、計画、都市・農村建設、環境保護、民政などの多くの部門にかかわる。利益に基づく調整のウエイトを増やす改革を打ち出し、各レベルで徹底的に実施するには、関連部門の一致協力が必要である。この点から考えると、人口問題の解決は一つの分野、一つの部門の問題ではなく、統一的に計画し、各方面に配慮して、総合的に処理しなければならない。

現在、計画出産委員会はその名称も、実際に担っている任務も、人口問題の全面的な解決に適応するものではない。人口委員会と名称を改め、関連部門と歩調を合わせて人口問題を解決することが提案されてからすでに一七年が経つが、いまだに進展がない。是非とも適当な時期に解決をはかるべきである。

サブマクロコントロール改革

サブマクロの人口コントロールはウィークポイントである。改革の重点はコミュニティの発展である。この点は第10章のなかですでに言及した。主なものをあげると、第一に、コミュニティの経済の発展に力を入れ、根本的に子供の費用・効用の条件を改革し、「高出生率—低労働生産性—高出生率」から「低出生率—高労働生産性—低出生率」への転換を成し遂げる。とくにコミュニティが利益志向によって人口問題を解決する際に、さまざまな形の計画出産「三結合」が重要な役割を発揮し、人口と経済の調和的な発展の新たな形式となるようにする。第二に、科学の普及宣伝、計画出産、優生優育、養老保険などのさまざまなサービスを含むコミュニティのサービスを発展させる。コミュニティが「文化圏」としての機能を発揮し、人口意識の強化、出産に対する考え方の転換、技術トレーニングの展開等の面で、しかるべき役割を発揮するようにする。コミュニティのサービスにおいては、サービス意識、仕事への敬意、奉仕の精神を強調するべきであるのみならず、市場経済の原則に基づき、労働に応じた分配と厳格な管理を実現し、これを健全かつ長期的に実行していく必要がある。

ミクロコントロール改革

ミクロの人口コントロールの改革の重点は、個人と家庭の認識を高め、国家とコミュニティのマクロ、サブマクロのコントロール改革の執行力を高め、自覚を強め、自発的な行動に変えることである。たとえば利益に基づく調整のウエイトを増やす改革は、一人っ子奨励金の改革や計画外出産費の改革にしろ、分配上の頭脳労働重視の改革にしろ、これらのことが子供の限界費用・効用の調整にもたらす意義を各家庭に認識させ、ミクロの家庭が「多子多福」にとらわれている現状を変えなければならない。

実践を通じ、子供を少なく生んだ家は、支払う費用が少なく、獲得する効用が比較的多く、子供を多く生んだ家は、支払う費用が多く、獲得する効用が少ないことを認識させる必要がある。人々が自らの利益の得失に関心をもつことから出産数に関心をもち、出生行動を規範化し、自主的に「少生、優生、優育、優教」の道を選択するように導く。人口コントロールメカニズムが行政的手段を中心としたものから行政的手段と利益に基づく調整が結合したものとなり、最終的には利益に基づく調整を中心としたものになるよう有利な条件を整える。このためには、人口部門の末端の整備を強化し、宣伝教育の質を高め、すべての人々の市場経済意識を向上させる必要がある。同時に相応のメカニズムを打ち立て、法律制度づくりを強化することにより、改革措置の実施に確実な法律的保証を与え、徹底をはかるべきである。

注

1 章

（1）参照：宋健編『現代科学技術基礎知識』科学出版社、中共中央党校出版社、一九九四

（2）参照：U. N.: *Demographic Yearbook 1970*, New York；潘紀一、朱国宏『世界人口通論』中国人口出版社、一九九一

（3）出所：U. N.: *Demographic Yearbook 1994*, New York, 1996. のデータに基づき計算

（4）参照：マルクス、エンゲルス『共産党宣言』人民出版社、一九七二

（5）出所：U. N.: *World Population Monitoring 1993*, New York, 1996.

（6）出所：United Nations Population Fund: *The State of World Population 1996*, New York, 1996.

（7）出所：U. N.: *World Population Monitoring 1993*.

（8）出所：U. N.: *World Population Prospects*, The 1994 Revision.

（9）出所：U. N.: *World Population Prospects*, The 1994 Revision.

（10）参照：趙文琳、謝淑君『中国人口史』人民出版社、一九八八、劉洪康主編、呉忠観副主編『人口手帳』西南財経大学出版社、一九八八

（11）出所：U. N.: *Demographic Yearbook 1994*.

（12）参照：呉希庸『人口思想史　第一冊』北平大学出版社、一九三六

（13）出所：『孫中山全集』のなかの「民族主義」に関する論述。呉希庸『人口思想史』を参照

（14）田雪原の「二〇〇〇年の中国の人口と就業」（『二〇〇〇年の中国』研究報告のひとつ）国務院技術経済研究センター、一九八四年一二月を参照

（15）出所：『中国統計年鑑一九九六』Population Reference Bureau, Inc, U. S. A.: *World Population Data Sheet*, 1994.

（16）参照：『田雪原文集（二）』中国経済出版社、一九九五

2 章

(1) 出所：『国外経済統計資料』(一九四九―一九七六) 中国財政経済出版社、一九七九、『中国統計年鑑一九八六』中国統計出版社、一九八六、『中国統計年鑑一九九六』。ソ連の一九九五年の数字はロシア
(2) 参照：『参考消息』一九九六年一月二八日
(3) 参照：*State of the World 1994*, by Worldwatch Institute, U. S. A., 1994.
(4) 参照：*State of the World 1994*, by Worldwatch Institute, U. S. A., 1994.
(5) 国連予測を参照：U. N.: *World population Prospects*, The 1994 Revision, New York 1995.
(6) 出所：『中国統計年鑑一九九六』
(7) 参照：『中国統計年鑑一九九六』
(8) 田雪原「四つの現代化と九億の人口からの出発」等の論文、『田雪原文集』を参照
(9) 出所：『中国統計年鑑一九九六』

3 章

(1) 参照：孔子『礼記・親記下』
(2) 参照：『礼記・大学』
(3) 参照：『論語・子路』
(4) 出所：『中国統計年鑑一九九六』
(5) 出所：中国一九六四、一九八二、一九九〇年の人口センサスと一九九五年のサンプル調査に基づき計算
(6) 参照：田雪原「二〇二〇年へと突き進む中国の人口と就業」(研究報告) 一九九六
(7) 出所：『中国統計年鑑一九九六』
(8) 出所：『中国統計年鑑一九九六』より計算
(9) 出所：『中国統計年鑑一九九六』

4 章

(1) 参照：R・ユーキン編『簡明哲学辞典』三聯出版社、一九七三
(2) マルサス『人口論』(中訳本) 商務印書館、一九八二

(3) 参照：馬寅初『新人口論』北京出版社、一九七九
(4) 参照：田雪原『新時期人口論』黒竜江人民出版社、一九八二
(5) 参照：U. N.: *World Population Prospects*, The 1994 Revision.
(6) 出所：『中国統計年鑑一九九一』、『中国統計年鑑一九九六』
(7) 出所：『中国統計年鑑一九九六』
(8) 出所：『中国統計年鑑一九九六』
(9) 参照：国家統計局人口就業司『「八五」就業縦覧』中国統計出版社、一九九六
(10) 出所：『中国統計年鑑一九九六』
(11) 『中国統計年鑑一九九一』、『中国統計年鑑一九九六』のデータから計算
(12) 一九九五年のデータの出所は『中国統計年鑑一九九六』

5章

(1) 出所：U. N.: *World Population Prospects*, The 1994 Revision.
(2) 出所：U. N.: *World Population Prospects*, The 1994 Revision.
(3) 出所：『中国一九九〇年人口センサス資料』
(4) 出所：『中国統計年鑑一九九六』のデータから計算
(5) 出所：『中国統計年鑑一九九六』
(6) 出所：『中国高齢者扶養システム調査データ集』中国老年科学研究センター、一九九二
(7) 参照：『田雪原文集』中国経済出版社、一九九一
(8) 参照：『田雪原文集』中国経済出版社、一九九一
(9) 参照：『田雪原文集』中国経済出版社、一九九一
(10) 参照：『田雪原文集』中国経済出版社、一九九一
(11) 参照：『田雪原文集』中国経済出版社、一九九一
(12) 参照：『田雪原文集』中国経済出版社、一九九一
(13) 参照：『田雪原文集』中国経済出版社、一九九一
(14) 参照：長谷川和夫、霜山徳爾編『老年心理学』黒竜江人民出版社、一九八五

6章

（1）出所：U. N.: *World Urbanization Prospects 1990*, New York, 1991, 本部分のデータで出所を明示していないものはいずれもこの資料から引用した

（2）出所：Nafis Sadik: *The State of World Population 1996*, UNFPA, New York, 1996

（3）出所：『中国統計年鑑一九九六』

（4）『中華人民共和国一九五三年人口センサス統計資料集』北京、一九八六
『中華人民共和国第二回人口センサス統計集』北京、一九八六
『中国一九八二年人口センサス資料』中国統計出版社、一九八五
『中国統計年鑑一九九一』中国統計出版社、一九九一

（5）出所：『中国統計年鑑一九九六』

（6）出所：『中国都市年鑑一九九三』中国城市年鑑出版社、一九九三

（7）世界銀行『都市化——国際経験と中国の見通し』気象出版社、一九八四

（8）『中国人口年鑑一九八五』中国社会科学出版社、一九八六、『中国人口年鑑一九八七』経済管理出版社、一九八八

（9）参照：U.N.: *World Urbanization Prospects 1990.*

（10）出所：『中国統計年鑑一九九六』

7章

（1）出所：『中国統計年鑑一九九六』

（2）出所：『中国統計年鑑一九九六』

（3）参照：劉洪康、呉忠観編『人口手帳』

（4）出所：『中国統計年鑑一九九六』

（5）参照：蔡昉「「遷移」の障害、人的資源と労働力の流動」中国とインド人口都市化の挑戦二国間学術シンポジウム論文、一九九七年四月

（6）参照：秦徳文「阜陽——民工潮Uターンの流れ」、『中国改革報』一九九四年五月一七日

8 章

(1) 参照：陳耀邦主編『持続可能な発展戦略読本』中国計画出版社、一九九六。M・C・トルバ『持続的発展——制約と機会を論ずる』中国環境科学出版社、一九九〇
(2) 出所：『外国経済統計資料』『中国統計年鑑一九八六』中国統計出版社、一九八六。中国は一九八五年の数字、その他の国は一九七五年の数字である
(3) 出所：U. N.: *Demographic Yearbook 1990*, New York, 1992.
(4) 出所：『中国統計年鑑一九九六』

9 章

(1) 出所：『世界環境データ手帳』
(2) 出所：『世界環境データ手帳』
(3) 出所：『世界環境データ手帳』
(4) 出所：『世界環境データ手帳』
(5) 参照：『人民日報』一九九〇年六月一七日
(6) 『マルクス・エンゲルス選集』第三巻、人民出版社、一九七二
(7) Nafis Sadik: *The State of World Population*, UNFPA, 1996.
(8) 出所：『中国統計年鑑一九九六』
(9) 出所：『中国統計年鑑一九九六』
(10) 出所：『中国統計年鑑一九九六』
(11) 出所：『中国統計年鑑一九九六』
(12) 出所：『中国統計年鑑一九九六』
(13) 出所：『中国統計年鑑一九九六』
(14) 参照：遼寧省本渓市人民政府『本渓はいかに持続可能な発展の道を歩みはじめたか』、「地方による『中国アジェンダ21』の実践と典型的模範事例研究会」論文、一九九五
(15) 出所：『中国統計年鑑一九九六』
(16) 参照：陳耀邦編『持続可能な発展戦略読本』

(17) 出所：『中国統計年鑑一九九六』
(18) 出所：『中国統計年鑑一九九六』
(19) 出所：『中国統計年鑑一九九六』
(20) 出所：『中国統計年鑑一九九六』
(21) 参照：『参考消息』一九九一年五月一四日
(22) 参照：『中国アジェンダ21』
(23) 参照：『中国アジェンダ21』
(24) 出所：『中国統計年鑑一九九六』

10章

(1) 参照：『オックスフォード現代高級英漢辞典』第三版、オックスフォード大学出版社、香港版、一九九〇、『辞海』（改訂稿）語詞分冊（下）、上海人民出版社、一九七七
(2) 参照：『マルクス・エンゲルス全集』第四二巻、二四頁
(3) 出所：『中国統計年鑑一九九五』
(4) 出所：『中国統計年鑑一九九六』
(5) 出所：『中国統計年鑑一九九六』
(6) 参照：朱玲『転換期の中国の貧困援助活動』「中国とインド都市化の挑戦：二国間学術シンポジウム」論文、一九九七年四月
(7) 田雪原「〃サブマクロ〃の人口抑制とコミュニティの総合的発展」、『田雪原文集（二）』
(8) 参照：田雪原編『一人っ子と両親の養老保険の理論と実践』四川大学出版社、一九九二

エピローグ

(1) 田雪原「市場経済条件下の人口問題と人口科学研究」、『中国人口科学』一九九四年一月
(2) 参照：『田雪原文集（二）』
(3) 参照：『田雪原文集（二）』
(4) 出所：『中国統計年鑑一九九六』

参考文献

1 『中共中央関於建立社会主義市場経済体制的決定』人民出版社、一九九三
2 『中国共産党第十四届中央委員会第五次全体会議文件』人民出版社、一九九五
3 『堅持改革、開放、搞活――十一届三中全会以来有関文献摘編』人民出版社、一九八七
4 彭珮雲『関於当前人口形勢和計劃生育工作的指導方針』、『人口与計劃生育』一九九三年三月
5 彭珮雲他『大思路――九〇年代中国人口形勢与対策』科学普及出版社、一九九三
6 劉国光他『八〇年代中国改革与発展』経済管理出版社、一九九一
7 柳随年、呉群放主編『中国社会主義経済簡史』黒竜江人民出版社、一九八五
8 宋健主編、恵永正副主編『現代科学技術基礎知識』科学出版社、中共中央党校出版社、一九九四
9 馬洪主編『什么是社会主義市場経済』中国発展出版社、一九九四
10 劉洪康、呉忠観主編『人口手冊』西南財経大学出版社、一九八八
11 李競能主編、呉国存副主編『当代西方人口学説』山西人民出版社、一九九二
12 田雪原『新時期人口論』黒竜江人民出版社、一九八二
13 田雪原『田雪原文集』中国経済出版社、一九九一、『田雪原文集（二）』中国経済出版社、一九九五
14 田雪原「人口、経済、環境的可持続発展」、『中国社会科学』一九九六年二月
15 潘紀一、朱国宏『世界人口通論』中国人口出版社、一九九一
16 楊中新『西方人口思想史』暨南大学出版社、一九九六
17 鄔滄萍主編『世界人口』中国人民大学出版社、一九八三
18 曾毅『人口分析方法与応用』北京大学出版社、一九九三
19 張純元、曾毅『市場人口学』北京大学出版社、一九九六

20 杜守東『人口学原理与中国人口問題』中国人口出版社、一九九五
21 朱国宏『人地関係論』復旦大学出版社、一九九六
22 沙吉才主編、曹景椿副主編『改革開放中的人口問題研究』北京大学出版社、一九九四
23 張志良『人口承載力与人口遷移』甘粛科学技術出版社、一九九三
24 季羨林他『二一世紀中国戦略大策劃――大国方略』紅旗出版社、一九九六
25 許明主編『関鍵時刻――当代中国亟待解決的二七箇問題』今日中国出版社、一九九七
26 『中国二一世紀議程――中国二一世紀人口、環境与発展白皮書』中国環境科学出版社、一九九四
27 曲格平、李金昌『中国人口与環境』中国環境科学出版社、一九九二
28 彭松建主編『西方人口経済学概論』北京大学出版社、一九八七
29 凌宏城他『家庭経済学』経済科学出版社、一九八六
30 陳耀邦主編『可持続発展戦略読本』中国計劃出版社、一九九六
31 劉培哲『当代的環境意識、環境問題和経験教訓』海洋出版社、一九九三
32 『論中国的可持続発展』中国アジェンダ21についての国際シンポジウム文集、海洋出版社、一九九四
33 『二一世紀議程』一九九二年、リオデジャネイロでの国連環境開発会議資料、国家環境保護局訳、中国環境科学出版社、一九九三
34 『国際人口与発展行動綱領』一九九四年、カイロでの国際人口開発会議で採択された決議、一九九四
35 世界銀行『一九九五年世界発展報告：一体化世界中的労働者』（中文版）、中国財政経済出版社、一九九五
36 世界銀行『世界銀行政策研究報告：防止老齢危機』労働部社会保険所訳、中国財政経済出版社、一九九六
37 J. R. Weeks: *Population — An Introduction to Concepts and Issues*, Wodsworth Publishing Company, Belmont, California, A Division of Wodsworth, Inc, 1994.
38 Nafis Sadik: *The State of World Population 1996*, United Nations Population Fund, New York, 1996; *The State of World Population 1997*, UNFPA, New York, 1997.
39 Harvey Leibenstein: *A Theory of Economic Demographic Development*, Princeton University Press, U. S. A., 1954.
40 Gary S. Becker: *An Economic Analysis of Fertility, In Demographic and Economic Change in Developed Countries*, Princeton University Press, U. S. A., 1960.
41 Richard A. Easterlin and E. M. Crimmins: *Fertility Revolution: A Supply — Demand Analysis*, University of Chicago

Press, U. S. A., 1985.
42 J. C. Caldwell : *Theory of Fertility Decline*, London Academic Press, 1982, United Kingdom.
43 L. R. Brown and Others : *State of the World 1994, 1995, 1996, 1997*, Worldwatch Institute Report on Progress Toward Sustainable Society, U. S. A.
44 United Nations : *World Population Prospects*, The 1994 Revision, New York, 1995.
45 United Nations : *The Sex and Age of the World Population*, The 1994 Revision, New York, 1994.
46 United Nations : *Population, Environment and Development*, New York, 1994.
47 United Nations : *World Urbanization Prospects*, The 1994 Revision, New York 1995.
48 United Nations : *World Population Monitoring 1993*, New York 1996.

解説

一　馬寅初の名誉回復と田雪原

田雪原（Tian Xueyuan）は、一九三八年八月遼寧省生れの六一歳、中国社会科学院人口研究所の所長をへて、現在国家計画出産委員会人口専門委員会委員、中国人口学会常務副会長、中国老年学学会副会長などの要職にある。中国を代表する人口経済学者である。

一九六四年に北京大学経済学部を卒業後、教育部国家機関工作に従事、中国社会科学院が設立された七九年四月より経済研究所で人口研究にたずさわる。その後人口研究中心（センター）へ、さらには、人口研究所として八三年六月に独立して以来九八年まで所長を務めた。

主な研究分野は、就業、人口高齢化、二一世紀人口予測や政策論一般など幅広いが、なんといっても田が今日の立場を築き、世に衝撃的にデビューしたのは、馬寅初の名誉回復に尽力したことであろう。

七六年に毛沢東が逝去し、七八年末の三中全会を経て七九年から一人っ子政策を国策として軌道づけるにあたって、まずどうしても避けて通れなかったのが、五七年「新人口論」により六〇年三月北京大学学長の座をおわれ、二〇年間生きながらえていた九八歳の馬寅初の名誉を回復すること、あわせてタブーとなっていた人口研究を復活することであった。

ちょうどこの大きな転換のうねりの渦中、七九年九月に筆者・若林は「人間環境問題訪中国」の一員として初めて訪中、田雪原が一人私達の宿舎をたずねてくれお会いした。上海での王建民（現上海市人口学会会長）らとの会見もあわせ、この二つの出会いにより、筆者ははじめて中国の一人っ子政策、馬の名誉回復を知り、その後の中国人口問題への研究開始と交流が始まったのである。この時の田は、失礼ながら私以上にまったく英語を解せず、今となってはなつかしい緊張のなかの出会いであった。その後、田は八二年五月〜八三年六月に米国ハワイ大学東西センターに一年間学び、国際的人口学者へと、めきめき羽ばたいていったのである。

田は五九年九月に北京大学入学である。したがって馬の「新人口論」が大躍進をむかえるなかで毛沢東の「人口が多いことは国の武器になる」の考えに反するとして、二〇〇を越す教条主義的批判論文にさらされ、六〇年三月に北京大学学長の座をおわれる事態を身近にみていたことになる。また馬が学生に「行動によって教育したい」と敢然と実証的に応戦し、学問追求の不撓不屈の闘争精神を身をもって示している時に、一学生として接したことになる。

それ以来人口への問題意識を胸の奥深く暖め続け、田はまず七九年八月五日『光明日報』で一面特集をくんだなかに「馬寅初先生の新人口論の再評価」を発表、続く一一月には田雪原解説付『新人口論』が再発行された。この時「錯批一人　誤増三億（一人を誤って批判してしまったために三億人が誤って増えてしまった）」といわれ、「あのとき馬のいうことをきいておれば、今一人っ子政策というツケをはらわずにすんだのに」と馬老への慕いが広がった。

世界が驚く一人っ子政策の開始という歴史的転換点にあたり、人口研究を二〇年間の混迷の時代・禁域（タブー）からぬけださせるには、馬の理論がマルサスとは異なることを、この時期には世に説得させる必要があった。田の論文中、七九年には「左派理論家」と記すしかなかったのが、八〇年になりやっと康生と名指しできるようになった一例をみても、この期の中国国内の沈痛がいかに深かったかが解せよう。田は当時弱冠四一歳であった。

八七年七月に「新人口論」三〇周年祝賀式が馬の生誕地である浙江省紹興で開かれた。また九八年はマルサス「人口論」初版出版から二〇〇年目にあたり五月、深圳大学で「マルサス人口発展二〇〇年討論会」が中国人口学会の名で開催された。マルサス人口論の今日的客観的評価、研究の必要が再確認されたという。初版以来、マルサスが予想だにしなかった人口転換の現象を体験する先進地域に加えて、今日では人口問題の二極時代に直面するようになった。

マルクスの「マ」かマルサスの「マ」かと激しく追求され、馬が葬られてから二〇年後、九八歳まで生きながらえていた馬を名誉回復させねば実事求是（実践は真理を検証する唯一の基準である。真理の前で人々は平等である）はないといわれた。計画出産はまさに馬の理論そのものに基づくからである。

そしてそれからさらに二〇年が経過して世界が驚く世紀の実験〝一人っ子政策〟は今年二〇年目をむかえた。

二 中国人口一二・五億と一人っ子政策の堅持

中国の大陸人口は、九八年末一二億四八一〇万人、これに香港、台湾、華僑を加えるとゆうに一三億人。世界人口は九九年一〇月に六〇億に達するから、その約二二%を占めることになる。

七〇年には一年間に二三二一万人もの純増・爆発をしたのが、九八年には一一八四万人に。自然増加率でいえば六三年に三・三%、七五年にやっと二%以下に低下、九八年にはじめて〇・九五%と一%をきった。

国連による二〇五〇年の中国人口予測値をみると、九四年推計は一六億五九九万人、九八年推計は一四億七七七三万人へと一億二八二六万人の下降修正がなされた。世界人口全般も同様の下降傾向にあるが、どの予測もだいたい二〇四四年頃にインドが中国をぬいて世界一の人口大国になる点では一致している。

中国でこのように人口増加率が低下してきている要因は、七〇年代からの計画出産、さらには一人っ子政策による政策貫徹、女子初婚年齢の上昇もあろうが、とりわけ出産適齢人口の縮小が著しいことである。もともと七九年に始まる一人っ子政策とは、六三〜七三年の一一年間に三億人もが出生したそのベビーブームコウホートが、結婚・出産期に突入しようとするのをいかに低く抑えられるかに主な課題があった。その意味では大きな成果があったと評せよう。

一人っ子政策の評価については、米国のレスター・ブラウンは二一世紀の食糧問題の視点から「人口扶養力の限界とよりよい生活を求める国民の希望を考えると、中国に他の選択はなかった」といい、「現時点で人権という視点から見た大方の人は、中国の人口政策を批判する。しかし二一世紀の将来的視点から見直すと、評価は変わってくる。両者間の葛藤である」（九五年五月来日講演発言）と指摘する。まさに視点の置きどころによって評価が異なってくるといえよう。

合計特殊出生率でみれば、五〇年代は五・八七、六〇年代は五・六八、七〇年代は四・〇一、そして一人っ子政策開始の七九年は二・七四が現在ほぼ一・八と、人口置き換え水準である二・一を下まわり定着していることは注目されよう。なお地域格差、教育程度別など差別出生率が大であることが中国の特色である。

九八年九月の国家統計局発表によると、二〇年間で二億人余の増加が抑制されたこと、「計画出産活動は世界的に注目される成果を収め、人口構造が大きく変化し、人口の資質向上が促され、その変化は総合国力の増強と人民の生活改善を促し、改革開放にとって有利な環境を作った」と総括する。

「計画出産と環境保護の基本国策を堅持し、経済発展と人口・資源・環境の関係を正しく処理する。人口の増加を抑制し、人口資質を高め、人口の高齢化問題を重視しなければならない」（九七年九月、中国共産党第一五回代表大会）。「人口抑制を堅持し、人口の質を高めなければならない。人口と計画出産の目標管理責任体制を充実させ、農村と流動人口の計画出産を重点的に力をいれる。末端における計画出産の仕事の具体的な困難と問題を確実に解決し、責任の明確化、措置の着実な実行、資金の投入を真に達成する」（九九年三月、政府活動報告、第九期全人代第二回会議）というのが政府の公式見解である。

九七年一〇月、重慶での全国計画出産委員会主任研修班で田雪原は「中国は二〇五〇年に人口増加率ゼロを実現できる。……中国の人口抑制は世界が認める成果をあげた。しかし相当長い間（今後五〇余年）一定の増加が続くだろう。国内の予測では、二〇〇〇年には中国の人口は一三億、二〇一〇年に一四億、二〇五〇年には一六億前後に達し静止人口となろう」と指摘している。

なおその後、田雪原は「二一世紀中国人口の五大趨勢」を『瞭望』一九九九年七月五日、第二七期で次のようにあげている。

第一は人口数量で、今後とも増加は継続し、二〇五〇年に一六億人へと、半世紀で三億人の純増となる。

第二は生産年齢人口が二〇二〇年に九・三五億人へと一・七三億人の増加が予測され、二〇五〇年に八・三六億人前後で安定化する。

第三は人口高齢化が加速化し、六〇歳以上老年人口比は二〇〇〇年に一〇%、二〇二五年に一八・五%と老年型となり、二〇五〇年に二五・二%へと最高値に達する。

第四は人口都市化で、一九九五年の都市人口は、三・六三億人で三〇%が、二〇〇〇年に三五%、二〇一〇年に四七・八%、二〇二五年六八・一%へと急上昇すると予測される。

第五は人口資質、平均寿命でみると、一九九〇~九五年の男六六・七歳、女七〇・五歳は二〇二〇~二五年に男七二・六歳、女七六・七歳に伸長、また大学卒業程度の教育人口比も二・〇%から二〇二〇年に三・六%へ増大すると見込まれる。

ところで九七年一〇月、北京で開催された国際人口学会開催前後、「中国の一人っ子政策は人口高齢化を考慮して見直し、撤廃へ」と日本の一部新聞が報じた。即刻、中国国家計画出産委員会政策法規局長・王国強が「中国一人っ子政策堅持、撤廃観測に反論」とし「この政策が近い将来変わることはない。一人っ子同士の夫婦が二子目を許可されることは、計画出産条例でかねてから明示されている既定路線の一部であり、政策の変更ではない」(双方が一人っ子の場合に加え、地区によっては一方が一人っ子で他方が計画出産であれば可。自然の成り行きですでに各省にある政策)と明言している。

計画出産の最先進地・上海市ではすでに九三年から人口絶対減、マイナス成長に転じていることから、一部専門家では議論され始めているものの、「今世紀末までは変わらず、二一世紀初めに見直す」との当初からの公式見解に変更なしの〝一人っ子政策堅持〟とみてよい。

雑誌『中華英才』(九七年九月発行総一七四期)の田雪原へのインタビュー記事に発した一部報道の〝混乱〟〝いさみ足〟とみてよいが、当の田は、九八年九月、東京農工大学にて筆者・若林に次のように語っている。

「もし今、国家が一人っ子政策を継続しなければ、反動が生じて高出生率となり目標を越えてしまう。政策としての効果を示すには、少なくても一世代(二五年前後)が必要であり、他方長すぎても年少人口が減少し、年齢構造を逆転させてしまいまずい。二五年前後、最長でも三〇年を越えない一世代の出生を抑制すれば、次世代の父母を抑制したことになる」と、もともと二一世紀初めに見直すとの政策開始当初の「一人っ子一世代論」を再強調した。そして計画出産、人口目標管理責任制、地域末端までの各レベルの計画出産管理システム、これら三つの政策に変更はないことを繰り返した。

三　本書の内容と位置づけ

さて本書の内容構成は、二一世紀中国が直面する人口問題を、増加速度、食糧、科学と教育、就業と年齢、高齢化と養老保険、都市化、地域格差(人口分布)、資源や環境と持続的発展など、多方面から解きほぐしている。どれをとっても気の遠くなる程の難題ばかりであるが、田の記す内容文面は、今日の中国がいかように人口問題を把握して対処しようとしているかを知る上に最も参考になる書だといえよう。

たとえば一例として本書で米国のワールドウォッチ研究所長、レスター・ブラウンへの評価・疑問と賛同が次のように記されている。

第一は、ブラウンの用いる人口予測値が高位推計を用いて高すぎ、他方食糧生産予測には低位データを用い、数値上の非科学性、研究の余地が残されていること。

第二はブラウンの予測では、生活向上に伴い、肉、卵、牛乳など良質のたんぱく質への転換が限りなく米国流に近づくとして推計しているが、中国人民の食生活の慣習文化は、必ずしも同方向にはいかないのではないかとの反論である。

第三は、耕地面積の問題であるが、開発できるポテンシャルをブラウンは過小評価していること。たしかに従前の中国側公表値より耕地面積は多いが、米国発表程ではないこと。さらに年々の耕地面積の縮小・破壊は、ブラウンのいうほどには激減しなく、基本国策としてくいとめるだろうこと（九七年の食糧作付面積は、七八年より七六七万四〇〇〇ヘクタール余り減少したが、生産量は一・六二倍に増加し、四億九〇〇〇万トンに達した）。

第四は、科学技術の進歩と食糧増産について、ブラウンの予測はほとんど配慮していないこと。盲目的な増産は認めないとしても、科学技術の進歩は農産物の増産を多少はもたらすであろう（たとえば種を宇宙にあげ回転したあと、土にもどすと約一〇％の増産になるともいう）。

付言すれば、食糧問題において田雪原は、穀物の他豆類、イモ類を含む〃粮食〃の生産量・消費量を議論の対象としている。一方、ブラウンが用いているのは豆類、イモ類を除いた数字である。

このように疑問点はありつつも、それにもかかわらずブラウンの問題提起は、二一世紀中国の直面する危機、矛盾を明示してくれた点で中国にとってありがたかった、と、田は述べ感謝している。最も印象的な一編である。

四　謝　意

さて本書は、以上紹介してきた中国人口問題研究の第一人者、田雪原による最近著『大国之難――当代中国的人口問題』今日中国出版社、九七年九月刊の全訳である。

田は来日回数も多く、日本でもよく知られている人口学者の一人であるが、九八年九月三～一八日、日本学術振興会の招きで来日した。その時も連日何度か筆者は田にお会いしているが、日大人口研究所での講演の時、たまたま筒井紀美さんと隣席となり再会を喜んだ。筒井さんとは、数年前筑波大学で中国流動人口研究のテーマで修士論文を執筆中に出会い、筆者の当時の勤務場所・厚生省人口問題研究所をお訪ね下さり若干のコメントをした旧知の仲である。

翻訳の話がこのとき自然にもちあがり、即刻、田がまだ日本滞在中に相談がもたれ、順調にすべりだした。しかしながら本書の内容はかなり高度な人口学的難題を、一般読者むけに比喩多く記されており、訳にあたってはかなり骨のおれる作業となった。すでに中国では三刷となっていることからみても、広範な読者を得ている半面、目次ひとつとっても第何章的スタイルをとらず、突然に「高速で走ってきた列車」式の表現で始まる。その上国内外の人名や歴史的背景などの解明に苦労を要した。この点、佐々井司さんにも大変なご迷惑をおかけして助言いただいたことを記し感謝したい。

筒井さんはそれでも並はずれた優れた語学力と、もちまえの馬力とで、わずか約半年余でこの大著の完訳を一人で終えられた。私たち中国の人口問題研究に携わる者、二一世紀人口問題の難がなんたるかを広く知らしめる上で、このような重要な書が訳され、日本語で読めることは、実にありがたいことである。九四年にポール・エーリック、アン・エーリック著『人口が爆発する！――環境・資源・経済の視点から』(水谷美穂訳、若林敬子解説)と拙著『現代中国の人口問題と社会変動』の刊行で新曜社にはお世話になったが、本書はちょうど二一世紀人口の中国版のような内容で、姉妹書的存在として広く読まれることを期したい。

一九九九年九月一日

東京農工大学大学院国際環境農学教授　若林敬子

注

代表的著作として、馬寅初については『新時期人口論』黒竜江人民出版社、一九八二年（若林敬子編『中国の人口問題』現代のエスプリ一九〇号、一九八三年五月。このなかに「新人口論」および田雪原「馬寅初の新人口論」、「馬寅初の死去」、「附帯声明」などが馬場節子訳で収められている）

また田雪原編『馬寅初人口文集』浙江人民出版社、一九九七年 “Ma Yinchu's Collected Papers on Population” として英訳書が同出版社で同年に刊行されている。

田雪原自身の著作としては、

『田雪原文集』中国経済出版社、一九九一年

『田雪原文集（二）』中国経済出版社、一九九五年が代表であるが、ほかには『人口預測和人口控制』、『二〇〇〇年的中国人口和就業』、『二〇〇〇年的中国』など、また高齢化などの調査、『中国人口年鑑』主編、雑誌『中国人口科学』主編など人口研究所刊行物の責任代表もはたす。

訳者あとがき

解説でも触れてあるが本書は中国問題報告シリーズの一冊として一九九七年九月に北京で出版された田雪原著『大国之難——当代中国的人口問題』（今日中国出版社）の全訳である。訳出は初版本に基づいて進めたが、その後、一九九九年三月に第二版が出版され、一部が改訂されたため、最終的には第二版で統一した。

本書の出版は、一九九八年九月九日に日本大学人口研究所で行われた田氏の講演会で、東京農工大学教授若林敬子先生にお目にかかったことをきっかけに実現したものである。若林先生に紹介していただき、日本滞在中の田氏を訪ね、日本での翻訳・出版について承諾を得た。

日本での出版に快く同意して下さった著者の田雪原氏にまず感謝したい。また、本書の翻訳をすすめ、完成まで折に触れて励ましてくださった若林敬子先生にお礼を申し上げたい。

本書は、人口問題に関する著作であるが、議論は農業、教育、経済、社会、環境などさまざまな領域に及んでいる。訳出の過程で専門の異なる多数の方々からお教えを頂戴した。また、古典を含む中国語の解釈についても多くの方々に助けていただいた。ご厚意に感謝したい。

本書は、多くの方々のご協力を得て完成にいたったが、翻訳上の誤りや前後不統一などの責任はすべて訳者が負うべきものである。

原書には誤植や英文名、数字などの誤りが散見された。確認できるものについては翻訳に当たってこれらを訂正した。しかし、なお残る誤りについては読者のご指摘によって訂正していきたい。

最後に出版を引き受け、編集作業にお骨折りいただいた新曜社の堀江洪氏、鷲北繁房氏に心からお礼を申し上げたい。

一九九九年一一月三〇日

筒井紀美

人名索引

事 項 索 引

ア 行

カ 行

サ　行

タ　行

ナ　行

ハ　行

訳者略歴

筒井紀美（つつい　きみ）

1961年生れ。

筑波大学大学院地域研究研究科修士課程修了。

現在，千葉大学・日本大学非常勤講師。

訳書に孫尚清『中国経済の改革と発展』（共訳・御茶の水書房），論文に「「民工潮」発生の社会的要因と都市における「民工」の実態」（東アジア地域研究第３号）がある。

新曜社

大国の難
21世紀中国は人口問題を克服できるか

初版第１刷発行　2000年２月９日 ©

著　者　田　雪原
訳　者　筒井　紀美
発行者　堀江　洪
発行所　株式会社　新曜社
〒101-0051　東京都千代田区神田神保町２－10
電話（03）3264-4973（代）・Fax（03）3239-2958
http://www.shin-yo-sha.co.jp/

組版・印刷　S・T・S／製本　協栄製本　Printed in Japan
ISBN 4-7885-0702-1　C1036